KB267938

사파타에서 마두로까지,

흥미로운 라틴아메리카 현대사

Contemporary History of Latin America

사파타에서 마두로까지,

흥미로운 라틴아메리카 현대사

Contemporary History of Latin America

글 박천기 박지오

달반

날이 갈수록 가슴 뛰게 만드는 단어들이 줄어든다. 그래도 여전히 우리의 마음을 설레게 만드는 마법과 같은 단어 가운데 하나가 언제나 꿈꾸지만 또 언제나 그렇듯 머나먼 그곳, 라틴아메리카가 아닐까 싶다.

라틴아메리카가 멀게만 느껴지는 것은 단순한 지리적 거리감 때문만은 아닐 것이다. 무엇보다 우리는 라틴아메리카에 대해 무지하다. 수많은 여행 정보 프로그램과 유튜버들이 소개하는 볼리비아의 우유니 사막과 페루의 마추픽추의 환상적인 장면에는 정작 오롯한 '그들'의 삶은 없다. 그래서 대리만족이란 결국 만족이란 이름을 단 불만족의 다른 이름에 불과하다. 이 환상과 무지 사이의 불편한 동거, 혹은 무관심과 즉흥적 열기 사이의 비정기적 왕래가 오늘 우리가 라틴아메리카를 대하는 막막함의 이면이다.

라틴아메리카를 제대로 이해하기 어려운 또 다른 이유는 라틴아메리카의 나라마다 인종적, 지리적, 경제적인 차이가 매우 크기 때문이다. 심지어 같은 나라 내부에서도 원주민 인디오와 혼혈인 메스티소, 물라토, 삼보 등의 인종 구조 자체가 다른 경우가 허다하다.

라틴아메리카는 독립적이면서 종속적이고, 자립적이면서 의존적이다. 동시에 "라틴아메리카는 황금산 꼭대기에 앉은 거지"라는 표현처럼 풍요와 빈곤이 공존하는 땅이다. 조금 문학적인 용어를 동원하자면, '마술적 사실주의'가 넘쳐나는 땅이 바로 라틴아메리카 대륙인 것이다.

2010년 페루의 작가 바르가스 요사가 노벨상 수상자로 결정됐을 때, 그는 "아직 많은 면에서 문제가 있지만, 라틴아메리카의 민주주의는 이제 많이 개선되고 있습니다. 오늘날 우리 대륙에는 과거보다 독재 체제가 훨씬 줄어들었으며, 지금은 좌파이건 우파이건 민주 체제를 따르고 있습니다"라는 소감을 밝혔다.

하지만 이 말은 어디까지가 진실이고 또 어디까지가 희망 사항일까?

감히 세계적인 문학가의 말에 토를 다는 이유는, 국내 언론에서 접하는 라틴아메리카에 관한 주제 대부분은 여전히 쿠데타와 정치 혼란, 마약 카르텔, 그리고 부정부패와 자연 재난 같은 부정적인 것들이 대부분이기 때문이다.

언론인으로서 그리고 라틴아메리카 문학 전공자의 한 사람으로서 책임감과 깊은 자괴감을 느끼는 대목이다. 그동안 선배 동료 전문가들의 피땀 어린 노력의 성과로 라틴아메리카의 역사와 문화가 우리에게도 널리 알려지는 성과도 있었지만, 몇몇 대중적인 여행 정보 이외에는 여전히 어렵고 우리 현실과 동떨어져 있다는 의견이 지배적인 것 같다.

이 책은 멕시코의 아스텍 유적지와 페루의 아마존 오지 탐사를 마치고 돌아온 아들 녀석의 작은 제안에서 시작됐다. 그동안 책과 인터넷을 통해서만 알았던 중남미의 진짜 '속살'을 맛보았다는 아들 녀석은 최근 중남미에서 벌어지고 있는 다양한 정치 현상과 이면의 역사를 가능하면 쉽게, 그리고 더 많은 사람에게 알려 주면 좋겠다고 제안했다.

1년간에 걸친 자료수집과 정리, 토론 작업 등, 라틴아메리카를 향한 아들과의 즐겁고도 환상적인 동행은 그렇게 시작됐다. 때론 아빠의 시각에서 때론 아들의 시각에서 꾸며진 이 글들은 방대한 스페인 식민 통치 기간의 역사나 잉카, 아스텍 등 기존에 많이 소개된 중남미 문명사보다는 가능하면 최근 중남미에서 벌어지고 있는 주요 정치적 이슈들과 그 배경이 되는 19세기 독립 이후의 현대사를 중심으로 꾸미려 노력했다.

예를 들어, 카리브해에서 벌어지고 있는 미국과 베네수엘라 사이의 갈등 배경은 무엇인지, 그리고 파나마 운하의 소유권을 달라는 트럼프 대통령의 주장은 어떤 맥락에서 비롯됐는지, 푸에르토리코는 어째서 '풍요의 항구'에서 '쓰레기 섬'(island of garbage)으로 전락했는지, 그리고 한때 '살인자의 천국'이라 불리던 엘살바도르는 어떻게 라틴아메리카의 치안 모델 국가로 변신했는지 등등.

편견은 덜어 내고 가능한 한 새로우면서도 알면 유익한 최신 정보들을 더하려 노력한 점은 이 책의 최대 장점 가운데 하나이다. 특히 소개된 중남미의 나라들과 함께 알아 두면 좋을 부록 형식의 정보와 영화, 문학작품 등도 곳곳에 배치해 흥미를 유발하고자 했다. 라틴아메리카에 관심이 있거나 가벼운 마음으로 중남미의 속살을 맛보고 싶은 독자들에게는 작지만 나름 알찬 안내서 역할을 할 것으로 기대한다.

라틴아메리카의 역사와 정치는 고통과 수난으로 점철돼 있다. 바로 이런 이유로, 우리는 라틴아메리카에 대한 강렬한 동병상련의 연대감을 느낀다. 라틴아메리카의 재발견은 단순한 호기심이 아닌 바로 그런 연대감에서 출발해야 하지 않을까.

마지막으로 책 출간에 전폭적인 지원을 해준 출판사 다반의 노승현 대표에게 감사의 말과 함께, 아빠의 곁에서 공저자로서 묵묵히 충실한 동반자가 되어 준 아들 박지오에게 무한한 감사와 사랑의 마음을 전한다.

2026년 1월 여의도에서

　　　　　　　　　　　　　　　　들어가는 말

차례

1

베네수엘라

República Bolivariana de Venezuela

작전명 '확고한 결의'와 마두로 정권의 몰락

2026년 1월 3일 새벽, 새해 벽두부터 미국은 F-22 랩터 등 스텔스 전투기와 B-1 폭격기, E-2 호크아이 등 미군 주력 항공기 150대를 동원해 베네수엘라의 수도 카라카스에 대한 공습을 감행했다. 작전명 '확고한 결의'(Operation Absolute Resolve)라 지어진 이번 군사작전의 목표는 베네수엘라의 지도자 니콜라스 마두로를 권좌에서 끌어내는 것이었다.

미군은 작전 개시 불과 2시간여 만에 마두로 대통령 부부를 안전가옥에서 체포해 카리브해 관타나모에 정박 중이던 미 해군 이오지마 함으로 옮긴 후, 다시 군 수송기를 통해 뉴욕으로 압송했다. 회색 운동복 차림에 수갑을 차고 안대와 헤드폰으로 눈과 귀를 가린 채

베네수엘라

끌려 나오는 마두로의 모습은 CNN 등 주요 언론을 통해 전 세계에 공개됐다.

이 모습은 지난 1989년 12월 파나마의 독재자 노리에가(Manuel Noriega)를 생포해 미국으로 압송하던 과정의 데자뷔처럼 보인다. 당시 노리에가는 마약 밀매 혐의로 미국 법정에 세워진 후 미국 교도소에서 복역했다. 마두로 또한 미국 도착 직후 뉴욕에 있는 연방 교도소에 수감되면서 이와 비슷한 운명에 처할 것으로 보인다. 이로써 지난 2013년 권력에 오른 마두로의 시대는 공식적으로 막을 내리게 됐다.

댄 케인 미 합참의장은 작전 직후 브리핑에서 "우리 정보팀은 마두로를 찾고 그가 어떻게 움직이는지, 어디 살고, 무엇을 먹고 입는지, 어떤 반려동물과 함께 있는지 등을 세세히 파악하고 있었다"라고 밝혀 군사작전 실행 수개월 전부터 CIA 등을 동원해 마두로 대통령의 일거수일투족을 감시하며 준비했음을 시사했다.

트럼프 대통령도 마두로의 체포 직후 가진 기자회견에서 앞으로 당분간 미국이 베네수엘라를 직접 '운영'할 것이라고 발표했다. '점령'(occupy)이나 '통치'(govern)라는 직접적인 단어를 피하고, '운영'(run) 혹은 '관리하에 둔다'(in charge)와 같은 다소 애매하고 우회적인 표현을 한 것에 대해서도 다양한 해석이 나오고 있지만 과도정부를 거쳐 새로운 정부가 구성되기까지 미국의 직간접적인 간섭은 불가피해 보인다.

미국은 이번 군사작전의 배경으로 마두로 대통령이 미국으로 유입되는 마약 밀매의 배후라는 점과 베네수엘라가 미국의 석유를 훔쳤다는 점을 들고 있다. 이날 미법무부가 공개한 공소장에도 마약 테러리즘과 코카인 밀수 및 음모 혐의가 공소 사유로 명시돼 있다.

하지만 이번 미국의 베네수엘라 침공은 미국의 라틴아메리카에 대한 새로운 군사전략 등 좀 더 복잡한 셈법이 깔려 있다는 분석이 우세하다. 라틴아메리카는 더 이상 미국의 '뒷마당'(backyard)이 아니라 본격적인 '앞마당'(front yard)이 될 가능성이 높아 보이는 이유이기도 하다.

세계 최대 석유 매장국의 '자원의 저주'

베네수엘라(Venezuela)의 어원은 스페인의 탐험가 알론소 데 오헤다(Alonso de Ojeda)가 이곳을 '작은 베니스'(little Venice)라 부른 데서 비롯됐다. 그만큼 아름다운 나라라는 의미였을 것이다.

생각해 보니, 어린 시절 세계적인 미녀 선발 대회의 단골 우승 국가는 언제나 베네수엘라였다. 실제로 2024년 기준 베네수엘라는 세계 3대 미인 대회라는 미스 유니버스에서 7번, 미스 월드 대회에서 6번, 미스 인터내셔널에서 9번을 우승한 독보적인 미인 대회 강국이다. 우리나라와는 별다른 연결점이 없어 보이는 라틴아메리카의 나라 베네수엘라가 우리 귀에 익숙한 것도 어느 정도는 이 영향을 받은 듯도 싶다.

하지만 우리가 베네수엘라에 대해 모르고 있는 또 다른 중요한 사실 하나가 있다. 베네수엘라가 세계 최대의 원유 매장국가라는 사실이다.

아니, 중동의 사우디아라비아나 페르시아만의 이란이 아니고?

그렇다. 베네수엘라는 명실공히 세계 최대의 석유 매장국가가 맞다.

2023년 기준으로 총 3,030억 배럴로 추산되는 베네수엘라의 석유 매장량은 전 세계 원유 매장량의 17%에 해당하며, 2위인 사우디아라비아의 2,970억 배럴은 물론이고 810억 배럴을 보유하고 있는 미국을 훨씬 뛰어넘는 어마어마한 규모다. 하지만 베네수엘라가 생산하고 판매하는 원유량은 전 세계 소비량의 1%에 불과하다. 이유는 너무나도 단순하다. 자본과 기술이 부족하기 때문이다. 베네수엘라를 진정한 석유 강국이라고 부를 수 없는 이유이기도 하다.

하지만 1920년대 베네수엘라 마라카이보호 인근에서 엄청난 양의 유전이 발굴되면서 당시 베네수엘라는 세계 다섯 번째의 산유국, 그리고 세계 세 번째의 석유 수출국의 자리를 차지하고 있었다.

여기에 석유 자원을 둘러싼 베네수엘라의 아이러니가 있다. 석유는 언제나 베네수엘라의 발목을 붙잡는 애물단지였다는 점이다. 다른 나라는 흔적이라도 없어서 난리라는 석유를 그렇게 많이 보유하고도 베네수엘라가 세계에서 가장 가난한 나라의 목록에서 벗어나지 못하는 이유는 그 자체로 역설적이다.

학자들은 베네수엘라를 '자원의 저주'(resource curse)를 극명하게 보여 주는 대표적인 사례로 보고 있다. 자원의 저주는 자원이 풍부한 국가일수록 정치적으로 불안해지는 현상을 가리키는 표현으로 영국의 경제 지리학자 리처드 오티(Richard M. Otti)가 처음 사용했다.

일단 이 저주에 걸리면 석유 같은 자원 수출로 얻은 부가 공정하게 분배되지 않고 일부 계층에 집중되면서 경제성장이 둔화하고, 국민 삶의 질이 떨어진다. 오일 달러로 생필품과 농산물을 해외 수입해 쓰기 때문에 제조업과 농업 부분의 경쟁력도 바닥이다. 석유와 천연가스가 풍부한 나라 가운데 이 자원의 저주를 피한 나라는 미국과 캐나다, 노르웨이 등 극소수의 국가에 불과하다.

꿀단지에 파리가 꼬이듯 베네수엘라의 석유 자원에는 늘 서구 열강과 부패한 독재자의 탐욕이 넘쳐났다. 하지만 탐욕적인 서구 제국주의자 탓만 할 수도 없다. 포퓰리즘을 추구하는 방탕한 지도자들은 자원 수출로 벌어들인 돈을 부적절하게 사용하면서 끝없는 부패의 유혹에 빠졌다. 이는 군사 쿠데타와 우파 성향의 독재자들을 불러들이는 강력한 요인이 됐다. 이런 식의 악순환이 반복되면 자원은 고갈되고 국민은 도탄에 빠지게 된다.

미국의 테리 칼, 사드 더닝과 같은 정치학자들은 베네수엘라의 경우 1950~1960년대 초 석유 수출로 벌어들인 돈으로 민주주의를 지탱했다고 지적한다. 당시 베네수엘라 정부는 낮은 세금으로 엘리트층의 지지를 받고 다양한 사회복지 프로그램으로 빈민층으로부터도 지지를 받았다. 군부 독재정권이든 민주 정권이든 '오일 머니'(oil money)가 권력을 잡은 정부를 떠받쳐 줬다는 이야기다. 하지만 문제는 석유의 가격이 언제나 유동적이란 점이다. 특히 유가가 폭락하면 이야기는 완전히 달라진다.

실제로 1980년 초 배럴당 33달러까지 했던 석유 가격이 1998년 들어서 10달러 선으로 폭락하면서 베네수엘라는 심각한 경제위기를 겪기도 했다. 원유 가격이 하락하면 오일머니가 줄어들고, 낮아진 석유 소득을 두고 부유층과 빈곤층이 서로 다투게 되면서 양극화가 발생한다. 특히 석유에 대한 의존도가 높은 국가일수록 단일 수출 품목과 극히 제한된 시장에 의존하는 취약한 경제구조를 갖는다.

2017년 베네수엘라 수출 소득에서 원유 판매가 차지하는 비율은 무려 98%가 넘는다. 사실상 원유는 베네수엘라 경제의 전부라고 해도 과언이 아니다. 게다가 이런 석유 대부분을 특정 국가, 아이러니하게도 베네수엘라의 경우는 적대적 관계에 있는 미국이 절반 정도를 사들였었다. 2019년 트럼프 행정부의 對 베네수엘라 경제제재 조치의 일환으로 양국 간 원유 거래는 중단된 상태고 베네수엘라산 원유의 대부분은 현재 중국으로 흘러 들어가고 있다. 이렇듯 미국이 베네수엘라의 숨통을 쥐는 가장 간단한 방법 가운데 하나는 베네수엘라의 석유 수출과 공급을 제한하는 것이다.

미국과 베네수엘라 양국의 갈등이 깊어지는 가운데, 2025년 12월 미국은 카리브해상에서 베네수엘라 국적의 유조선을 나포한 데 이어 베네수엘라에 드나드는 모든 제재 유조선에 대한 '완전하고도 전면적인 봉쇄'(complete blockade)를 내려 압박의 강도를 높였다. 물론 이는 마두로 정권의 주요 돈줄인 원유 판매 수익을 원천 차단하기 위한 것이었다.

지금까지 미국이 실제로 해상봉쇄를 감행한 것은 1962년 쿠바 미사일 위기 당시 쿠바의 해상을 봉쇄한 것이 마지막이었다.

미국의 이번 침공으로 베네수엘라의 석유 관할권은 국제법적 해석과 분쟁에도 불구하고 당분간 미국이 움켜쥘 것으로 보인다.

우고 차베스를 바라보는 두 가지 시선

20~21세기 베네수엘라의 현대사를 언급할 때 빼놓을 수 없는 인물이 바로 우고 차베스(Hugo Chavez)다. 1992년 당시 육군 중령이었던 차베스는 군사 쿠데타를 일으켰다 실패한 뒤 옥고를 치른 경험이 있다. 하지만 6년 뒤인 1998년 12월 대선에서 승리한 후 제헌의회를 통해 대통령 임기를 5년에서 6년으로 늘리고 행정부 권한을 강화하는 등의 내용을 담은 신헌법 제정을 주도했다. 사실상 독재를 선언한 것이다.

2002년 4월 11일에는 반 차베스 군부 세력이 쿠데타를 일으켜 48시간 동안 차베스를 감금하는 사태가 발생했다. 하지만 쿠데타 소식이 알려지자 시민들이 거리로 쏟아져 나와 대통령을 돌려 달라고 시위를 벌였고, 차베스 충성파 장교들은 헬리콥터를 타고 카리브해의 작은 섬에 갇혀 있던 차베스를 직접 구출해 왔다.

대중의 확고한 지지를 확인한 차베스는 쿠데타 발생 이틀 만에 권좌에 복귀했고 이런 지지를 바탕으로 2006년과 2012년 대선에서 거푸 승리를 거뒀다. 이 기간에는 빈민 구제, 직접 민주주의 확대, 그리고 민족주의 강화 등으로 요약되는 '21세기 사회주의' 씨앗을 뿌렸다는 평가를 받는다.

집권 시기 차베스는 여러 가지로 운이 좋았다. 2004~2008년쯤엔 국제유가가 한때 배럴당 100달러로 급등하면서 베네수엘라 경제는 호황을 맞았고 지지율도 동반 상승했기 때문이다. 전두환 군부정권 시절 이른바 '3저 현상'으로 인한 경제 호황의 혜택을 톡톡히 누린 것과 유사하다고 보면 된다.

차베스 정부는 이 시기 '남아도는 돈'을 산업에 일부 재투자하면서도 막대한 비중을 빈민층 의료혜택과 무상교육 등 사회복지 분배 예산에 배정하면서 빈곤율을 62.1%(2003년)에서 31.9%(2011년)까지 떨어뜨리기도 했다.

무엇보다 세계에서 가장 저렴한 휘발유에 보조금까지 대면서 대중의 확고한 지지를 받았다.

물론 차베스에 대한 평가는 양면적이다. 대중정치를 통해 진정으로 대중을 사랑한 '민중의 대통령'이라는 평가도 존재하지만, 포퓰리즘 정책을 바탕으로 베네수엘라 경제를 말아먹은 독재자라는 평가도 있다. 무엇보다 자신이 만든 신헌법을 개정해 대통령의 임기제한을 없애고 비상대권으로 주어진 대통령의 입법권을 세 차례나 행사해 사실상의 입법 독재를 했다는 비판을 받았다. 차베스 정부의 성격을 두고 철학자이자 정치학자인 프랜시스 후쿠야마(Francis Fukuyama)는 '포스트모던 독재'라고 규정했고, 비교 정치학자인 스티븐 레비츠키(Steven Levitsky)는 '경쟁적 권위주의'라는 독특한 명칭을 부여했다. 차베스는 살아서도 죽어서도 여전히 논쟁의 중심에 서 있다.

특히 오늘날 미국과 대척점에 서게 되는 결정적 계기가 되는 강제적인 석유 국유화 정책은 다소 무리하게 진행된 측면이 있다. 다국적 석유회사, 특히 미국의 석유회사에 지급한 터무니없는 배상금은 트럼프 대통령이 "베네수엘라가 미국의 석유를 훔쳤다"라고 주장하는 빌미를 제공한 측면이 있다.

차베스 대통령은 2013년 암 투병 중 사망하기 전, 니콜라스 마두로(Nicolas Maduro)를 자신의 후계자로 공식 지명했다.

버스 운전기사 출신의 대통령, 니콜라스 마두로

1962년생인 니콜라스 마두로는 베네수엘라의 수도 카라카스에서 태어났다. 대도시에서 태어났지만, 그가 성장한 곳은 수도 카라카스에서도 많은 노동자들이 밀집돼 모여 사는 빈민촌이었다. 그의 아버지도 노동운동가 출신으로 노조위원장까지 지낸 인물이었고 어린 마두로도 자연스럽게 이런 분위기 아래서 성장했다. 불과 12살의 나이에 좌파 조직에 가입했고 고교 시절에는 학생 운동을 하다가 퇴교 조치까지 당한 이력이 있다. 마두로는 정식 대학 교육을 받지는 못했지만, 일찍이 뛰어든 노동계로부터 실력을 인정받아 1986년부터 1987년까지 약 2년간 쿠바에서 정치학을 공부하기도 했다.

놀랍게도 쿠바에서 돌아온 후 마두로가 택한 직업은 바로 버스 운전기사였다. 그는 카라카스에서 버스 운전기사로 일하는 동시에 카라카스 버스 지하철 노조의 위원장으로 선출되면서 이제는 노동계의 거물로 성장하게 된다.

마두로의 정치적 스승은 우고 차베스지만, 차베스와 마두로를 처음 연결해 준 사람은 바로 차베스의 개인 변호사이자 미래에 마두로의 부인이 되는 실리아 플로레스(Cilia Flores)였다. 1992년 쿠데타를 주도하다 실패해 구금 상태에 있던 차베스를 처음 만나면서 마두로의 인생도 바뀌게 되는데, 두 사람의 만남을 주선한 사람이 바로 플로레스였던 것이다.

실리아 플로레스는 마두로보다는 6살 연상으로 두 사람은 마두로가 대통령에 취임하던 해인 2013년에 결혼했다. 두 사람 모두 재혼이었으며 각각 첫 번째 결혼에서 자녀를 뒀다.

마두로는 플로레스를 단순한 영부인이 아닌 "조국의 첫 번째 전
사"라고 부를 만큼 그녀의 정치적 역할을 강조했고 또 정치적 공동
체로서 존중했다. 이번 미군의 군사작전에서 미국이 플로레스를 마
두로와 동반 압송한 이유이기도 하다.

플로레스는 2000년 처음으로 국회의원으로 선출됐고 2006~
2011년에는 베네수엘라 최초의 여성 국회의장직을 역임하는 등
정치적 역량을 인정받아 왔다. 하지만 법무부 장관 재임 시절 베네
수엘라 사법부의 주요 인사들을 측근들로 임명해 사법부의 정치화
를 초래했다는 비판을 받기도 했다. 미 재무부는 지난 2018년 베네
수엘라의 군사독재를 지원했다는 혐의로 플로레스 여사를 제재 명
단에 올린 바 있다.

아무튼 플로레스와의 만남 이후 마두로는 차베스의 열렬한 추종
자가 되면서 정치적으로 승승장구를 하게 된다.

2005년에는 베네수엘라 국회의장으로 선출된 이후, 2006년부
터 2013년까지는 차베스 정권하에서 외교부 장관을 지낸다. 차베
스가 사망하기 직전인 2012년 12월 8일, 그는 마두로를 부통령에
임명하고 자신이 사망할 경우, 마두로를 대통령으로 지지해 줄 것
을 대국민 성명을 통해 요청함으로써 사실상 마두로를 공식적인 자
신의 후계자로 지명하게 된다. 그리고 2013년 마침내 차베스의 뒤
를 이어 베네수엘라의 대통령에까지 오르게 된다.

그럼, 차베스는 왜 마두로를 자신의 공식 후계자로 지명했을까?

가장 큰 이유는 마두로의 충성심을 높게 평가했기 때문이다. 마두로가 차베스의 개혁정치를 계승할 가장 믿을 만한 정치인이었다는 사실을 부인하기는 힘들다. 하지만 의외라는 평가도 많이 있었다. 당시 대부분의 전문가들은 군부 출신의 디오스다도 카베요(Diosdado Cabello)를 가장 유력한 후계자로 예상하고 있었다. 군부 세력이 막강하던 베네수엘라 정치 구도에서 군부와 별다른 관련이 없는 마두로를 내세운 건 아무래도 이례적이고 위험해 보였기 때문이다. 만약에 군부가 차베스의 유언을 어기고 마두로에 반기를 들면 또다시 정치적 소용돌이에 휘말리게 될 가능성도 높았다. 불행인지 다행인지, 2013년 대통령 선거에서 마두로는 차베스의 유지와 베네수엘라 국민의 지지를 등에 업고 대통령에 당선된다.

그리고 미국의 제재와 부정 선거 논란에도 불구하고 2024년 7월에 3선에 성공함으로써 자신의 정치적 입지를 확고하게 마련한다. 이번 미국의 군사적 침공과 같은 이변이 없었다면, 그의 임기는 오는 2030년까지 보장돼 있었다.

미국과 베네수엘라의 갈등

남미국가는 크게 보면 친미 성향의 국가(대표적으로 부켈레의 엘살바도르, 밀레이의 아르헨티나 등)와 반미 성향의 국가로 나뉘는데, 베네수엘라 하면 대표적인 반미 국가에 속한다.

하지만 미국과 베네수엘라 두 나라가 처음부터 적대적 관계는 아니었다. 그들도 '한때'는 가장 가까운 동맹국이었다. 90년대 '중남미식 사회주의'를 표방한 우고 차베스의 등장 전까지는 말이다. 특히 1959년 쿠바혁명 직후 등장한 베네수엘라의 로물로 베탕쿠르(Rómulo Betancourt) 정권 시절에는 당시 미국의 케네디 대통령이 베네수엘라를 미국의 '베스트 프렌드'(America's best friend)라고 부를 정도로 두 나라는 친밀한 우방 관계였다. 제2의 카스트로의 출현과 카리브해의 연쇄적인 공산화를 막기 위해 베네수엘라의 협력이 절실했기 때문이다.

1980년대 레이건 행정부 시절에는 베네수엘라의 막대한 석유 자원을 두고 소련과 구애 전쟁을 벌이기도 했다. 미국이 좀처럼 공개하지 않는 전략자산인 최신예 F-16 전투기를 베네수엘라에 대량으로 판매한 일은 당시로서는 매우 이례적인 것이었고 그만큼 베네수엘라의 전략적 가치가 높았다는 것을 방증한다.

하지만 이런 우호적인 분위기는 1999년 우고 차베스의 등장으로 급반전하게 된다. 무엇보다 석유 국유화 등 차베스가 추구하는 사회주의 성향의 정책의 영향이 크다고 볼 수 있다. 베네수엘라는 미국을 중남미 국가를 착취하는 제국주의 국가로 보고 있고, 반대로 미국은 베네수엘라를 구시대적이고 극단적인 반미 성향의 사회주의 국가로 보고 있다.

특히 최근에 양국의 관계가 극도로 악화된 이유는, 미국이 최근 (2024년 7월) 치러진 베네수엘라의 선거를 부정 선거로 보고 다양한 경제제재를 취했기 때문이다.

실제로 지난 2024년 7월 4일 베네수엘라 대선의 출구조사 결과에 따르면 야당 후보인 에드문도 곤잘레스(Edmundo Gonzalez) 후보가 65%의 득표율을 기록해, 31%의 득표율에 그친 마두로를 제치고, 새로운 대통령에 당선될 것으로 예상됐다. 하지만 개표가 80% 진행된 시점에서 베네수엘라 선거관리위원회는 마두로 후보가 51%의 득표율로 과반을 넘겼다며 돌연 마두로의 승리를 선언함으로써 부정 선거 의혹에 불을 붙였다. 미국을 비롯한 브라질과 아르헨티나 등 중남미 9개국은 즉시 부정 선거 가능성을 언급하며 재검표를 요구했다. 특히 트럼프 행정부는 부정 선거를 주장하다 구속된 야당 정치인들을 즉각 석방할 것을 요구했지만 마두로 정부가 미국의 이런 요구를 일축함으로서 양측의 갈등은 더욱 깊어졌다.

결국 지난 2025년 9월 18일, 미국은 총 4,500명의 해군이 탑승한 이지스 구축함 세 척을 베네수엘라 인근 카리브해로 파견하며 직접적인 무력시위에 나섰다. 그 후 상황은 일촉즉발의 위기 상황으로 계속해서 치달았고 결국 직접적인 군사개입에 의한 정권 몰락으로 이어졌다.

미국과 베네수엘라 양국의 해묵은 갈등은 마약 문제와도 관련이 있다. 미국은 이번의 군사적 조치가 부정 선거 의혹을 비롯한 베네수엘라 국내 정치문제뿐만 아니라 마두로 정부 차원에서 자행하고 있는 마약 카르텔 범죄를 원천 봉쇄하기 위한 것이란 입장이다. 다시 말해, 마두로 정부가 국가적 차원의 국제마약 범죄를 저지르고 있다는 주장을 한 것이다.

2025년 9월 2일과 9월 15일, 이틀간에 걸쳐 미군은 카리브해에서 마약을 운송하는 것으로 '의심되는' 보트를 폭격해 침몰시켰다. 9월부터 12월까지 넉 달간 펼쳐진 작전으로 26척의 보트가 폭파 전소됐고, 100명 이상이 사망했다. 사망자의 대부분은 베네수엘라 국적의 민간인이었다. 게다가 9월 2일, 첫 번째 폭격 후에 2명이 생존한 상황에서 추가적인 2차 폭격이 가해졌고, 결국 그 나머지 2명도 사망했다는 사실이 뒤늦게 밝혀지면서 인도적인 문제는 물론 최소한의 전시 교전 규칙(rule of engagement)마저 위반한 것은 아닌지 논쟁이 불거지기도 했다.

물론 이들이 정말 마약을 싣고 미국으로 향하던 불법 카르텔인지는 최종 확인되지 않았다. 베네수엘라는 민간인 학살이라며 미국을 강력하게 규탄했지만, 정작 미국은 마약 카르텔을 국제 테러리스트로 규정하고, 당시 조치를 정당한 군사적 대응이라 주장하고 있다.

미 국무부는 니콜라스 마두로 대통령을 '마약 카르텔의 우두머리'라고 칭하며 그에 대한 공개수배 전단지를 작성해 미 국무부 홈페이지에 공식 게시하기도 했다. 미 국무부가 마두로의 현상금으로 내건 액수는 무려 5천만 달러로 이는 현직 국가원수에 대해 내건 현상금 중 최고 액수였다. 이번 마두로 체포 작전으로 누가 이 어마어마한 현상금의 주인공이 됐는지 알려지지는 않았지만, 내부의 협조자가 있었을 것이란 추측이 설득력을 얻고 있다.

이와 더불어 지난 2월에는 베네수엘라를 근거지로 활동하는 마약 카르텔 '트렌 데 아라과'(Tren de Aragua)를 국제 테러 집단으로 지정했고, 베네수엘라 원유를 수입하는 국가에 25%의 추가 관세를 부과하는 행정명령에 서명하기도 했다. 한마디로 군사적 경제적으로 베네수엘라에 대한 전방위적인 압박을 가하는 모양새였다.

트럼프 대통령은 무력 침공 두 달 전인 2025년 10월 29일, 자신의 소셜 미디어에 "모든 항공사와 조종사, 마약상과 인신매매자들에게 전한다. 부디 베네수엘라의 상공과 주변의 영공 전체를 폐쇄된 것으로 간주하라"란 글을 올려 베네수엘라 본토에 대한 미군의 지상전이 임박했음을 시사했다.

이처럼 카리브해의 긴장이 높아지고 있는 가운데, 미국의 최종 목표가 무엇인가에 대한 논쟁도 뜨겁다. 많은 전문가들은 이번 군사 대응을 비롯해서, 최근 베네수엘라에 대한 미국의 강경 조치는 궁극적으로 정권교체(regime change)를 통한 석유자원 확보에 그 목적이 있다고 보고 있다.

베네수엘라엔 세계 최대 규모의 원유가 매장돼 있고 희토류 등 자원 매장량도 풍부하다. 전문가들은 트럼프 대통령이 베네수엘라와 마약과의 전쟁을 벌인 것은 자원의 안정적 관리 · 공급을 위해 친중 성향인 마두로 정권을 축출하기 위해서라는 분석을 내놓고 있다. 현재 베네수엘라에서 특별 사업권을 받고 활동 중인 미국 석유회사는 셰브론(Chevron)이 유일하지만, 액손모빌(Exxon Mobil)처럼 차베스 정부 시절 국유화의 철퇴를 맞고 철수했던 미국의 석유회사들이 마두로 정권 붕괴 이후에는 다시 베네수엘라에서 사업을 재개할 것으로 보인다.

하지만 이라크와 아프가니스탄의 사례처럼, 외력에 의한 강제 정권교체가 또 다른 혼란을 불러올 것이란 우려의 목소리도 나오고 있다. 콜린 파월(Collin Powell) 국무장관의 자문역을 했고 駐 파나마 대사를 역임했던 존 필리(John D. Feeley) 박사는 최근 뉴욕 타임스와의 인터뷰에서 "사담 후세인을 제거한 명분은 대량살상무기와 테러 집단 알카에다와의 연계성이었지만, 두 가지 모두 입증되지 않은 사실"이라며 똑같은 실수를 반복하지 말아야 한다고 경고했다.

미 의회 정보위원회 소속 마크 워너(Mark Warner) 버지니아주 상원 의원도 이번 군사작전이 라틴아메리카 모든 국가를 미국의 잠재적인 적으로 만드는 것은 물론이고, 중국이나 러시아가 유사한 군사행동을 유도하는 잘못된 시그널을 보낸 것이라는 우려를 표명했다.

미국이 지상군을 투입했을 때의 변수도 고려해야 한다. 베네수엘라는 밀림뿐만 아니라 산악지대도 많은 특수한 지형을 가지고 있다. 면적도 캘리포니아주의 2배가 넘어 결코 작지 않다. 베네수엘라 군부나 마두로 지지자들이 결사 항전을 선언하고 게릴라전에 돌입할 경우, 미국이 원치 않은 장기전으로 이어질 수도 있다.

전문가들이 회의적인 시각을 가지는 또 다른 이유는 베네수엘라가 미국으로 흘러 들어가는 불법 마약의 주요 통로가 아니라는 점이다. 실제로 중남미에서 미국으로 들어가는 마약 가운데 베네수엘라를 거치는 경우는 10% 미만이고, 미국이 가장 우려하는 펜타닐의 경우 주요 생산지와 루트는 베네수엘라가 아니라 멕시코다.

군사력을 동원한 미국의 강경 대응이 트럼프 행정부가 강력하게 추진하고 있는 불법 이민자 문제와 연결돼 있다는 주장도 있다. 특히 골칫거리로 여기고 있는 베네수엘라 불법 이민자를 베네수엘라로 다시 돌려보내기 위해서는 밉든 곱든 베네수엘라 정부의 협력이 필요한데, 이번 군사작전은 이를 위한 일종의 엄포용 혹은 회유용이라는 분석이다. 하지만 이 모든 사항들을 고려해도, 권위주의적 마두로 정권의 무능이 이번 사태의 또 다른 명분을 제공했다는 사실은 피하기 어렵다.

특히 6만%에 이르는 천문학적인 인플레이션과 82%의 빈곤율이라는 최악의 성적표에 대한 책임은 변명의 여지가 없어 보인다.

위기에 몰린 마두로 대통령은 마치 트럼프 대통령에게 보란 듯이 급속하게 중국에 가까워지는 모습을 연출함으로써 다시 한번 미국을 자극했다. 최근 한 기업 행사에 참석한 마두로 대통령은 중국 기업 화웨이가 제작한 스마트폰을 들고 "이것은 시진핑 국가주석이 나에게 준 것"이라며 시진핑 주석과의 친분을 과시하기도 했고, "니하오", "셰셰" 등 중국어로 통화를 시연하면서 친중적인 분위기를 연출해 화제가 됐다.

궁지에 몰린 마두로 정부는 중국으로부터 신형 레이다 장치 등 방공망 시스템을, 러시아로부터는 미사일 등 공격용 무기를 그리고 쿠바로부터는 마두로 개인 경호를 위한 보디가드와 의료진 등을 지원받아 전통적인 반미 연대를 유지했지만 결국 미국의 압도적인 군사력 앞에 비참하게 무릎을 꿇었다. 실제로 이번 미군의 군사작전에서 발생한 사망자 대부분은 마두로를 밀접 경호하던 쿠바 출신의 특수부대원이었다. 이들 우방국이 마두로가 없는 베네수엘라를 외교적 경제적 불이익을 감수하며 계속해서 발 벗고 나서 도울지는 미지수다. 우크라이나와 힘겨운 전쟁을 이어 가고 있는 러시아나 경제적으로 어려움을 겪고 있는 쿠바 모두 제 코가 석 자인 상황이기 때문이다.

마두로 이후의 베네수엘라

현실적으로 베네수엘라의 미래는 예측하기 어려운 상황이다. 2013년 차베스가 사망한 이후 집권한 니콜라스 마두로 대통령은 유가와 주가가 모두 급전직하하는 '폭락장'을 경험했다. 강력한 생필품 가격 억제와 산업 분야 국가 통제 강화 정책을 이어 갔지만, 이는 저유가 직격탄에 더해 경제위기를 부채질했다는 평가를 받아 왔다. 여기에 미국 정부의 강력한 경제·금융 제재까지 더해지면서 베네수엘라는 깊은 수렁에 빠져 있는 상황이다.

2014년부터 연일 반정부 시위도 이어지고 있다. 당시 경찰과 시위대의 충돌로 40여 명이 숨지고 800명 이상 다치는 유혈사태로 번지며 국제사회의 우려를 낳았다.

2015년을 전후론 베네수엘라 주민들이 음식과 생활용품 등을 구하려고 쓰레기통과 무덤을 뒤지거나, 집을 버리고 인접국으로 이주하는 모습 등이 언론에서 수시로 보도될 정도로 경제는 '나락'으로 떨어졌다.

마두로의 비판자들은 그를 '마부로'(Ma burro)라고 부르고 있다. 이는 어리석은 '당나귀'를 뜻하는 스페인어 'burro'에 마두로의 이름을 합성한 것으로, 정치와 경제 모두를 망친 마두로의 독선과 무능을 조롱하는 의미를 담고 있다.

유엔난민기구(UNHCR)와 국제이주기구(IOM)는 베네수엘라의 국가 탈출 상황이 심각한 수준이라고 경고했다. 이 자료에 따르면, 2015년 말 69만 5천이었던 베네수엘라 탈출 인구는 해마다 증가 추세에 있으며 2019년 기준, 이미 4백만 명 이상이 베네수엘라를 떠나 콜롬비아와 페루, 칠레 등 이웃 중남미 국가로 이주한 것으로 나타났다.

세계은행 데이터에 따르면, 이 수치는 2017년 베네수엘라 인구의 12.5%, 수도 카라카스 인구의 약 2배에 달하는 기록이다. 보고서는 "베네수엘라는 세계적으로 자국에서 쫓겨난 최대 인구집단 중 하나"라며, 4백만 명에 달하는 난민 수는 역사상 최대의 집단 탈출 사태로 손꼽힌다. 이는 500만 명으로 추산되는 한국전쟁의 피란민 또는 시리아 내전을 피해 해외로 나간 난민보다 약간 적은 숫자다.

하지만 이 자료가 2019년을 기준으로 한 것임을 감안할 때, 베네수엘라 탈출 인구는 이미 오래전에 세계 기록을 깬 것이 분명해 보인다.

이번 미국의 군사적 침공으로 베네수엘라의 정치적 경제적 혼란은 당분간 불가피해 보인다. 특히 마두로의 뒤를 이을 정권의 향배에 세계적인 이목이 집중되고 있다.

현재 거론되고 있는 차기 유력 대권 후보로는 베네수엘라 헌법 규정에 따라 임시 권한대행을 맡고 있는 부통령 델시 로드리게스(Delcy Rodríguez), 군부 출신의 정치인으로 오래된 마두로의 정치적 라이벌이자 현 내무부 장관인 디오스다도 카베요(Diosdado Cabello), 2024년 대선에서 마두로의 부정 선거로 '승리하고도 패한' 비운의 야당 정치인 에드문도 곤잘레스(Edmundo González), 그리고 반 마두로 전선을 형성하며 노벨 평화상 수상으로 세계적 명성까지 확보한 마리아 코리나 마차도(María Corina Machado) 등

이 거론되고 있지만 쿠바계 이민자 가정 출신의 마코 루비오(Marco Rubio) 국무장관이 베네수엘라의 '총독'(viceroy)으로 임명될 것이라는 워싱턴 포스트의 보도처럼 또 다른 변수가 언제든지 발생할 수 있는 유동적인 상황이다.

'중남미 해방의 아버지'라 불리는 시몬 볼리바르(Simon Bolivar)가 태어난 곳이 바로 베네수엘라다. 베네수엘라의 공식 국가 명칭 '베네수엘라 볼리바르 공화국'(República Bolivariana de Venezuela)에 그의 이름 '볼리바르'(Bolivar)가 들어가 있는 이유는 그의 해방 정신을 계승하겠다는 의미이기도 하다. 하지만 혁명의 정신을 계승해 인민의 낙원을 만들겠다는 마두로의 모험은 허무하게 막을 내리게 됐다. 한편에는 '황금 벤치에 앉아 있는 거지'라는 국제적 비아냥과 조국 베네수엘라를 서둘러 탈출하는 대규모 엑소더스 행렬, 그리고 타국에 의한 국가원수의 체포와 구금이라는 치욕, 한 치 앞도 예측하기 어려운 불확실한 현실이 오늘 베네수엘라 마주하고 있는 또 다른 도전이다.

과연 누가 최후의 승자가 될지, 세계의 이목이 볼리바르의 고향 베네수엘라에 집중되고 있다.

2025년 노벨 평화상 수상자
마리아 코리나 마차도

★

　세계적인 관심을 모았던 2025년 노벨 평화상 수상자로 베네수엘라의 마리아 코리나 마차도(Maria Corina Machado)가 선정됐다. 그리고 이번 마두로 정권의 붕괴로 다시 한번 세계적 관심이 그녀에게 집중되고 있다. 먼저 노벨 평화상 위원회가 밝힌 선정 사유부터 살펴보자.

　"베네수엘라 국민의 민주적 권리를 증진하기 위한 끊임없는 노력과 독재에서 민주주의에로의 정의롭고 평화로운 전환을 이루기 위한 투쟁에 헌신한 공로."

　마리아 코리나 마차도는 1967년 10월 7일 베네수엘라 카라카스에서 심리학자 코리나 파리스카 페레스(Corina Parisca Perez)와 철강업자 엔리케 마차도 술로아가(Henrique Machado Zuloaga)의 네 자매 중 첫째로 태어났다.

　베네수엘라 야당 정치인 출신으로 지난 2011년부터 2014년까지 국회의원을 지내기도 했으며, 이번에 강제 축출된 마두로 정권은 물론이고, 전임 대통령인 우고 차베스 정권 시절부터 베네수엘라의 민주화를 위해 투쟁해 온 대표적인 인물이다.

독재정권에 대항하며 '오라, 베네수엘라여'(Vente Venezuela)를 창당하고 투표를 모니터링하는 시민단체 '우리와 함께'(Sumate)를 공동 창립했다.

2001년 차베스 전 대통령에 비판적인 시민단체 설립을 주도할 당시부터 일찌감치 '요주의 인물'로 정부 견제를 받아 왔다. 이때 반역 및 음모 등 혐의로 수사를 받기도 했다. 차베스의 뒤를 이은 마두로 정권하에서도 탄압은 이어졌다. 대선 출마 자격을 박탈당했고, 친정부 세력으로부터 살해 위협을 받는 등 고초를 겪었다.

2014년부터 2021년까지 라디오 카라카스(Radio Caracas Radio)에서 정치 인터뷰와 분석 프로그램인 〈당신과 함께: 마리나 코리나 마차도와 함께〉(Contigo: Con Maria Corina Machado)를 진행한 독특한 이력을 가지고 있기도 하다. 마차도는 "노벨 평화상 수상자로 결정됐다"라는 노벨위원회의 전화를 받고 "아직 우리는 민주주의를 달성하지 못했다"라는 소감을 밝히기도 했다.

하지만 그녀에 대한 평가를 둘러싼 베네수엘라 내부의 시각은 확연히 둘로 갈라진다. 마차도를 민주화의 투사로 보는 시각도 있지만, 또 한편에서는 사회주의 정권에 사사건건 반대하는 극우 정치인이라고 보는 시각도 있기 때문이다.

실제로 그녀는 마두로 정권 퇴진을 위해 외국의 군사개입을 공개적으로 촉구한 이력 때문에 외세를 끌어들이려는 매국노라는 비판을 받은 적도 있으며, 무엇보다 다양한 정책에서 뚜렷한 우파적 성향을 보여 온 인물이기도 하다. 수상이 확정된 직후에는 트럼프 대통령에게 전화를 걸어서 감사의 인사를 전하기도 해 또 다른 화제를 낳기도 했으며, 미국의 폭스 뉴스와 가진 인터뷰에서는 카리브해상에서 벌이고 있는 미국의 군사작전을 공개적으로 옹호하기도 했다.

마두로 대통령은 "국민의 90%가 외세의 침략을 선동한 악마와 같은 마녀를 거부한다"라는 매우 격앙되고 불쾌한 반응을 보였다는 후문이다. 시상식이 벌어지는 노르웨이 오슬로에서도 "전쟁광에게 평화상은 어울리지 않는다"(No Peace Prize for Warmonger)라는 비판 현수막이 걸리기도 했다.

정치적 논란을 의식한 듯, 마차도는 지난해 12월 11일, 노르웨이 오슬로에서 열린 노벨 평화상 수상식에는 참석하지 않았다. 대신 딸인 아나 코리나 소사(Ana Corina Sosa)가 대리 수상을 했다.

미 일간 월스트리트저널(WSJ)이 보도한 바에 따르면, 마차도가 베네수엘라를 탈출해 노르웨이에 입국한 과정도 상당히 드라마틱하다. 가발로 변장한 채 10여 개의 군 검문소를 통과했고, 목선을 이용해 카리브해를 건너 네덜란드령 퀴라소로 이동한 후, 다시 미국이 제공한 전용기를 타고 노르웨이에 입국한 것으로 전해졌다. 이 탈출 작전은 약 두 달에 걸쳐 준비된 것으로 전해졌으며 미군도

베네수엘라

그녀의 이동 경로를 사전에 파악해 F-18 전투기 등을 투입해 호위했다고 한다.

이번 미국의 군사적 침공과 관련해 공식적인 입장를 내놓지는 않았지만, 평소 마두로 정권의 타도를 위해서는 외세의 군사적 개입도 필요하다는 주장을 고수해 왔기 때문에, 자의 반 타의 반으로 마두로 정권의 공백을 메울 강력한 차기 대권 후보에 그녀의 이름이 올라 있는 것은 부자연스러워 보이지 않는다. 관건은 트럼프 대통령의 지지 여부인데, 최근 기자회견에서 트럼프는 "그녀(마차도)가 베네수엘라 국민으로부터의 존경이 부족한 것 같다"라는 다소 부정적인 입장을 표명해 낙점 수준은 아닌 것으로 보인다.

아무튼 '민주 투사'와 '매국노', 어울릴 것 같지 않은 상반된 두 가지 수식어가 붙은 노벨 평화상 후보자의 모습은 오늘날 베네수엘라의 혼란한 상황을 그대로 반영하는 듯하다.

2

엘살바도르

República de El Salvador

부켈레, 독재자인가 구원자인가?

중남미에서 현재 가장 핫한 지도자 중 한 명을 꼽으라면 역시 엘살바도르의 부켈레(Nayib Bukele) 대통령을 빼놓을 수 없다. 자신을 '세상에서 가장 멋있는 독재자'(the coolest dictator)로 칭하고 있는 부켈레 대통령은 지난 2024년 2월 4일 치러진 대통령 선거에서 압도적인 지지율로 재선에 성공했다.

엘살바도르 헌법상 대통령 연임은 금지돼 있었다. 사실상 헌법을 무시하고 오로지 높은 인기를 등에 업고 대통령에 출마해 기어이 재선에 성공한 부켈레를 지켜보는 국제사회의 시선은 곱지만은 않다. 아직은 우려보다는 기대가 앞서고 있는 것은 사실이지만, 엘살바도르가 새로운 유형의 독재국가로 나아가고 있다는 우려의 목소리도 동시에 나오고 있다.

2025년 7월 31일, 엘살바도르 국회의 절대다수를 차지하고 있는 여당의 주도하에 무제한 연임을 가능하게 하는 헌법 개정안마저 통과됨으로써 사실상 이제 부켈레의 영구 집권을 막을 마지막 장애물도 사라지게 됐다. 개정안에는 대통령 임기를 5년에서 6년으로 연장하고, 차기 대선을 2027년으로 2년 앞당기는 내용도 포함돼 있다.

현재 80%에 육박하는 높은 지지율을 바탕으로 하루빨리 대선을 치러 일단 2033년까지 임기 연장을 시도하는 전략으로 풀이된다.

사실 대선전부터 부켈레의 경쟁 상대가 없다는 관측이 지배적이었다. 대선과 함께 치러진 총선에서도 여당인 '새로운 생각'(Nuevo Idea)은 사실상 싹쓸이 가까운 압승을 거두면서 부켈레가 행정부와 함께 입법부 권력까지 장악해 앞으로 더 강력한 전권을 휘두를 것으로 예측되고 있다.

부켈레를 일명 세계적 셀럽으로 만든 두 가지 키워드는 '비트코인'과 '범죄와의 전쟁'이다. 트럼프의 당선으로 부켈레의 비트코인 도박은 글자 그대로 대박이 났다. 그리고 세계에서 가장 치안이 불안한 나라로 악명이 높던 엘살바도르에 '갱단과의 전쟁'을 선포하고 닥치는 대로 잡아들인 부켈레의 터프함도 그의 인기에 한몫했다.

실제로 2015년 기준 엘살바도르 인구 10만 명당 살인율은 미국보다 무려 20배나 높은 105.2건으로 사실상 세계 최고 수준이었다. 하지만 지난 2023년에는 2.4건으로 급감했고 2024년에는 1.9

명까지 떨어졌다. 불과 8년 만에 살인율을 50분의 1로 감소시킨 어마어마한 성과인 동시에 '세계에서 가장 위험한 국가'라는 오명으로부터도 벗어날 수 있게 된 것이다. 갱단을 때려잡는 부켈레의 모습은 마치 정의를 실현하는 사도처럼 비춰졌고 이에 국민들은 열광했다. 치안 상황이 역시 불안한 이웃 나라 에콰도르와 온두라스 등에서는 엘살바도르의 부켈레 모델을 앞다퉈 배우려 하고 있다.

하지만 우려의 시선도 존재한다. 국제뉴스에서 본 것처럼 어마어마하게 큰 수용 시설에 머리를 빡빡 깎은 죄수들을 몰아넣고 동물 다루듯이 하는 모습은 생경함을 넘어 기괴하기까지 하다. 실제로 부켈레 당선 이후 엘살바도르에는 '세콧'(CECOT)이라고 불리는 아메리카 대륙에서 가장 큰 교도소가 세워졌고, 이곳에서는 고문과 구타가 만연한 것으로 전해지고 있다.

2023년 3월 비상사태 선포 이후 갱단과의 전쟁이라는 이름으로 약 7만 5천 명 이상이 체포 구금된 것으로 알려졌는데, 이는 엘살바도르 인구의 1%, 전체 성인 인구의 2%에 해당하는 수치다. 마치 전두환 시절에 삼청교육대를 연상시키는 부켈레의 전쟁은 성과만큼이나 부작용도 크다. 실제 갱단과 연루되지 않은 엉뚱한 사람이 구금된 사례가 계속해서 밝혀지고 있는데, 실적에 급급한 경찰의 무리수라는 지적이다.

무엇보다 앞서 지적한 것처럼 대통령 연임금지 조항을 깨고 재선에 출마한 것은 반헌법적 행위로 엘살바도르가 독재국가로 향하고 있다는 불안한 지표로 여겨지고 있다. 전문가들은 이런 현상을 중남미에 만연한 '권위주의적 포퓰리즘'의 또 다른 형태로 보고 있다.

부켈레의 무차별적인 체포 작전에 갱단도 극단적인 방식으로 저항했다. 2022년 3월 불과 3일 만에 87명이 사망하는 최악의 유혈 사태가 발생한 것이다. 이 사건 이후 부켈레는 국가비상사태를 선언하고 첫 두 달 동안 무려 3만 3천 명의 갱단을 체포해 역시 한 치도 물러서지 않았다.

부켈레는 사람들이 자신을 독재자로 부르는 것에 신경 쓰지 않는 모습이다. 오히려 그는 "시민들이 거리에서 죽어 나가는 걸 지켜보는 것보다 내가 독재자로 불리는 게 훨씬 낫다"라며 현재의 상황에 대한 자신감을 숨기지 않고 있다.

하버드 대학교의 정치학자인 스티브 레비츠키(Steven Levitsky)는 향후 부켈레의 장기 집권의 성공을 판가름할 수 있는 중요한 변수로 다음과 같은 두 가지를 꼽았다.

첫째는 지금과 같은 안정적인 치안 상황을 유지하면서 경제 성장의 연착륙을 이끌어 내는 것이다. 하지만 최근 부켈레의 경제 성적은 생각만큼 좋지 않다. 세계은행 보고에 따르면 2023년 3.5%의 경제 성장률을 보이던 엘살바도르의 경제 성장률은 지난 2024년 2.6%로 떨어졌고 2025년에는 2.2%를 간신히 유지하면서 구체적인 성장 동력을 확보하지 못하고 있다.

두 번째는 트럼프의 강력한 후원을 그가 언제까지 등에 업을 수 있을 것인가 하는 문제다. 바이든 행정부 시절, 미 국무부는 엘살바도르 부켈레 정부의 심각한 인권 침해 문제에 대해 여러 차례 공개적인 경고를 날린 바 있다. 물론 트럼프 행정부의 입장은 이전과는 180도 바뀐 상황이다. 트럼프 대통령은 부켈레가 치르고 있는 범죄와의 전쟁에 대해 '영웅적이고 환상적인 도전'이라며 칭찬을 아끼지 않고 있기 때문이다.

하지만 불법 이민자 대량 추방 정책을 추진하는 트럼프 대통령과의 브로맨스는 부켈레에겐 일종의 '양날의 칼'이다. 미국에서 추방되는 불법 이민자, 특히 이들 상당수가 MS-13 같은 국제적 범죄 경력이 있는 인물들을 부켈레가 나서서 수용함으로써 트럼프의 구원 투수 역할을 자임하고 있지만, 엘살바도르가 범죄자의 집합소가 될 것이라는 국내의 반발도 만만치 않기 때문이다.

실제로 트럼프 행정부는 베네수엘라의 갱단인 트렌 데 아라구아(Tren de Aragua) 조직원 300여 명을 엘살바도르 감옥에 보내는 조건으로 476만 달러를 지급하기로 약속한 바 있다.

타락한 '구원자의 나라'

엘살바도르의 국명 엘살바도르(El Salvador)는 '구원자'라는 의미이다.

안타깝지만 스페인 식민제국도 구원자라는 이름으로 엘살바도르를 착취했고, 독립 이후 등장한 수많은 권력자들도 스스로를 구원자라 칭했지만, 나라는 가난과 굴종의 굴레를 벗어나지 못했다.

엘살바도르는 면적이 중미 5개 국가 중 가장 작은 국가이다. 상대적으로 인구 밀도는 높은 편이어서 오래전부터 토지를 둘러싼 긴장의 강도가 높았다. 통치자들은 토지문제를 비롯한 정치, 경제적 문제를 해결하려고 노력했지만 잦은 정권교체로 큰 효과는 거두지 못해 19세기 동안에도 1872년, 1875년, 1885년, 그리고 1898년 네 차례에 걸쳐 농민들의 대규모 유혈 봉기가 발생했다.

이러한 농민들의 봉기는 대지주들을 비롯한 보수적 지배계층의 결속을 가져왔다. 이들은 기득권 수호를 위해 결혼, 상호출자 등을 통해 결속을 강화하고 국가의 정치적 경제적 권력을 독점했다. 이런 배경으로 탄생한 것이 소위 '14 가문'(Las Catorce)이라 불리는 토착 지배계급이다. 이들은 자신들의 토지를 보호하고 반항하는 농민들을 통제하기 위해 사병을 육성하는데, 이들이 후일 엘살바도르 군(軍)의 모체가 된다.

1925년 엘살바도르 공산당이 창당되고 이들의 지원을 받는 아르투로 아라우호(Arturo Araujo)가 당선되지만, 취임 1년도 못 된 1931년 12월에 사임하고 만다. 이후로는 군사 쿠데타가 반복적으로 발생하고 1944년부터 1960년까지 군사평의회 이름의 군사정부가 통치한다.

　이러한 갈등을 배경으로 1970년부터는 우익정부와 좌익 게릴라 간의 치열한 내전이 계속됐다. 니카라과의 산디니스타 혁명 정부는 엘살바도르의 이러한 정치적 상황을 이용하여 중미 공산화의 첫 번째 목표로 엘살바도르를 겨냥하고 게릴라들에 대한 지원을 강화함으로써 중미지역 분쟁을 더욱 심화시켰다. 여기에 일찍 공산화에 성공한 쿠바와 소련이 개입하고, 미국마저 개입하면서 엘살바도르를 둘러싼 중미사태는 점점 국제분쟁으로 확장된다.

　그렇다면 엘살바도르는 어쩌다 세계에서 가장 위험한 나라, '갱들의 천국'이 됐을까?

　1990년대 초 엘살바도르는 미국이 지원하는 우파 세력과 이에 대항하는 공산주의 성향의 게릴라 사이의 내전이 서서히 마무리 단계에 접어들고 있었다. 이미 이 잔인한 내전으로 75,000명 이상이 사망한 상태였다. 기나긴 내전으로 인해 나라 경제는 바닥이 났고 사회는 극도로 혼란했다. 젊은이들은 회생 가망이 거의 없는 조국 엘살바도르를 등지고 '희망의 나라' 미국으로 향했다. 불행히도 이들은 미국에서 마약 카르텔에 손을 대고 갱단을 만들어 닥치는 대로 약탈을 일삼아 미국 정부의 새로운 골칫거리로 전락한다. 이들 대부분은 80년대 이후 미국 당국에 의해 추방되거나 민주화 이후 자진 귀국해 엘살바도르를 오늘날의 갱단 지옥으로 만든 장본인들이다.

엘살바도르

엘살바도르 민주화의 상징, 로메로 신부

1980년 1월, 군부와 기독교민주당이 연합한 우익적 성격의 새로운 정부가 구성되지만, 이는 무늬만 군민 합동 정부로 민주화 세력에 대한 탄압은 수그러들지 않는다. 1980년 3월 24일, 산살바도르의 대주교이던 로메로(Oscar Romero) 신부가 미사 중 극우파에 의해 암살되면서 사태는 더욱 악화가 되고, 그동안 잠잠했던 정부군과 게릴라 사이의 치열한 공방전이 재개된다.

1977년 2월 23일 산살바도르 대주교로 임명된 로메로 신부는 동료 사제의 암살 소식을 접한 후 본격적인 민주화 운동에 앞장선다. 특히 엘살바도르의 구조적인 가난과 정치 불안이 군사독재에 뿌리를 두고 있다는 점을 분명히 하고 민중들의 각성을 촉구한다. 오스카 신부는 엘살바도르 내전 시기에 미국 정부가 엘살바도르 정부에 대한 군사원조를 제공한 것에 대해 공개 비판하고 1980년 2월에는 지미 카터 대통령에게 공개서한을 보내 정의에 반하는 행위를 중단할 것을 촉구한다.

그의 죽음 이후 중남미 전역에 해방신학의 물결이 거세게 일었다. 정의를 사랑하는 신은 특정한 소수의 세력이 아니라, 가난하고 헐벗은 민중을 사랑하는 동시에 정의의 실현에 앞장선다는 로메로의 가르침은 만성적인 빈부격차와 군부의 폭정에 찌들었던 대중들에게 커다란 울림을 안겨 주었다. 확신에 찬 그의 목소리를 들어 보자.

"형제들이여, 그대들도 우리와 같은 사람입니다. 그대들은 그대들 형제인 농민을 죽이고 있습니다. 어떤 군인도 하느님의 뜻에 거스르는 명령에 복종해서는 안 됩니다.

지금이야말로 그대들은 양심을 되찾아 죄악으로 가득한 명령보다는 양심에 따라야 할 때입니다. 하느님의 이름으로, 아울러 날마다 더한 고통을 받아 그 부르짖음이 하늘에 닿는 민중의 이름으로, 나는 그대들에게 부탁하고 명령합니다. 탄압을 중지하시오!"[1]

1983년 엘살바도르를 처음 방문한 교황 요한 바오로 2세는 해방신학에 반대하는 보수적 종교 지도자들의 만류에도 불구하고 산살바도르 성당에 안장된 로메로의 묘역을 방문했고 2010년 12월 21일에는 유엔 총회가 로메로의 사망일인 3월 24일을 권리와 인권을 위해 희생한 사람들의 존엄을 위한 날로 지정하는 결의안을 채택했다. 그리고 2014년에는 엘살바도르 국제공항의 정식 명칭이 오스카 로메로 국제공항으로 개명됐다.

1986년 미국의 올리버 스톤 감독이 로메로 대주교의 암살 사건과 엘살바도르 내전을 다룬 〈살바도르〉라는 영화도 만들었는데, 엘살바도르 민주화의 상징인 로메로 신부와 엘살바도르의 역사에 관심이 있는 사람이라면 꼭 한번 볼 것을 추천한다.

중남미 해방신학의
탄생

★

사실 라틴아메리카에서 교회는 늘 두 가지 상반된 얼굴을 가지고 있었다. 한편에서는 가난한 자의 영혼을 위해 기도했지만, 다른 한편에서는 가진 자와 권력자를 위해 봉사했다. 라틴아메리카 인구의 90%는 가톨릭 신자로 이는 전 세계 가톨릭 신자 수의 절반을 차지한다. 그만큼 라틴아메리카에서 교회의 영향력은 절대적이다. 이런 절대적인 영향력을 바탕으로 교회는 막대한 재산을 축적하며 사회적 경제적 지배권을 행사하는 사실상의 권력기관으로 존재해 왔다. 대규모의 토지를 소유하고 주요 교육 기관을 장악했으며 심지어는 출생신고에서 묘지관리까지 글자 그대로 '요람에서 무덤까지' 라틴아메리카인들의 모든 것을 관할한 것이 바로 교회와 성직자들이다.

이런 절대적 교회 권력이 위협받기 시작한 것은 19세기 독립운동과 함께 불어온 자유주의와 사회주의 바람 때문이었다. 이들 자유주의자들은 교회의 역할에 대해 의문을 품기 시작했고, 급기야 교회 재산의 박탈을 논의하기 시작했다. 위기에 몰린 교회의 선택은 기존 권력자와 수구적 보수주의자들과 연대하는 것이었다.

교회의 이런 반동적 선택은 흡사 종교개혁 이후 가톨릭 세계가 보여 준 반종교개혁의 움직임과 너무나도 유사하다. 1936년 스페인 내전에서도 교회는 공화파가 아닌 프랑코 파시스트 권력과 밀착해 기득권을 유지하려 했다는 점은 주지의 사실이다. 특히 라틴아메리카의 가톨릭교회들은 1959년 쿠바에서 카스트로의 혁명으로 성직자의 70%가 추방당하는 사태를 직접 목격하자, 공산주의 혁명을 막으려는 반공 십자가 운동에 앞장서게 된다.

하지만 교회가 언제나 권력의 그늘에 있었던 것은 아니다. 특히 1980년대 중남미에 몰아닥친 해방신학의 열풍은 '빈자의 하느님'을 소환하고 '행동하는 사제'의 전형을 보여 줬다. 1968년 콜롬비아 메데인에서 열린 주교회의에서 교황 바오로 6세는 가난한 자에 대한 교회의 책임을 통감하며 개혁적 전교 지침을 공포했다. 바야흐로 해방신학의 탄생을 알리는 서막이었다.

해방신학의 이론적 체계는 1971년 페루의 구스타보 구티에레스(Gustavo Gutierrez) 신부가 해방신학의 바이블로 유명한『해방신학』(A Theology of Liberation)이라는 저서를 출간하면서 틀을 잡았다. 해방신학은 개인적 소명(vocation)보다는 공동체적 소명(convocation)을 강조하면서 구약의「출애굽」과「시편」,「잠언」그리고 신약의「누가복음」등을 가난, 억압, 착취로 요약되는 중남미의 상황들에 비추어 재해석했다.

교회의 움직임은 크게 두 가지로 나타났다. 사제들과 신도들이 가난한 자들의 지역 공동체로 뛰어들어 봉사활동과 의식 개혁에 참여하는 것으로 '풀뿌리 공동체'(Communidades de base)와 같은 조직이 대표적이라 할 수 있다. 또 다른 한편에서는 비록 소수에 불과했지만, 사제복을 벗어 던지고 게릴라 활동에 뛰어드는 경우도 있었다. 콜롬비아의 카밀로 토레스(Camilo Torres)와 같은 젊은 신부는 "가톨릭 신자가 혁명적이지 못하면 하느님에게 용서받지 못할 죄를 짓는 것이다"라는 말을 남기고 게릴라 운동에 뛰어들기도 했다. 그는 1966년 안데스 산지에서 정부군과 교전 중 전사했다. '총을 든 사제'의 등장에 가톨릭교회는 경악했다.

어떤 경우가 됐든, 기득권자와 군부 독재자들에게 이들은 대중에게 불순한 사상을 전파하는 위험한 인물들로 비춰질 수밖에 없었다. 적지 않은 신부와 수녀들이 군부 독재의 직간접적인 관여하에 암살당했다. 1980년 엘살바도르의 로메로 주교의 암살도 이와 같은 맥락에서 발생했다.

하지만 낮은 곳으로 임하며 민중 속으로 뛰어든 것은 어디까지나 성직자 개인의 활동에 의한 것이었지, 교회가 주도적이고 조직적으로 참여한 것은 아니라는 점은 밝혀 둘 필요가 있다. 특히 1978년 보수적 성향의 요한 바오로 2세가 선출되면서 1980년대 라틴아메리카 교회는 진보와 보수의 대결이 가장 첨예했던 시절로 기록되고 있다.

요한 바오로 2세는 해방신학이 교회의 정치화를 불러올 것이라 우려했던 대표적인 인물이다. 1970~1980년대 해방신학 분야에서 가장 저명한 학자 중 한 명인 브라질 출신의 신학자 레오나르도 보프(Leonardo Boff)는 새로운 교황 레오 14세가 전임 프란체스코 교황의 개혁적 길을 따를 것으로 기대한다면서 그의 영적 뿌리와 선교활동, 심지어 교황으로서 선택한 '레오'라는 이름까지 모두 해방신학의 정신과 닿아 있다고 주장하고 있다. 이에 대해 교황청은 구체적인 반응을 보이지 않았지만, '민중과 함께'라는 해방신학의 정신이 가톨릭교회의 새로운 화두가 되고 있는 것만은 분명해 보인다.

3

푸에르토리코 자유연합주

Estado Libre Asociado de Puerto Rico

'쓰레기 섬' 논란의 이면

지난 2024년 미 대선 기간 중 미국의 한 코미디언이 뉴욕 매디슨 스퀘어가든에서 열린 트럼프 지원 유세에서 푸에르토리코를 '쓰레기 섬'(island of garbage)이라고 비하해 일대 소동이 일었다.

푸에르토리코가 비록 독립된 주권 국가가 아니고 미국의 보호령이라는 다소 애매한 위치에 있지만, 그렇다 해서 이런 말도 안 되고 모욕적인 대접을 받아야 할 이유는 없다. 이 발언이 히스패닉 민심을 흔들어 대선 판세를 뒤집을 만큼의 후폭풍을 몰고 오지는 않았지만, 당시 미국 내 라틴계 커뮤니티에 작지 않은 파장을 몰고 온 것은 사실이다.

우리에게 푸에르토리코 하면 가장 먼저 떠오르는 이미지는 '야구 잘하는 나라' 정도일지 모른다. 하지만 사실 푸에르토리코의 역사는 그리 단순하거나 순탄치 않다.

푸에르토리코가 미국의 속령(屬領)이 된 것은 1898년 미국과 스페인 전쟁에서 미국이 승리하면서부터이다. 당연히 그 이전에는 400여 년간 스페인의 식민지였다. 미국은 이 전쟁의 승리로 푸에르토리코를 비롯해 쿠바와 필리핀 그리고 괌을 손에 넣었다.

신대륙의 귀금속과 물자의 집산지 그리고 중개무역 기지로 한때 전성기를 누리기도 했지만, 지배자가 스페인에서 미국으로 바뀐 것에 불과하다는 사실에는 변함이 없다.

카리브해의 북동부에 위치해 있는 푸에르토리코는 서쪽으로는 히스파니올라섬의 아이티와 도미니카 공화국과 인접해 있으며, 동쪽으로는 영국령 버진 아일랜드와 역시 미국령 버진 아일랜드와 각각 접하고 있다. 하지만 미국 본토로부터 꽤 떨어진 곳에 위치하고 있기 때문에 전략상 중요도에 비해 많은 주목을 받지는 못했다.

1917년부터 푸에르토리코인에게는 미국 시민권이 주어졌으며, 1947년부터는 미국인 총독을 대신해 푸에르토리코인들이 뽑은 지사가 관리하는 행정 체제를 유지해 왔다.

정식 명칭은 '푸에르토리코 자유연합주'(Commonwealth of Puerto Rico)이며 수도는 산후안(San Juan)이다.

선택의 기로에 선 푸에르토리코

미 대선에 묻혀 대중의 관심을 모으지는 못했지만, 푸에르토리코의 미래를 결정할 중요한 선거가 미 대선과 같은 날인 2024년 11월 5일에 치러졌다.

이날 치러진 푸에르토리코 지사(governer) 선거에서는 독립과 반식민주의를 내건 대중민주당의 후안 달마우(Juan Dalmau) 후보와 미국의 주 편입(statehood)을 주장하는 공화당 계열 신진보당의 제니퍼 곤잘레스 콜론(Jenniffer Gonzalez-Colon)후보 간의 치열한 접전이 예상됐었다. 선거 결과에 따라서 푸에르토리코인들의 오래된 숙원이자 미완의 꿈으로 남아 있는 독립을 향해 갈지, 아니면 현 상태를 유지하거나 미국의 주로 편입되는 방향으로 나아갈지를 결정하게 되는 것이다.

미국 주로의 편입을 묻는 주민투표가 이번이 처음은 아니다. 1967년 이후 이번이 7번째에 해당한다. 물론 투표 결과에 대한 구속력은 없다. 푸에르토리코의 지위 변경을 위해서는 미 본토 연방의회의 결정이 있어야 하기 때문이다.

사실 이번 선거는 대선 기간 중 돌발적으로 나온 '쓰레기 섬' 발언으로 인해 독립을 지지하는 후안 달마우(Juan Dalmau) 후보에게 유리할 것이란 전망이 우세했었다.

하지만 결과는 정반대였다.

투표 결과 58.6%가 주 편입을 선택했고 결과적으로 제니퍼 곤잘레스 콜론(Jenniffer Gonzalez-Colon)이 새로운 지사로 당선됐다. 독립을 지지한 사람은 11.8%에 불과했다. 지난 2020년 투표에서는 52%가 주 편입을 찬성했는데, 이번 58.6%의 찬성은 소폭이지만 예상을 깨고 오히려 상승했다는 점에서 의미하는 바가 크다.

지난 1992년, 1998년, 2003년 실시한 주민투표에서는 자유주의 연합 주로서 현재의 자치령 지위를 유지하자는 의견이 미국으로의 편입보다 근소한 차이로 우세했다면, 지난 2012년에 이어 2017년, 2020년에 치러진 투표에서는 모두 주 편입 찬성이 독립 찬성은 물론 자치령 유지 의견을 능가했었다는 점에서 주 편입이 대세로 굳어져 가는 분위기다.

그렇다면 최근 미국 주로의 편입 찬성률이 오히려 증가하는 배경은 무엇일까?

전문가들은 좀처럼 회생의 기미가 보이지 않는 푸에르토리코의 경제난을 그 주범으로 보고 있다. 예산 부족으로 문을 닫는 학교들과 엉망으로 방치된 도로들, 붕괴된 의료시스템과 하루가 멀다 하고 발생하는 전국적 규모의 정전사태 등은 푸에르토리코 사람들이 매일매일 목격하는 참담한 현실이다. 주에 편입되면 이런 지옥과 같은 상황에서 벗어날 것이란 기대감이 푸에르토리코 사람들 사이에서 모락모락 피어오르고 있다.

무엇보다 미국의 정식 주가 되면 메디케어(Medicare) 등 사회보장 혜택을 온전히 누릴 수 있게 될 것이다. 경제적인 이유 외에도 정치적으로도 의미 있는 변화가 생긴다. 현재 푸에르토리코 주민들은 미국 시민 자격을 가지지만 대통령 선거 등 투표권을 행사하지 못하는데, 주로 편입되면 이런 정치적 자격을 획득할 수 있게 된다.

워싱턴포스트의 분석에 따르면 푸에르토리코가 미국 주가 되면 연방정부로부터 해마다 수백억 달러 이상 규모의 각종 지원을 받을 수 있을 것으로 보인다.

지난 2024년 대선에서 불거진 '쓰레기 섬' 논란은 푸에르토리코인의 자존심을 자극해서 독립을 외치는 방향이 아니라, 주 편입을 통해 더 큰 정치적 목소리를 내고 경제적인 이득을 보고 싶다는 현실적 선택의 방향으로 기울게 만든 것으로 분석된다.

그렇다면 정작 열쇠를 지고 있는 미국 본토의 입장은 어떤 것일까?

미국이 정말로 푸에르토리코의 자국 편입을 원했다면 지금보다 훨씬 빠르게 그리고 훨씬 수월하게 진행됐을 것이다. 미국 입장에서도 무언가 걸리는 것이 있다는 이야기다.

첫째는 미국이 떠안게 될 경제적 부담이다. 푸에르토리코의 1인당 GDP는 미국 본토의 절반 수준에 불과하고, 2017년 파산을 선언할 정도로 어려운 경제 상황을 회복하기 위해서는 천문학적인 투자가 필요한데, 이 또한 미국 입장에서는 커다란 부담이다.

두 번째는 정치적 부담이다. 만약 푸에르토리코가 미국의 주가

　　　　　　　　　　　　　　　　　　　푸에르토리코 자유연합주

된다면 하원의원은 5~6명, 선거인단은 7~8명 정도로 예상된다. 문제는 히스패닉이 압도적인 새로운 주의 탄생이 민주당의 텃밭이 될 가능성이 높다는 점이다. 공화당의 입장에서는 결코 탐탁지 않은 상황이다.

미국에 거주하는 푸에르토리코인의 정치 성향을 가늠할 수 있는 구체적 사례도 있다. 2000년 대통령 선거에서 플로리다에 거주하는 푸에르토리코 출신 유권자의 60%는 민주당의 앨 고어 후보를 지지했고, 2004년 대통령 선거에서는 역시 민주당 후보인 존 케리 상원 의원에게 공화당 조지 부시 후보의 두 배에 달하는 표를 몰아줬다.

전체 푸에르토리코 인구의 40% 정도가 미국 본토에 거주하고, 이 중 절반이 뉴욕에 정착했다. 그래서 뉴욕에 거주하는 푸에르토리코인들을 가리켜 '뉴요리칸'(Neyo-rican)이라고 부르기도 한다. 1990년대 중반 이후 뉴욕에 거주하던 뉴요리칸들이 대거 플로리다로 이주하면서 전통적 공화당의 지지 기반인 쿠바계 이민자의 강력한 대항마 세력이 될 수 있다는 분석도 나오고 있다. 미국의 저널리스트들이 이들 푸에르토리코 출신 유권자들을 '잠자는 거인'(gigante dormido)이라고 부르는 이유이다.

물론 최근 히스패닉의 표심이 급격히 보수화되면서 공화당의 새로운 지지 세력으로 돌아서고 있다는 점은 언제든 새로운 변수로 작용할 수 있다.

식민지도 아니고, 그렇다고 독립된 주권 국가도 아닌 '그 밖의 무엇'이라는 정체성의 혼란이 오랜 세월 푸에르토리코인들의 발목을 잡아 왔다. 자치령 지위에 수반되는 '2등 시민'의 트라우마도 해결해야 할 과제다.

하지만 우여곡절 끝에 주 통합 법안이 통과되더라도 실제 편입까지는 꽤 오랜 시간이 소요될 것으로 보인다. 푸에르토리코와 비슷한 상황이었던 하와이와 알래스카도 지난 1959년 미국의 공식적인 주가 되기까지는 수십 년에 걸친 논의와 준비 과정이 필요했었다.

메이저리그에서 뉴욕 양키스를 네 차례나 월드시리즈 우승으로 이끈 버니 윌리엄스(Bernabe Williams Figueroa)가 지난 2015년 5월 25일 뉴욕 양키스의 홈구장인 뉴욕 양키스 스타디움에서 화려한 은퇴식을 가졌다. 그리고 이날 버니의 등 번호 51번은 그의 업적을 기리기 위해 영구결번으로 지정됐다.

푸에르토리코 출신 버니 윌리엄스의 등 번호 51번은 그가 평소 자신의 조국 푸에르토리코가 미국의 51번째 주로 편입되기를 기대하는 마음에서 선택했다는 이야기가 전해진다. 사실 여부를 떠나, 미국의 51번째 주로의 편입은 푸에르토리코 사람들이 꿈꾸는 또 다른 아메리칸드림이 되어 가고 있는 분위기다.

참고로 '푸에르토리코'(Puerto-rico)는 '항구'를 의미하는 스페

　　　　　　　　　　　　　　　　　　　　푸에르토리코 자유연합주

인어 'Puerto'와 '부유한 혹은 '풍성한'을 의미하는 'rico'가 합쳐진 말로, '풍요로운 항구'라는 멋진 뜻을 가지고 있다. '쓰레기 섬'이란 모욕이 더 비극적으로 들리는 이유이기도 하다.

인어 'Puerto'와 '부유한 혹은 '풍성한'을 의미하는 'rico'가 합쳐

빛나는
별들의 고향

★

푸에르토리코는 이름만 들어도 누구나 알 수 있는 월드 클래스급 스타들의 요람이다. 특히 야구, 농구 등의 스포츠 분야와 음악 부분에서 걸출한 스타들을 배출해 냈다. 많은 사람들이 이들을 미국 출신으로 알고 있지만 엄밀히 말해 이들은 미국 시민권을 가진 푸에르토리코인이다.

야구는 푸에르토리코인들이 가장 사랑하는 스포츠 종목으로 질적으로나 양적으로나 미국에 버금가는 세계 최강 수준이다. 물론 최근에는 도미니카와 베네수엘라에 밀려 조금 주춤하는 모양새지만, 푸에르토리코 최고의 수출품은 MLB 야구선수라는 이야기가 있을 정도로 그 아성은 쉽게 무너지지 않는다.

지난 2013년 월드 베이스 볼 클래식에서는 미국을 제치고 4강에 올랐으며, 준결승전에서는 역시 아시아 최강 일본을 꺾고 결승에 진출해 도미니카 공화국과 맞붙어 준우승을 거뒀다. 2017년 월드 베이스 볼 클래식에서는 미국과 결승에서 만나 아쉽게 준우승에 머물렀지만, 두 번 연속 세계 2위라는 놀라운 성적을 거뒀다.

푸에르토리코 출신 유명 야구선수로는 푸에르토리코 역사상 가장 위대한 선수로 평가받고 있는 로베르토 클레멘테(Roberto Clemente)를 비롯해서 메이저리그에서 활약한 전설적 포수 출신의 이반 로드리게스(Ivan Rodriguez)와 호르헤 포사다(Jorge Posada), 역시 메이저리그에서 타자로 활약한 카를로스 델가도(Carlos Delgado), 뉴욕 메츠에서 투수로 활약한 에드윈 디아즈(Edwin Diaz), 뉴욕 양키스에서 중견수로 활약한 버니 윌리엄스(Bernabe Williams), 보스턴 레드삭스에서 감독을 역임하기도 한 알렉스 코라(Alex Cora) 등 그 수를 헤아릴 수 없을 정도로 많다.

푸에르토리코는 라틴팝을 주도하는 대표적인 지역 중 하나다. 이 지역 출신의 월드 스타급 뮤지션으로는 빌보드 핫100 16주 연속 1위를 기록한 〈Despacito〉의 루이스 폰시(Luis Ponsi)를 비롯해서 〈Livin' la Vida Loca〉로 유명한 리키 마틴(Ricky Martin), 2025년 아메리칸뮤직어워드 라틴 최고 앨범상을 수상한 랩퍼 뮤지션 배드 버니(Bad Bunny), 〈No Quiere Enamorarse〉, 〈Caramelo〉 등 라틴 음악이 세계적인 주류 음악으로 떠오르는 데 핵심적인 역할을 한 후안 오수나(Juan Carlos Ozuna), 래퍼, 싱어송라이터, 배우, 음반 제작자 등 다재다능한 재능을 선보인 대디 양키(Daddy Yankee, 본명은 Ramon Luis Ayala Rodriguez) 등이 대표적이다.

그리고 빼놓을 수 없는 불세출의 스타가 한 명 더 있다. 가수뿐만 아니라 배우, 그리고 사업가로도 유명한 제니퍼 로페즈(Jennifer Lopez)가 그 주인공이다. 제니퍼 로페즈의 본명은 제니퍼 린 애플렉(Jennifer Lynn Affleck)으로 공식기록에는 '뉴욕 브롱스 태생'이라 기록돼 있지만, 그녀의 오리지널 혈통은 푸에르토리코가 맞다.

1997년 멕시코 출신의 라틴팝 가수로 커다란 인기를 누리다 비극적으로 사망한 셀레나 페레스(Selena Perez)의 삶을 다룬 영화 〈Selena〉에 제니퍼 로페즈가 주연을 맡게 됐을 때, 멕시코계 히스패닉들은 왜 푸에르토리코 태생의 로페즈가 멕시코계인 셀레나 역을 맡느냐며 거세게 항의한 적이 있다. 본의 아니게 그녀의 푸에르토리코 태생이 대중에 드러나게 된 것이다. 이 문제로 로페즈는 자신의 출생에 관한 장황한 설명을 늘어놓아야 했지만, 아이러니하게 이 작품으로 제니퍼는 무명의 히스패닉 출신 여배우에서 일약 할리우드의 스타로 떠오르게 된다.

이 밖에 영화배우로 유명한 할리우드 스타는 1995년 흥행에 성공한 브라이언 싱어의 〈유주얼 서스펙트〉(Usual Suspect)를 시작으로 〈더 팬〉(The Fan, 1996), 〈바스키아〉(Basquiat, 1996), 〈트래픽〉(Traffic, 2000)을 통해 개성 있는 연기를 펼쳤고 가장 최근에는 〈시카리오〉(Sicario,2015)와 〈One Battle After Another〉,(2025)에서 강렬한 인상을 남긴 배우 베니치오 델 토로(Benicio del Toro), 그리고 2020년 아카데미 시상식에서 남우주연상을 수상한, 더 이

 푸에르토리코 자유연합주

상의 설명이 필요 없는 명품 배우 호아킨 피닉스(Joaquin Pheonix)
도 모두 푸에르토리코 태생이다.

　다만, 호아킨 피닉스는 푸에르토리코에서 태어나 어린 시절을 이
곳에서 보낸 것은 맞지만, 정통 라틴계가 아닌 유대인 혈통의 백인
이라는 점에서 '오리지널' 푸에르토리코인과는 거리가 있다.

상의 설명이 필요 없는 명품 배우 호아킨 피닉스(Joaquin Pheonix)

4

쿠바
República de Cuba

혁명보다는 생존

쿠바의 혁명 정신을 위협하는 것은 더 이상 반혁명 분자들의 준동이나 제국주의 세력의 침략이 아니다. 지금 쿠바인들을 가장 화나고 힘들게 만드는 것은 하루가 멀다 하게 발생하는 전국적 규모의 블랙아웃(정전사태)이다.

허리케인이 쿠바 동부 해안을 강타하는 동안 아바나를 비롯한 쿠바 전역의 도시에 전기 공급이 끊어지면서 무려 4일간 암흑 속에서 지내야만 했다. 상점과 관공서가 문을 닫고 학교도 임시 휴교령이 내려졌다. 칠흑 같은 어둠 속에서 부족한 것은 전기뿐만이 아니다. 고기와 빵, 채소 등 생필품 거의 전반이 부족한 상황이다.

싱크 탱크 감시센터 'Social Right Observatory'의 2025년 여

론조사에 따르면, 쿠바 인구의 약 90%가 극심한 빈곤 속에 살고 있고, 70%는 하루 한 끼 이상을 굶고 있는 것으로 나타났다.

월스트리트저널은 미국의 베네수엘라 침공 이후, 원유 수출 봉쇄 조치가 강화되면서 베네수엘라로부터 값싼 원유를 공급받던 쿠바에 치명적인 결과를 불러올 것이라고 보도했다. 여기서 '치명적인 결과'는 곧 쿠바 경제의 붕괴를 의미한다. 실제로 쿠바 에너지 수입의 40%에 이르는 베네수엘라산 원유는 가정용 에너지와 발전소 등 쿠바 경제의 근간이 되고 있다.

쿠바의 경제학자 리카르도 토레스(Ricardo Torres)는 "지금 쿠바 경제는 자유 낙하 중"(The Cuban economy is in a free fall)이라는 비관적인 분석을 내놨고, 트럼프 대통령 또한 베네수엘라 마두로 정권 붕괴 후 쿠바가 다음 공격 목표가 될 수 있냐는 기자의 질문에 "쿠바를 침공할 이유가 없다. 왜냐하면 쿠바는 스스로 무너지고 있기 때문이다"라고 답했다.

물론 이런 궁핍함이 어제오늘의 일은 아니다. 하지만 과거와 다른 점은 이제 쿠바인들의 인내가 바닥에 이르렀다는 점이다. 실제로 지난 2년간 무려 2백만 명이 넘는 사람들이 쿠바를 떠났다. 이들 가운데 새로운 희망을 찾아 미국으로 이주한 사람만 67만 5천 명에 이른다.

쿠바 정부는 악화되는 전력난을 트럼프 행정부의 경제 제재 탓으로 돌리고는 있지만, 이런 반복적인 전력난과 고질적인 인프라의 부재는 쿠바 경제의 허약함을 재확인시켜 줄 뿐이다. 물론 쿠바인들의 희망 고문을 불러온 잠깐의 꿀맛 같은 시절도 있었다. 2015년 오바마 행정부가 쿠바와의 관계 정상화를 선언했을 때 말이다. 이 발표 이후 쿠바의 경제는 무섭게 되살아나는 것처럼 보였다. 무엇보다 아바나를 비롯한 쿠바 도시 곳곳에 미국인을 비롯한 외국 관광객들로 넘쳐나기 시작하면서 관광 산업이 활성화됐다.

아바나 항구에는 수많은 관광객을 실은 대형 크루즈 선박이 정박한 모습도 쉽게 포착됐다. 구글과 AT&T 같은 글로벌 기업의 투자는 물론이고 메이저리그의 쿠바 진출도 본격적으로 거론되기 시작했다. 당시 쿠바에서는 "오바마가 쿠바 대통령에 출마하면 당선될 것이다"라는 말이 돌 정도로 미국과 쿠바의 관계는 급속도로 가까워졌다. 하지만 미국과 쿠바의 달콤한 밀회 기간은 생각보다 길지 않았다.

★★★

쿠바는 다른 라틴아메리카 국가들과는 달리 19세기의 끄트머리인 1898년에 가서야 스페인 제국의 족쇄에서 벗어날 수 있었다. 쿠바의 독립이 다른 라틴아메리카 국가에 비해 늦어진 데는 두 가지 결정적인 이유가 있다. 첫째는 식민제국 스페인이 끝까지 쿠바를 포기하지 않으려 했기 때문이고, 다른 하나는 그런 스페인을 미국이 방조 내지 지지했다는 점이다.

쿠바

쿠바 독립운동의 아버지라 불리는 호세 마르티(Jose Marti)도 “라틴아메리카 각국은 독립문제에 있어서만큼은 ‘북미의 거인’(미국)에 의존하는 안이한 생각을 버리라”고 일갈했다.

물론 내부적인 문제도 있다. 스페인에 대한 과도한 의존으로 독립 의지가 부족했다는 비판과 함께 쿠바 경제의 절대적인 부분을 차지하던 사탕수수 생산이 미국으로부터 수입된 흑인 노예제에 의존하고 있었다는 점 역시 빼놓을 수 없다.

쿠바의 독특한 지형구조 또한 독립을 방해하는 중요한 요인으로 작용했다. 유럽 이민자들과 미국으로부터 건너온 기업인, 투자자들 대부분은 아바나를 중심으로 한 쿠바의 서부 지역에 집중적으로 거주하고 있었던 반면, 시에라 마에스트라(Sierra Maestra) 산맥으로 둘러싸인 쿠바의 동부지역은 대부분 거친 산악지역이거나 방치된 밀림지대로 남아 있어 동서의 불균형이 극심했다.

당연히 국제교역이 이루어지는 무역항 대부분이 서부 지역에 몰리는 반면에, 도망친 노예들이나 반체제 게릴라들은 오리엔테(Oriente)와 같은 동부 산악지대로 숨어 들어가 반란의 근거지로 활용하기 시작했다. 1895년 쿠바 독립운동의 아버지 호세 마르티가 최초로 봉기한 곳도, 그리고 1959년 쿠바 혁명을 성공으로 이끈 피델 카스트로가 1953년 무장봉기 활동을 시작한 곳도 바로 이곳 동부의 오리엔테 지역이다. 이렇듯 쿠바의 동서 지역 간에는 커다란 경제적 문화적 격차가 존재하고 있었고 이는 쿠바라는 독립체를 통합하는 데 커다란 방해 요인으로 작용했다.

1886년 스페인 식민정부는 마침내 쿠바에서의 노예제를 공식적으로 폐기한다. 물론 인도적 차원의 결정이 아니라, 식민지에 불고 있는 독립의 기운을 잠재우기 위한 일종의 유화 제스처에 불과했다.

쿠바의 운명을 바꾼 미국-스페인 전쟁

아이러니하지만 쿠바의 독립은 쿠바의 독립을 원치 않았던 두 국가, 그러니까 스페인과 미국의 갈등에서 비롯됐다. 직접적인 원인은 쿠바 아바나 항에 정박해 있던 순양함 메인호에 이유를 알 수 없는 폭발로 266명의 미 해병이 사망하는 사건이 발생했기 때문이다. 스페인은 우발적인 폭발사건이라고 주장했지만, 미국은 그 배후에 스페인이 있다고 판단했다. 미국 정부는 1898년 4월 의회에 군사적 개입을 위해 승인을 요청했다. 결국 1898년 4월 15일 매킨리 대통령이 스페인에 선전 포고하면서 미-스페인 전쟁의 막이 오른다.

1898년 미서 전쟁은 세계사적으로 매우 중요한 의미를 지닌다. '지는 제국'과 '떠오르는 제국' 간의 양보할 수 없는 한판 승부였기 때문이다.

승패는 육상이 아니라 해전에서 결판났다. 순양함과 구축함이 혼합된 스페인의 현대식 해군은 미 해군에 비해 우세해 보였다. 하지만 너무 최신식이다 보니 포탑 상당수가 아직 완성되지 못한 상태였다. 포를 쏠 수 없는 군함은 실전에서는 사실상 무용지물에 가까웠다. 고작 2시간의 해전에서 스페인 함대 전체가 사라졌다. 스페인 해군 323명이 사망했고, 1,729명이 포로가 됐다. 반면에 미군은 1명 사망, 1명 부상에 그쳤다.

19세기 이미 종이호랑이로 전락한 스페인은 떠오르는 신흥 강국 미국의 상대가 되지 못했다. 적어도 1898년 이전의 스페인은 그럴듯한 세계 제국이었지만, 이 전쟁의 패배로 유럽 변두리의 평범한 국가로 전락하게 된다. 반면에 미-스페인 전쟁의 승리 이후, 미국은 파리강화조약에 의해 쿠바를 비롯해 필리핀, 괌, 푸에르토리코를 점령하며 새로운 패권국가로 등장하게 된다. 1898년 12월 10일 파리조약으로 쿠바의 독립이 인정되면서 1899년 1월 1일부터 미국은 쿠바에 군정(軍政)을 실시한다.

그러나 쿠바에서는 1898년 10월부터 군인 중심의 평의회를 구성하여 주권 국가로서의 즉각적인 독립을 요구하고 있었고 결국 쿠바인에 의한 공화국 행정은 1902년 5월 20일부터 시작된다. 미국은 추방되었던 토마스 에스트라다 팔마(Thomas Estrada Palma)를 미군 점령지 쿠바의 대통령으로 추대한다. 팔마는 오랜 기간 미국에서 망명 생활을 했고, 특히 필라델피아에서 교사 생활을 한 이력이 있는 인물이다. 당연히 그는 재임 기간 중 미국의 간섭으로부터 자유롭지 못했다.

향후 마차도를 비롯해 여러 명의 정치 지도자가 대통령에 당선되며 독립 국가의 위상을 다져 갔지만 1929년 대공황의 여파와 불안한 정치 상황을 해결하지는 못했다.

그리고 이 혼란의 시기에 무능한 허수아비 대통령의 막후에서 이들을 조정한 인물이 바티스타였다. 바티스타가 1938년 워싱턴을 방문했을 때 미국의 언론들은 그를 "촉망받는 미래의 쿠바 지도자"로 묘사했다.

5.16 군사 쿠데타 직후인 1961년 11월 14일 국가재건 최고회의 의장 자격으로 백악관에서 존 F. 케네디를 만난 박정희가 말끔한 신사복 차림이었다면 바티스타는 언제나 빳빳한 군복에 다소 커 보이는 군모(軍帽)를 쓴 채 워싱턴의 지도자들을 만났다. 그에게 군은 권력의 원천이자 상징이었다.

사탕수수 노동자에서 대통령까지

풀헨시오 바티스타(Fulgencio Batista)는 1901년 쿠바 동부 바네스라는 지역에서 가난한 빈농의 아들로 태어났다. 1901년이면 미국-스페인 전쟁 직후, 신생 독립 국가로서 쿠바가 격변기에 있을 시기였다. 바티스타는 어린 시절 미국계 퀘이커 학교에서 잠시 정규교육을 받았지만, 가난으로 인해 더 이상의 고등교육의 기회를 얻지는 못했고 대신 항만과 철도 노동자, 사탕수수와 바나나 농장 노동자, 식당 종업원과 이발사 등 글자 그대로 산전수전 겪으며 돈을 벌어야만 했다. 그의 운명이 바뀐 것은 1921년 스무 살의 나이에 아바나를 여행하다 우연히 군대에 자원입대하게 된 이후부터이다.

바티스타는 매우 독특한 이력의 소유자다. 통상 군사 쿠데타는 별을 단 장성 출신의 군인이 주도하는 것이 일반적이지만 그는 하사관 출신의 평범한 군인이었고 쿠데타 직전에는 군사법원 속기사였다. 더욱 놀라운 것은, 한 번도 아닌 두 차례의 쿠데타를 통해 두 번 모두 대통령직을 수행했다는 점이다. 쿠데타가 빈발한 중남미에서도 이런 기록은 흔치 않다. 바티스타는 1933년 이른바 '중사들의 반란'이라고 불리는 군사 쿠데타를 통해 마차도 모랄레스 정권을 붕괴시키고 마이애미에서 망명 중이던 아바나 대학교 교수 출신의 라몬 그라우(Ramon Grau)를 불러들여 대통령 자리에 앉혔다. 표면적으로는 정권 양보였지만, 진짜 권력을 휘두르는 실세 중의 실세는 누가 뭐래도 바티스타였다. 그는 쿠데타에 성공한 1933년 이후 1940년까지 7년 동안 7명의 허수아비 대통령을 배후에서 조종했다.

그라우와 그의 배후에 있던 바티스타는 정권을 잡은 지 불과 100일 만에 여성 참정권과 노동법 개정, 하루 8시간 노동과 같은 강도 높은 개혁법안들을 추진했다. 쿠바의 진짜 혁명은 1959년 카스트로에 의해서가 아니라 훨씬 그 이전인 1933년 바티스타와 그라우에 의해 시작됐다고 보는 시각도 있을 만큼 급진적인 개혁이었다.

아이러니하지만, 적어도 1930년대 초반까지 바티스타는 독재자보다는 개혁가에 가까웠다. 미국은 이런 쿠바의 움직임을 의심의 눈초리로 지켜보고 있었다. 하지만 미국은 곧 사회주의 성향의 그라우를 제어할 수 있는 유일한 인물은 바티스타밖에 없다고 판단하게 된다. 무엇보다 바티스타는 쿠바 공산화에 대한 미국의 걱정을 덜어 줄 최적의 인물이었다. 권력에 대한 동물적 감각을 지니고 있던 바티스타는 곧 동지였던 그라우를 중도 하차시키고 자신이 직접 권력을 장악한다. 이때부터 바티스타는 본격적인 독재자의 길로 접어들고 쿠바는 정형적인 경찰국가로 변신한다.

1951년 8월, 대선 출마를 준비하던 쿠바의 정치인 에두아르도 치바스(Eduardo Chivas)는 자신이 출연하는 라디오 생방송에서 바티스타의 두 번째 쿠데타 가능성을 경고한 후 권총으로 자살하는 충격적인 일을 벌인다. 하지만 이 순간 라디오 광고가 나가는 바람에 방송을 듣던 청취자들은 이 충격적인 사실을 알지 못했다.

놀랍게도 치바스의 자살 7개월 후인 1952년 3월 바티스타는 군사 쿠데타를 일으켜 재집권에 성공함으로써 그의 예언은 현실이 됐다.

바티스타의 재집권과 마피아와의 유착관계

바티스타가 권력을 잡고 유지하는 과정에 미국의 방조와 조력이 있었다는 것은 많은 역사의 기록들이 증언하는 주지의 사실이다. 카스트로의 쿠바 혁명이 임박했던 1956년과 1957년 사이에는 공산 세력을 막는다는 명목으로 아이젠하워 행정부의 집중적인 군사 지원이 이뤄졌다.

특히 1952년 쿠데타로 재집권한 이후 쿠바의 미국 종속은 극도로 심화가 된다. 쿠바 석유 사업의 대부분은 미국 석유회사의 손에 좌우됐고, 철도와 전력을 비롯한 공공사업 분야까지도 미국의 영향을 벗어나지 못했다. 바티스타 집권기 쿠바 제당 공장의 50~60%는 미국의 소유였고 이외에도 미국의 자본은 담배, 과일, 운송, 전기 전신 및 은행 등을 포괄적으로 장악하고 있었다. 이미 잘 알려진 이야기지만, 바티스타와 미국 마피아의 관계는 서로 밀고 당겨 주는 일종의 거래적 관계였다. 이 시기에 마피아는 아바나에 카지노와 나이트클럽을 열고 심지어 매춘 사업에 뛰어들어 수억 달러의 돈을 벌어들였다. 당시 월스트리트 저널에는 "바티스타 정권하에서 우리는 번영할 것이다"라는 카지노 관계자의 말이 실리기도 했는데, 이는 상징하는 바가 크다.

이득을 얻은 건 미국의 비즈니스맨만이 아니었다. 미국의 라스베가스와 마이애미로부터 몰려간 레저 사업가들은 아바나에 호텔과 카지노, 그리고 나이트클럽을 개장할 경우, 1건 당 2만 5천 달러를 허가세 명목으로 바티스타에게 지불했다. 바티스타 입장에서는 꽤 괜찮은 사업이 아닐 수 없었다.

바티스타는 미국 망명 중 플로리다에 거주한 바 있는데, 아마도 이 시기에 미국의 정재계 인사들과 교류하면서 나름의 든든한 연줄을 만든 것으로 보인다. 특히 '럭키 루치아노'(Lucky Luciano)라고 불린 이탈리아계 미국인 마피아는 바티스타를 비롯한 쿠바 권력자의 비호 아래 쿠바 경제를 주무르는 큰손이었다. 놀랍지만, 이러한 마피아의 사업권은 쿠바 혁명 이후 카스트로 집권 기간에도 일정 기간 유지됐다.

1919년부터 1939년까지 미국에서는 금주법이 시행되면서 마피아들은 불법 제조한 술을 대량으로 쿠바에 들여왔다. 쿠바의 물가는 저렴했고 합법적으로 마실 수 있는 값싼 술은 넘쳐났으니 미국인들에게 쿠바는 그야말로 유흥의 천국이었다.

지금 하바나를 방문하면 볼 수 있는 대규모 유명 호텔과 클럽 등 대부분은 바티스타의 집권 2기인 1940~1950년대 집중적으로 건설된 것들이다. 뱃사람들이 주로 마시던 싸구려 럼주에 미국의 코카콜라를 섞어 만든 술이 바로 '쿠바 리브레'(cuba libre)다. 쿠바와 미국의 만남이 '자유 쿠바'를 만들었다는 사실이 아이러니하다. 1954년 『노인과 바다』로 노벨문학상을 수상한 작가 헤밍웨이는 낚시하러 쿠바에 왔다가 바로 이 럼주에 빠져 쿠바에 주저앉았다는 우스갯소리도 있다.

네드 엘리어트(Ned Eliliott) 감독의 다큐멘터리 〈Fulgencio Batista〉에는 그동안 잘 알려지지 않은 비하인드 스토리도 있다. 1941년 2차 세계대전이 한창일 때, 미국은 쿠바의 행보에 의심을 가졌다. 하지만 눈치 빠른 바티스타는 이런 의심을 해소하고 미국의 환심을 사기 위해 발 빠르게 하바나에 주재하는 독일과 이탈리아의 외교관을 추방한다. 그리고 한발 더 나아가 스페인의 프랑코 파시스트 정권을 타도하기 위해 쿠바와 미국이 연합군을 구성해 스페인을 침공하자는, 다소 과감한 제안까지 한다. 미국은 바티스타의 제안을 심각하게 받아들이지는 않았고 당연히 실제로 성사되지는 않았다.

1941년 12월 일본이 미국의 진주만을 공격해 결국 미국이 참전을 결정했을 때, 세계에서 가장 먼저 미국의 뒤를 이어 일본을 향한 선전포고를 한 나라가 바로 쿠바라는 사실도 잘 알려져 있지는 않다. 이 밖에 쿠바는 세계대전 기간 중 영국에 대규모 설탕을 지원하는가 하면, 카리브해에서 나치의 활동을 감시하고 독일의 유보트 한 대를 실제로 침몰시키는 전과를 올리는 등 연합국의 일원으로 활약하기도 했다. 물론 이 모든 일들이 바티스타의 집권 1기 (1940~1944)에 일어난 일들이다.

결과적으로 제2차 세계대전(1939~1945)의 발발은 바티스타에게는 또 다른 기회였다. 전쟁 기간 중 쿠바의 주요 수출 품목인 설탕의 가격이 폭등한 것이다. 수익 대부분은 쿠바 내 다국적 기업에 돌아갔지만, 전체적으로 쿠바 경제의 부흥에도 일조했다. 전후 설탕 가격은 다시 폭락했지만, 이때가 되면 바티스타는 권력에 있지 않았다. 여러 가지로 그는 운이 좋은 사나이였다.

카스트로의 무장 투쟁과 쿠바 혁명

1952년 3월 13일, 피델 카스트로는 '바티스타의 권력 탈취에 대한 선언'을 발표하고 쿠바 헌법재판소에 바티스타를 고발한다. 하지만 이는 곧바로 기각됐고, 합법적 수단에 의해 바티스타 정권을 몰아내는 것이 불가능하다는 사실을 각인한 카스트로는 본격적인 무장 투쟁에 나선다.

결국 1953년 7월 26일 카스트로는 165명의 청년과 함께 산티아고에 있는 몬카다(Moncada) 병영을 습격한다. 하지만 다소 무모하고 어설픈 이 무장 투쟁은 실패로 돌아가고 카스트로는 체포돼 구속된다.

관련자 55명이 현장에서 사살되거나 처형됐지만 실질적인 주도자 카스트로가 목숨을 건질 수 있었던 것은 그의 장인이 바티스타 정권의 고위 실세 장관이었기 때문이다. 재판에 넘겨진 카스트로는 법정에서 저 유명한 "역사는 나에게 무죄를 선고할 것이다"라는 변론을 전개한다. 다행히 국제사회의 압력과 해외언론의 도움으로 체포 11개월 후인 1955년 석방된 카스트로는 멕시코로 떠나게 되는데, 이곳에서 아르헨티나 출신의 운명적인 혁명동지 체 게바라를 만나게 된다.

카스트로는 멕시코에서 무장 혁명의 동력이 될 동지들을 다시 규합하고 1956년 12월 2일 혁명의 상징이 된 그란마 호를 타고 쿠바 남부의 해안을 통해 다시 상륙을 시도한다. 하지만 도중 발각되어 12명을 제외하고는 전원이 사망한다. 카스트로는 나머지 생존자들을 이끌고 시에라 마에스트라(Sierra Maestra) 산맥의 정글 지대로 도주하여 본격적인 게릴라 활동을 시작한다. 시에라 마에스트라는 수도 아바나로부터 가장 멀리 떨어진 동부지역에 있는 쿠바 사탕수수 생산의 중심지이고 노예해방 운동과 독립운동의 강한 전통을 가진 지역이다. 일찍이 호세 마르티와 같은 혁명의 지도자들이 근거지로 삼은 곳이기도 하다.

카스트로가 1953년 7월 몬카다 병영을 습격했을 때만 해도 주민들의 큰 지지를 받은 것은 아니다. 하지만 게릴라 활동을 전개하면서 카스트로의 혁명 세력은 빈곤계층 및 도시노동자 그리고 청년층으로부터 전폭적인 지지를 받기 시작한다.

1957년 미국의 CBS 방송에서 파견한 제작팀은 〈쿠바 밀림 속의 전사들〉이란 제목의 다큐멘터리를 방송한다. 반응은 폭발적이었다. 특히 독재자에 맞서 싸우는 밀림의 게릴라라는 테마는 미국의 시청자들에게 강렬한 인상을 심어 주었다. 검은 수염에 시가를 물고 인터뷰하는 카스트로의 모습은 묘한 신비감마저 풍기기까지 했다. 정치적 감각이 뛰어났던 카스트로는 미국인의 심기를 건드릴 만한 발언은 가급적 삼가했다. 대신 그는 바티스타가 얼마나 잔인한 독재자인지, 그리고 왜 자신은 이 외로운 밀림 속에서 투쟁하는지를 조곤조곤 설명했다. 이 또한 바티스타에게는 적잖은 타격을 가한 셈이다. 정부군이 퍼뜨린 소문들, 예를 들어 게릴라들은 무도한 살인자라는 바티스타의 프로파간다가 거짓으로 드러났기 때문이다. 참으로 아이러니한 일이다. 미국 정부는 독재자를 후원하고, 미국 국민은 그 독재자와 싸우는 게릴라에게 열광하고 있었으니 말이다.

게릴라에 대한 우호적인 여론이 번지면서 게릴라에 자원하겠다는 사람들도 늘어났다. 개중에는 관타나모 미군기지에 주둔해 있던 세 명의 미군 병사도 포함돼 있었다. 물론 이들 중 2명은 밀림의 심한 일교차와 각종 해충의 공격을 견디지 못하고 다시 자신의 기지로 돌아왔지만 말이다.

이맘때쯤 게릴라의 은거지 시에라 마에스트라는 혁명의 기지이자 해방구로 전 세계에 알려지게 된다. 쿠바 농민들의 자발적인 참여도 늘어갔다. 체 게바라의 전기에 따르면, 이 시절 게바라는 까막눈인 농민을 대상으로 글을 가르치거나 농업 기술을 전수하기도 했다.

민심을 서서히 장악한 카스트로는 1957년 3월 13일 하바나의 대통령 궁을 공격한다. 바티스타는 살아남았지만, 게릴라가 이젠 자신의 코앞까지 왔다는 사실을 직감한다. 쿠바 군 내부도 동요하기 시작한다. 탈영병이 늘고 아예 무기를 버리고 게릴라에 합류하는 병사들이 점점 늘어났다. 같은 해 9월 5일에는 쿠바 해군의 봉기가 일어났다.

1958년에 접어들자 미국의 원조마저 끊어졌다. 아이젠하워 행정부는 부패하고 회복 불가능한 쿠바의 독재자를 버리기로 결심한 것이다. 충실한 미국의 대변자였지만 이제 바티스타의 용도도 다해 가고 있었던 것이다. 마침내 1959년 1월 혁명군은 아바나에 입성한다. 혁명군이 아바나에 입성하기 불과 몇 시간 전, 바티스트는 그의 가족과 몇몇 지지자들을 동반하고 자신의 전용기를 이용해 도미니카로 도주한다.

바티스타의 전용기에는 재임 기간 중 부정하게 모은 수억 달러의 현금다발이 있었다고 한다. 이후 바티스타는 거주하던 도미니카에서 포르투갈령 마데이라 제도로 이주했고, 다시 포르투갈 리스본으로 거처를 옮겼다가 최종적으로는 1973년 스페인 마르베야에서 사망한다. 10여 년 전 바티스타의 아들 로버트 바티스타가 아버지의 삶을 담은 책을 출간했다. 그는 이 책에서 "아버지는 조국 쿠바를 누구보다 사랑했다"라고 썼다.

변화를 갈망하던 1930년대의 바티스타와 막장 부정부패의 끝판을 달리던 1950년대의 바티스타는 분명 다르게 평가할 부분은 있다. 하지만 그가 진정으로 사랑한 것은 조국 쿠바가 아니라 한 줌의 권력과 부정하게 모은 돈다발이었다는 사실에는 변함이 없다. 쿠바 아바나에 있는 전쟁박물관에는 바티스타를 'dictador malisimo', 즉 '최악의 독재자'로 기록하고 있다. 이것이 진정한 역사의 평가라는 사실을 그의 아들도 알았으면 좋겠다.

쿠바 혁명 이후 미국의 케네디 대통령은 다른 라틴아메리카 국가들에 쿠바의 공산주의 혁명이 침투하는 것을 저지하기 위해 '라틴아메리카의 마셜플랜'이라고 불리는 '발전을 위한 동맹 정책'을 내놓는다. 케네디 암살 이후 이 정책은 사실상 유명무실해졌지만, 쿠바 혁명이 미국의 대중남미 정책의 근본 틀을 바꿔 놓은 것은 부인할 수 없다. 쿠바 혁명으로 정권을 장악한 카스트로는 지난 2008년 2월 19일 동생이자 혁명동지인 라울 카스트로에게 국가평의회 의장직을 물려주고 무려 49년 만에 권좌에서 내려온 후 2016년 11월 25일 90세의 나이에 사망했다.

참고로 트럼프 2기 행정부의 외교 안보 정책을 맡고 있는 마르코 루비오(Marco Rubio) 국무장관은 혁명 직전인 1956년에 아바나에서 탈출해 미국 플로리다에 정착한 쿠바계 이주민의 아들이다. 역사는 이래저래 아이러니의 연속이다.

쿠바 관타나모
이야기

★

1898년 미국과 스페인의 전쟁에서 미국이 승리함으로써 스페인은 쿠바에 대한 지배권을 상실했다. 이후 미국은 1902년까지 쿠바를 군사적으로 점령하고 있었으며 1903년에 가서야 공식적인 독립을 인정했다. 하지만 1901년 미국은 쿠바가 독립하는 조건으로 플랫 수정 조항(Platt Amendment)을 강요했다.[2]

플랫 수정안의 제3조에는 쿠바의 독립을 보존하기 위해 필요한 경우, '미국이 개입할 수 있는 권리'를, 제7조에는 미국 본토 방어를 위해 필요할 경우, '군사 주둔 목적의 기지를 설치할 수 있는 권리'를 각각 넣어 두었다. 이 조항을 통해 미국은 쿠바 내 해군기지를 건설한 권리를 확보하고 쿠바 정부에 대한 간섭 권한을 공식화했다.

1903년 미국의 시어도어 루스벨트(Theodore Roosevelt) 대통령과 신생 독립국 쿠바의 에스트라다 팔마(Thomas Estrada Palma) 대통령 사이에 관타나모만(灣)을 미군 해군기지로 임대하는 협정이 체결된다. 임대의 조건으로 미국은 연 4,085달러를 임대료로 쿠바에 지급하기로 했다.

관타나모에 해군기지가 있다는 것은 카리브해는 물론 파나마 운하를 통제할 수 있다는 전략적 의미이기도 하다. 1915년 아이티에 이어 1918년 도미니카 공화국을 침공할 때, 1983년 그라나다와 1989년 파나마를 침공할 때도, 그리고 가장 최근에는 미국이 베네수엘라를 침공해 마두로를 체포 압송할 때 미군이 주요 기지로 활용한 곳이 바로 관타나모였다.

1930년대 들어서 중남미 국가에 대한 선린정책을 선언한 프랭클린 루스벨트 대통령에 의해 플랫 법이 사실상 무효화 됐지만, 이후에도 미국의 관타나모 기지에 대한 실효적 지배는 계속됐다.

1959년 쿠바의 카스트로 혁명정부는 미 해군의 관타나모 주둔을 불법 점령 상태로 규정한다. 쿠바가 미군의 퇴거를 위한 군사적 대응을 하지는 않았지만, 이때부터 미국이 제공하는 임대료 수령을 거부함으로써 간접적인 저항을 하고 있다.

물론 미국의 입장은 전혀 다르다. 1903년 플랫 협정에는 '임차 기간'이 명시돼 있지 않고 협정을 폐기하려면 미국과 쿠바 양국 정부의 합의가 필요하다는 것이다. 이런 법률적 공백을 이유로 미국은 관타나모를 사실상 자국 영토처럼 운영하고 있다. 실제로 현재 관타나모 기지에는 미군과 그 가족들, 그리고 민간 계약자 수천 명이 거주하고 있다. 이들 가운데는 쿠바 현지인들도 포함돼 있는데, 이들은 대부분 기지 내에서 시설 보수 및 식당 운영 등에 종사하며 쿠바 정부의 통제하에 기지에 출입하고 있다. 실로 애매한 공간에서 쿠바인과 미국인들이 '기묘한 동거'를 하고 있는 것이다.

국제법상 이런 모호한 위치 때문에 관타나모는 여전히 '뜨거운 감자'로 남아 있다. 특히 9.11 테러 이후 테러리스트로 알려진 범죄자들과 정치범들이 대거 관타나모에 설치된 시설에 구금되면서 관타나모는 또 한 번 국제적인 조명을 받게 된다. 미국이 관타나모만을 선택한 이유는 이곳이 카리브해를 전략적으로 통제할 수 있는 요충지에 자리하고 있기 때문이다.

참고로 반복적인 멜로디가 매혹적인 쿠바 노래 〈관타나메라〉(Guantanamera)는 '관타나모의 아가씨'라는 뜻으로 쿠바의 국부(國父)로 추앙받고 있는 호세 마르티의 시구절을 노랫말로 삼아 역시 쿠바의 전설적인 가수 콤파이 세군도(Compay Segundo)가 불러 빅히트를 친 쿠바 국민가요다. 노래는 관타나모의 현실과는 다르게 매우 낭만적이다. 이해를 돕기 위해 가사의 일부를 싣는다.

Guantanamera, guajira Guantanamera
Guantanamera, guajira Guantanamera
Yo soy un hombre sincero, de donde crece la palma
Y antes de morirme quiero echar mis versos del alma

관타나모의 여인이여, 관타나모의 여인이여
관타나모의 여인이여, 관타나모의 여인이여

나는 야자수가 자라는 마을 출신의 진실한 사람이라오
그리고 내가 죽기 전에 나는 내 영혼의 시를 쓰고 싶어요

Mi verso es de un verde claro y de un carmin encendido

Mi verso es un ciervo herido que busca en el monte

amparo

나의 시는 신선한 초록색이며 불타는 쟈스민입니다
나의 시는 산에서 피난처를 찾는 상처 입은 사슴입니다

República de
Panamá

중미의 나라 파나마라고 하면 사람들은 나라보다는 '운하'를 먼저 떠올린다. 그리고 왠지 우리와는 별 인연이 없을 것 같다고 생각한다. 하지만 지금으로부터 거의 반세기 전, 홍수환 선수의 전설적인 '4전 5기의 신화'가 만들어진 곳이 바로 파나마다.

1977년 11월 27일, 파나마의 수도 파나마시티에서 열린 세계복싱협회(WBA) 주니어 페더급 초대 챔피언 결정전이 열린다. 홍수환은 파나마의 헥토르 카라스키아 선수에 2회에만 4번 다운당해 패색이 짙었지만, 3회에 결국 대역전 KO 승리를 거두며 WBA 주니어 페더급 초대 챔피언에 오른다. 파나마는 그렇게 우리에겐 기적을 일궈 낸 희망의 장소로 기억되고 있다.

그리고 최근 파나마가 대중들의 입에 다시 회자된 사건이 하나 있다. 바로 "파나마 운하는 미국의 것이다"라는 트럼프 대통령의 발언이다. 근데, 조금 생뚱맞게 들리는 이 발언은 얼마나 근거가 있는 걸까?

역사적으로 미국이 대서양과 태평양을 잇는 파나마 운하를 건설하고 관리하는 데 중추적인 역할을 한 건 분명한 사실이다. 하지만 이런 이유로 파나마 운하가 미국 것이라는 주장은 설득력이 떨어진다.

여기서 잠깐, 파나마 운하의 역사를 살펴볼 필요가 있을 것 같다.

파나마 운하의 역사

파나마는 1903년까지 콜롬비아의 일부 주에 불과했다. 물론 여기서 말하는 콜롬비아는 오늘날 우리가 알고 있는 콜롬비아와는 확연히 다르다. 좀 더 정확하게 말하자면 콜롬비아와 베네수엘라 및 에콰도르로 구성된 그란 콜롬비아(Gran Colombia)라 불리는 연합 국가다. 하지만 파나마는 일찍부터 보고타와 멀리 떨어져 있었고 중앙정부와 별다른 접촉이나 간섭 없이 사실상의 자치 상태에 놓여 있었다.

파나마의 독립은 자국민들의 열망뿐만 아니라 파나마 운하라는 지리적 요충지를 둘러싼 강대국 간의 갈등과 타협의 산물이라고 보는 것이 좀 더 객관적인 설명이다.

파나마 운하는 '세계 무역의 교차로'라고 불리며 세계 무역 물동량의 6%를 차지하고 있다. 매년 14,000여 척의 배가 이 파나마 운하를 이용하고 있고 태평양과 대서양 사이를 오가는 거의 모든 무역선의 필수코스로 자리 잡고 있다.

원래 파나마 운하 건설은 프랑스에 의해 시작됐다. 그리고 이 역사적인 사업을 이끈 주인공이 바로 페르디난드 레세(Ferdinand de Lesse)라는 사람이다. 레세는 파나마 운하 건설 이전에 이미 지중해와 홍해를 연결하는 중요한 해상 통로인 수에즈 운하 건설을 주도한 인물이기도 하다.

수에즈 운하 건설의 성공으로 큰 자부심을 가지고 있던 레세는 1880년 파나마 운하 프로젝트를 공식 선언하고 본격적인 공사에 착수한다. 하지만 레세에게도 파나마 운하는 넘기 힘든 난제였다. 무엇보다 파나마의 지형이 문제였다. 파나마의 해발 100m가 넘는 높은 산악지대를 관통하는 방식으로 운하를 만드는 것은 당시 기술로서는 사실상 불가능에 가까운 것이었다. 기술적 문제뿐만 아니라 파나마의 기후와 환경도 문제였다. 열대성 기후인 파나마는 국토 대부분이 울창한 정글로 뒤덮여 있고 말라리아와 같은 치명적인 열대성 질병이 수시로 창궐했다. 특히 우기가 오면 산사태가 노동자를 덮쳐 수많은 사상자가 발생하기도 했다. 이렇게 공사가 완공되기도 전에 무려 2만여 명의 노동자가 사망했다. 밑 빠진 독에 물을 붓는 식으로 기하급수적으로 늘어나는 예산과 빈번한 노동자의 사망으로 인해 결국 프랑스는 1889년 파나마 운하 공사의 중도 포기를 선언하게 된다.

프랑스가 건설하려다 중간에 실패한 운하 사업을 이어받아 1914년 성공적으로 마무리한 것은 미국이다. 파나마는 운하 지역 남북 10마일 범위의 땅에 대한 영구 임대권을 미국에 주고, 그 대가로 1,000만 달러와 매년 임대료로 25만 달러를 받기로 했다. 따라서 당시까지만 해도 운하 지대가 사실상 미국의 치외법권 지역으로 설정돼 미국이 파나마 운하의 운영권 및 관리권을 보유하고 있었던 것은 맞다. 트럼프 대통령의 파나마 운하 소유권 주장은 이런 역사적 배경에서 나온 것이다.

1956년 이집트가 수에즈 운하를 점유하면서 파나마 운하 문제가 다시 수면으로 떠올랐을 때, 당시 미국의 존 포스터 덜레스 국무장관은 "파나마 운하에 대한 통치권은 미국에 있으며 파나마공화국은 이 지역에서 어떠한 주권도, 어떠한 권한도, 어떠한 권위도 갖지 않는다"라며 매우 강경하게 선을 그었다.

하지만 1977년 지미 카터 당시 미국 대통령은 파나마의 토리호스(Martin Torrijos) 대통령과 맺은 '운하협정'에 따라 운하 운영권을 파나마 당국에 점진적으로 이양하겠다고 약속함으로써, 파나마 운하 문제는 완전히 새로운 국면으로 접어든다.

공화당을 비롯한 미국의 보수주의자들은 이 조약이 미국의 국익에 위배된다며 극렬하게 반대했지만, 민주당을 비롯한 카터 행정부는 라틴아메리카와의 관계 개선을 위한 중요한 결단이라며 물러서지 않았다. 결국 이 법안은 상원을 최종 통과했고, 1999년 12월 31일 정오를 기해 파나마 운하에 대한 미국의 소유권이 파나마 정부로 공식 반환됐다.

스페인의 후안 카를로스 국왕 부부를 비롯해 멕시코의 세디요 대통령 등 중남미 주요 국가의 지도자들이 대거 '파나마 운하 반환 행사'에 참석했지만 정작 또 다른 주인공인 미국의 빌 클린턴 대통령과 앨 고어 부통령은 참석하지 않았다. 운하 반환에 대한 미국 내 불편한 정서가 반영된 것으로 보인다. 다만, 협상의 당사자였던 지미 카터 전 대통령과 올브라이트 국무장관이 대리 참석했다.

최근 트럼프 대통령은 파나마 운하 문제에 대해서는 더 이상의 공식 언급을 자제하고 있지만 중국의 파나마 운하에 대한 실질적 영향력 확대와 지배 문제에 대해서는 우려를 나타내고 있다. 1997년 홍콩의 장강 실업 총수인 리카싱이 '허치슨 왐포아 그룹'을 내세워 운하의 양 끝 지점 입구에 있는 두 항구, 즉 태평양의 발보아 항구와 카리브해의 크리스토발 항구 운영권을 파나마 정부로부터 넘겨받았기 때문이다.

미국은 홍콩의 관리가 곧 중국의 지배를 의미한다고 보고 있다. 2017년 파나마는 대만과의 외교 관계를 단절하고 중국과 공식적인 관계를 수립했으며, 중국의 국가전략인 일대일로에 참여한 최초의 중남미 국가이기도 하다.

파나마의 독재자 마누엘 노리에가

파나마 현대사에서 빼놓을 수 없는 인물이 바로 노리에가다. 본명은 마누엘 노리에가(Manuel Noriega). 1934년 파나마의 수도 파나마시티에서 태어났다. 청소년기에 심한 여드름으로 흉터가 남아 얼굴 피부가 우둘투둘했는데, 이 외모 때문에 노리에가의 정적들은 그를 'Cara de Piña'(파인애플 얼굴)라는 별명으로 부르기도 했다. 육군 장교로 임관 후 파나마 군 요직을 거쳤고, 1969년 오마르 토리호스의 군사 쿠데타 후에는 군 정보 사령관에 취임했다.

아이러니한 사실은 훗날 노리에가가 미국에 의해 축출되지만, 냉전이 한창이던 1966년부터는 미국 CIA를 위한 비밀조직원으로 일했다는 사실이다. 조지 부시 대통령의 아버지, 조지 H. W. 부시 대통령이 CIA 국장이던 시절부터 첩보원으로서 파나마 내부의 기밀을 미국에 제공한 것으로 알려져 있다. 실제로 쿠바의 피델 카스트로 정권과 니카라과의 산디니스타 정권 등 중남미와 카리브해의 좌파 정권 교란에도 협력했던 인물이 바로 노리에가다.

또 흥미로운 것은 노리에가가 미국의 마약 단속 작전에도 적극 협력했다는 사실이다. 이러한 업적을 인정받아 1978년부터 1987년까지 미국의 마약단속국(DEA)으로부터 매년 감사장을 받기도 했다.

1981년 파나마의 독재자인 오마르 토리호스가 비행기 사고로 사망하자 이 틈을 이용해 실권을 장악하고 1983년 파나마 군 최고 사령관에 오르게 된다. 그리고 1984년 16년 만에 실시된 직선제로 당선된 바를레타(Nicolás Ardito Barletta), 그리고 1985년 그를 계승한 델바에(Eric Arturo Delvalle)의 배후에 군림하면서 사실상 파나마의 정치를 좌지우지하는 실세 중의 실세로 등극하게 된다.

노리에가는 이 막강한 권력을 바탕으로 콜롬비아 마약 밀매 조직이 파나마를 경유해 미국으로 마약을 운반하는 것을 용인하는 방식으로, 엄청난 돈을 부정 축재하기도 했다. 한편으로는 미국으로 흘러 들어가는 마약 관련 정보를 미 정보 당국에 제공하고, 또 다른 한편으로는 미국으로 마약을 운반하는 운반책 역할도 했다는 뜻이다. 한마디로 마약을 놓고 이중간첩의 역할을 한 것으로 보인다.

결국 1988년에는 미국 법무부가 노리에가를 마약 밀매 혐의로 기소하자, 당시 파나마 대통령이었던 델바에는 노리에가를 전격 해임한다. 그러나 노리에가를 지지하는 의회가 오히려 대통령 델바에를 축출하고 노리에가를 국가수반으로 추대하면서 노리에가가 다시 권력을 장악하게 된다.

미국의 입장에서는 마약 밀매의 주범이 파나마의 최고 지도자가 된 것을 지켜볼 수만은 없었다. 결국 1989년 12월 20일, 미국 부시 행정부는 2만 명이 넘는 지상 병력과 공군력을 동원한 '정당한 작전'(Operation Just Cause) 수행을 위해 파나마에 대한 전면적인 침공을 단행한다.

미군 침공 직전인 1989년 12월 8일에 미국 라스베가스에서 WBC 슈퍼미들급 챔피언십 대회가 열렸다. 공교롭게도 미국의 슈가레이 레너드와 파나마의 영웅으로 '돌주먹'이란 별명을 가지고 있었던 로베르토 두란이 대결 상대였다. 노리에가는 이 타이틀 매치를 미국 제국주의에 대한 대항전이라 선언하며 파나마 전역에 생중계를 명령한다. 하지만 두란은 레너드에 판정패를 당하면서 결사항전을 외치던 노리에가를 머쓱하게 만들었다.

실전에서도 당연히 파나마는 미군의 상대가 되지 못했다. 파나마군은 한 달간 저항했지만, 이듬해 1990년 1월 31일 미군에게 항복했다.

노리에가 체포와 관련된 뒷이야기도 흥미롭다. 항복 직전인 1989년 12월 24일 교황청 대사관으로 피신한 노리에가를 생포하기 위해 미국은 기상천외한 방법을 총동원한다. 전차와 장갑차를 대사관 앞에 놓고 공회전하거나 대사관 옆 공터를 밀어 아예 헬리콥터 착륙장으로 만들었다. 고도의 심리전도 동원됐다. 24시간 내내 고음의 헤비메탈, 록 음악을 대형 스피커로 틀어 댄 것이다. 특히 더 클래시(The Clash)의 〈I fought the law〉, 건즈 앤 로지스(Guns N' Roses)의 〈Welcome to the jungle〉, AC/DC의 〈You shook me all night long〉 세 곡이 반복해서 재생됐다. 교황청의 항의가 이어졌고, 결국 기가 질린 노리에가는 제 발로 대사관을 나와야만 했다.

체포돼 미국에 압송된 노리에가는 마이애미 연방법원에서 미국 내 코카인 밀거래와 공갈, 돈세탁 혐의로 유죄를 선고받아 19년간 복역했다. 하지만 전쟁 포로로 특별대우를 받았고, 텔레비전과 편의시설을 갖춘 주택에서 형기를 마친 것이 알려져 논란이 되기도 했다.

2011년 12월 11일 조건부 석방되어 고국인 파나마로 송환되지만, 파나마에서 따로 정적 살해죄 세 건으로 최소 20년, 최대 60년 징역형을 선고받았다. 결국 2017년 5월 29일, 가택 연금 상태에서 뇌출혈 등 수술 후유증으로 사망했다.

지난 2024년 5월 파나마의 새로운 대통령에 당선된 호세 물리노(Jose Raul Mulino)는 취임식에서 미국을 향한 이민 행렬이 통과하는 악명 높은 밀림 속의 다리엔 갭(Darien Gap)을 막겠다는 자신의 공약을 다시 한번 확인했다.

다리엔 갭은 파나마와 콜롬비아 사이의 국경지대에 위치한 거대한 지협으로 아메리카 대륙에서 가장 위험하고 개발되지 않은 열대 우림으로 덮여 있다. 남북 아메리카를 연결하는 팬아메리칸 하이웨이도 이 구간에서는 유일하게 끊겨 있다.

지난해 1년간 '죽음의 정글'이라는 다리엔 갭을 통과한 불법 이민자의 수는 무려 50만 명이 넘는다. 이들 불법 이민자 대부분은 베네수엘라와 에콰도르, 콜롬비아 출신들로 미국은 그동안 파나마 정부에 다리엔 갭의 봉쇄를 강력히 요구해 왔었다.

파나마 정부가 다리엔 갭을 봉쇄하고 이민 단속을 강화한다면 미국 국경에 도착하는 불법 이민자의 수는 급격히 줄어들 것으로 보인다. 하지만 정글을 우회하는 새로운 루트를 찾는 과정에서 이들이 인신매매와 밀항 전문 업자들의 희생물이 될 수 있다는 우려의 목소리도 함께 나오고 있다.

당분간 파나마 운하와 다리엔 갭은 국제뉴스에서 파나마를 소환하는 주요 키워드가 될 것으로 보인다.

잠깐 Q&A:
중남미와 라틴아메리카

★

Q. 가끔 혼동되는 경우가 있는데요. 어떤 때는 '중남미'라고 하고 또 어떤 때는 '라틴아메리카'라는 표현을 쓰잖아요. 둘은 같은 의미인가요, 아니면 어떤 차이가 있는 건가요?

A. 먼저 중남미(中南美)라는 단어를 살펴볼까. 하나하나를 떼어서 보면 중(中)은 '가운데'라는 뜻이고, 남(南)은 역시 '남쪽'이라는 뜻이지. 그리고 마지막 미(美)는 미주대륙, 그러니까 아메리카 대륙을 의미해. 다시 말해 중남미는 아메리카 대륙의 중간과 남쪽을 의미하는 '지리적 개념'의 단어라고 보면 될 것 같아.

반면에 '라틴아메리카'는 유럽의 라틴족 혹은 라틴문화에 의해 형성된 아메리카라는 의미니까, 지리적 개념보다는 '정치 문화적 개념'이 포함된 것으로 봐야겠지.

위에서 말하는 라틴은 아메리카 대륙을 오랫동안 식민 지배했던 유럽의 나라들, 그러니까 스페인과 포르투갈, 그리고 좀 더 넓게는 프랑스까지 포함하고, 이들의 언어인 스페인어와 포르투갈어 그리고 프랑스어를 의미해.

예를 들어 과테말라의 경우, 지리적으로는 아메리카 대륙의 중앙부에 위치하고 있으니까, 통상 중앙아메리카의 국가 혹은 줄여서 중미(中美)라고 할 수 있겠지. 영어로는 보통 'Central America'라고 할 수 있고 포괄적으로 '라틴아메리카'(Latin America)로 통칭해도 문제는 없어.

Q. 아빠 설명을 듣고 개인적으로 드는 생각인데요, '라틴아메리카'는 왠지 타민족에 의해 형성된 문화라는 느낌이 강해서, 당사자나 진보적 역사관을 가진 학자라면 왠지 불편할 수도 있겠다는 생각이 드네요?

A. 어떤 면에서 보면 중남미가 라틴아메리카보다는 좀 더 '가치 중립적'인 표현이라고 볼 수 있겠지. 하지만 이것이 꼭 정답이라는 의미는 아니야.

비슷한 맥락의 논쟁 사례를 하나 들어 볼까? 아프리카 대륙에서 아메리카 대륙으로 이주한 사람들, 아마도 이들 대부분은 노예로 끌려온 사람들과 그의 후손들이겠지?

이들은 미국 사회에서 'Afro-American'이라고 불리기도 하지만 일부에서는 'Black American'이라고 부르기도 해. 어떤 것을 주요 '정체성'으로 강조하느냐의 차이겠지. 최근에 미국 흑인 커뮤니티에서도 이와 관련된 논쟁이 꽤 뜨겁다고 들었는데, 결론이 나기는 역시 쉽지 않을 것 같아.

Q. 지리적으로는 중남미에 있지만 기아나와 벨리즈와 같은 나라는 영어를 주로 사용하고, 수리남은 네덜란드어를 주로 사용하는 걸로 알고 있는데, 그렇다면 이들 나라들을 라틴아메리카라 부르는 건 좀 어색한 거 같은데요?

A. 굉장히 날카로운 지적이야. 사실 라틴아메리카라는 용어는 프랑스의 제국주의적 의도가 다분히 반영돼 있다고 볼 수도 있어. 프랑스는 자신들이 로마 문화의 유산인 라틴적 요소의 종주국이라는 자부심이 대단했으니까. 게다가 19세기 중반 스페인이 신대륙에서 물러나면서 프랑스는 미국의 남하를 저지하기 위해서 이 지역의 지배권을 강화할 필요성을 더욱 절실하게 느꼈기 때문에 그만큼 '라틴성'을 더 강조했을 거야.

실제로 19세기 중반 '라틴아메리카'란 용어를 대중화시킨 주인공도 프랑스였다는 사실을 기억할 필요가 있어.

기아나와 벨리즈 그리고 수리남의 경우처럼 지리적으로는 중남미에 있지만 문화적, 언어적으로는 라틴적 요소를 발견하기 어려운 나라를 라틴아메리카에서 제외한다면, 케추아어를 포함해 다양한 원주민 언어를 사용하는 페루와 볼리비아, 과테말라 같은 나라도 라틴아메리카에서 제외해야 하는 모순이 발생하지. 물론 그렇지는 않다고 봐야겠지만 말이야.

라틴아메리카를 논하는 데 단순한 언어적 분류나 간편한 일반화가 얼마나 무모한가를 다시 한번 확인할 수 있는 대목이라고 할 수 있겠네.

Q. 그렇다면 중남미(中南美)에서 '미'(美)는 어디에서 유래한 건가요?

A. 원래 미국(美國) 혹은 미주대륙(美州大陸)에서 사용되는 '미'는 우리가 알고 있는 '아름다울 미(美)'가 아니었어. 일본의 개항기였던 1850년대 당시 대표적인 개혁적 선각자였던 후쿠자와 유키치는 『문명논지개략』(文明論之槪略)이란 저서에서 미국을 '아미리가 합중국'(亞米利加 合衆國)으로, 아메리카 대륙을 '아미리가주'(亞米利加洲)로 표기했고, 이를 각각 줄여서 '미국'(米國)과 '미주'(米洲)로 표기했단다. 보는 바와 같이 당시의 미는 '아름다울 미(美)'가 아니라 '쌀 미(米)'를 사용했지.

당시 일본인들에게 미국은 쌀이 풍부하게 생산되는 나라로 인식됐음을 알 수 있는 대목이야. 우리나라에서는 1945년 해방과 미군정 그리고 한국전쟁을 거치면서 '米國' 대신 '美國'으로, '米洲'는 '美州'로 바뀌게 돼. 굳이 친미 사대주의로 볼 필요는 없지만, 미국에 대한 우호적인 분위기가 반영된 것은 분명하다고 할 수 있지.

6

온두라스

República de Honduras

중남미 최악의 치안 국가

지난 2023년 6월 20일, 온두라스의 여성 교도소 내부에서 재소자 간 세력 다툼이 폭동으로 번지면서 무려 48명이 사망하는 사고가 발생했다. 놀랍게도 이 폭동 사태에는 중남미의 대표적인 폭력 조직인 바리오18과 MS-13 조직원들이 동원됐고 이들 사이에 방화와 총격전이 오간 것으로 전해진다. 폭동 이후에도 이를 둘러싼 보복 살인이 연일 벌어지면서 온두라스 전국은 불안에 떨어야만 했다.

기존에 중남미 최악의 치안 국가는 엘살바도르였지만, 부켈레 대통령이 선언한 '범죄와의 전쟁'이 성과를 거두면서 이 불명예스러운 타이틀은 이제 온두라스의 몫이 됐다. 통계적으로도 이러한 사실은 분명해 보인다. 2022년 미국 국제개발처의 보고에 따르면 온두라스 인구 10만 명당 살인율은 36명으로 세계에서 가장 높은 수치다. 온두라스 정부는 2022년 12월 5일부터 범죄와의 전쟁을 선포했다. 하지만 그 결과는 엘살바도르의 성과에는 미치지 못하는 것으로 전해진다.

이번 폭동에 연루된 것으로 알려진 바리오18과 MS-13은 마약 밀매와 갈취를 일삼는 중남미 최대의 폭력조직으로 관할 통제권 다툼으로 상대 조직원을 청부 살해하는 등 이 지역 치안 불안의 최대 원인이다.

교도소 환경 또한 세계 최악 수준이다. 온두라스 감옥에는 없는 게 3가지가 있다. 첫째는 죄수복이 없다. 지급할 죄수복이 없기 때문에 죄수들은 입소 때 입었던 옷 그대로 교도소에서 생활한다. 둘째는 배식이 없다. 밥을 안 준다고? 온두라스 교도소에는 시간에 맞춰 주는 배식제가 아니라 쌀과 밀가루 등의 식재료를 직접 주고 각자가 알아서 해 먹는 시스템이다. 결정적으로 온두라스 감옥에는 누구나 납득할 만한 원칙이란 게 없다. 한마디로 정상적인 시스템이 작동하지 않는다는 이야기다.

뇌물을 바친 죄수들은 에어컨과 침대가 설치된 독방에서 지낼 수도 있다. 무슨 일이든 돈으로 해결이 가능하다는 이야기다. 이런 이유로 온두라스 감옥 안에서는 갱들끼리 다툼도 다반사로 발생한다. 지난 2008년 온두라스 현지에서 억울한 살인 누명을 쓰고 옥살이하다 네티즌과 정부의 도움으로 석방된 한지수 씨의 사연을 통해 온두라스의 사법 체계와 교정시설의 실태가 국내에 알려지기도 했다.

이어지는 엑소더스

치안이 무너지고 경제 원칙도 무너진 이 나라에서 벗어나기 위해 해마다 수많은 이민자들이 발생한다. 지난 2021년 1월, 바이든 대통령 당선 이후 미국 국경이 개방될 것이란 희망을 품은 수천 명의 온두라스 이민자들이 이웃 나라 과테말라의 국경 마을로 몰려들었다. 물론 이들의 최종 목적지는 미국이다. 미국으로 가기 위해서는 과테말라와 멕시코를 통과해 무려 4천 3백km를 걸어가야 한다. 이렇게 중남미 대륙에서 실업과 범죄를 피해 미국으로 향하는 이민자 행렬을 흔히 '캐러반'(caravan)이라고 부른다. 2022년 퓨 리서치 센터가 발표한 자료에 따르면, 미국 내 불법체류 중인 온두라스인은 50만 명에 이르며 고국으로 송금한 금액은 2025년 기준 약 100억 달러(약 14조 6천억 원)로, 이는 온두라스 경제의 25%를 책임질 만큼 결정적으로 중요하다. 당연히 최근 진행되는 미국의 대규모 불법 이민자 추방계획은 온두라스 입장에서는 치명적이다.

하지만 가난한 나라 온두라스에도 '히든카드'가 하나 있기는 하다. 바로 온두라스에 있는 중남미 최대 규모의 미군기지다. 지난해 온두라스의 시오마라 카스트로(Xiomara Castro) 대통령은 "미국이 우리 영토에서 수십 년 동안 단 한 푼의 사용료도 지불하지 않고 군사기지를 유지하고 있다"라며 지금처럼 대규모 추방을 강행할 경우, 모종의 조치를 취할 수 있음을 시사하는 발언을 하기도 했다.

가난은 온두라스의 외교 정책을 바꾸게도 만들었다. 2023년 온두라스는 대만과의 외교단절을 선언하고 중국과 새로운 외교 관계를 맺었다. 온두라스가 대만과 공식 외교 관계를 맺은 지 82년 만의 일이다. 에두아르도 레이나 온두라스 외교부 장관은 중국과의 공동 기자회견에서 "중국 정부가 유일한 합법 정부이며, 대만은 중국의 일부다"라는 충격적 발언도 마다하지 않는다. 같은 날 대만도 駐 대만 온두라스 대사관을 폐쇄하며 온두라스와의 외교 관계를 단절함으로써 맞불을 놓는다.

뜬금없는 온두라스의 배신행위에는 사실 경제적 실리라는 배경이 숨어 있다는 분석이 지배적이다. 뒤통수를 맞은 대만 외교부의 발표에 따르면 온두라스 정부가 대만에 진 25억 달러(한화로 약 3조 2천억 원)의 부채를 탕감해 달라고 요청했지만, 대만이 이를 거절하자 온두라스가 이와 같은 결정을 내렸다는 것이다. 이와 같은 갑작스러운 결정에 당황한 미국이 고위급 특사를 온두라스에 파견했지만, 설득에는 실패했다.

온두라스는 중국 정부로부터 다양한 경제적 지원을 받은 것으로 전해진다. 이로써 차이잉원 집권 당시 22개국이었던 대만의 수교국은 이제 13개 국가로 줄어들게 됐다. 이 가운데 절반에 가까운 7

개 나라가 중남미 국가들이다.

온두라스가 82년의 전통적 우방국가인 대만을 버리고 중국을 선택한 것은, 어찌 보면 냉혹한 국제 외교무대에서 실리를 앞세운 현실적 선택으로 반드시 비난만 할 수는 없다. 하지만 온두라스가 국제 외교사에 오점을 남긴 사례는 또 하나 있다. 지난 2022년 온두라스의 전직 대통령이 마약 밀매에 관여된 혐의로 미국 법정에서 45년의 징역형을 받은 사건 말이다. 불명예의 주인공은 후안 오를란도 에르난데스(Juan Orlando Hernandez) 전 대통령으로, 대통령 재임 기간 중 미국에 마약 밀반입을 도와준 대가로 업자들에게 거액의 뒷돈을 챙겨 이를 대선자금에 사용된 것으로 전해진다.

공교롭게도 그는 2014년 1월 대통령 집권과 동시에 범죄와의 전쟁을 선포하고 대대적인 마약 카르텔 검거에 앞장선 장본인이기도 하다. 재판을 맡은 케빈 카스텔(Kevin Castel) 판사는 이런 에르난데스의 행태를 두고 "권력에 굶주린 두 얼굴의 정치인"(two faced politician hungry for power)이라고 질타했다. 당시 에르난데스가 공항에서 체포돼 연행되는 장면은 전 세계로 생중계됐으며, 푸른 점퍼에 마스크를 쓴 에르난데스의 손에는 수갑이 채워져 있었다. 아무리 마약범죄자라지만 전직 국가원수라는 점을 고려하면 국치(國恥)에 가까운 일이다.[3]

어쩌면 온두라스에게 가장 큰 슬픔은 가난이 아니라 부패의 민낯인지도 모르겠다.

온두라스–엘살바도르 '축구 전쟁'의 진실

1968년 7월 온두라스와 엘살바도르 사이에 벌어진 일명 '축구 전쟁'은 지금도 전 세계 사람들 사이에는 '진기한 사건'으로 회자가 된다. 아무리 중남미 사람들이 축구에 열광한다고 해도 고작 축구 때문에 전쟁까지 벌였다는 사실이 도무지 믿어지지 않기 때문이다. 엄밀히 말하자면, 축구 '때문에' 전쟁이 일어났다기보다는 '울고 싶은데 뺨 때려 준다'라는 말처럼 축구 경기가 전쟁을 위한 빌미를 제공했다는 표현이 역사적 사실에 더 부합한다고 볼 수 있다. 좀 더 자세한 내용을 살펴보기 위해 당시의 상황으로 돌아가 보자.

1970년 멕시코 월드컵 본선 진출을 놓고 중앙아메리카의 6개 국가가 예선전을 치르는 상황. 1969년 6월 8일 온두라스의 수도 테구시갈파에서 온두라스와 엘살바도르의 예선 1차전 경기가 벌어진다. 결과는 홈팀 온두라스가 엘살바도르에 1:0 승리. 여기까지는 별문제가 없었다. 하지만 일주일 후 엘살바도르의 수도인 산살바도르에서 벌어진 2차전에서 문제가 발생한다. 1차전 패배를 만회하기 위해 육탄전에 돌입한 엘살바도르가 온두라스에 3:0 완승을 거두면서 양 팀 예선전 전적은 1:1을 기록하고 승부는 다시 원점으로 돌아간다. 그런데 이 경기장에서 흥분한 양국의 관중들 사이에 난투극이 벌어졌고, 특히 수적으로 열세인 온두라스 원정대가 홈팀인 엘살바도르 관중들로부터 집단 구타를 당하고 쫓겨나는 불상사가 발생한다.

이 소식을 접한 온두라스 국민도 가만히 있지 않았다. 온두라스에 살고 있던 엘살바도르인들에 대한 무차별적인 폭행 심지어 살인과 약탈 등의 보복 행위가 벌어진 것이다. 이에 엘살바도르는 1969년 7월 선전포고를 하고 온두라스의 수도 테구시갈파를 무력으로 점령한다. 전쟁은 엘살바도르의 일방적인 우세로 전개됐지만, 미주기구(OAS)의 중재로 5일 만에 끝났다. 하지만 전쟁의 여파는 적지 않았다. 불과 5일간의 전쟁에서 양국 포함 수천 명의 인명 피해가 발생한 것이다.

그래도 분이 풀리지 않은 엘살바도르는 온두라스에 단교를 선언하고, 세계인권위원회에 온두라스의 만행을 규탄하며 제소했다. 그런데 이런 난리 상황에서 두 나라는 최종 승부를 가리기 위해 예선전 3차전 경기에 합의했다고 하는데, 정말 이들의 축구 사랑은 그 누구도 막을 수 없는 것 같다. 암튼 제3국 멕시코의 멕시코 시티에서 삼엄한 경비 속에 벌어진 3차전 결과는 엘살바도르의 승리로 끝이 났다.

살인과 약탈, 그리고 국교 단절과 전쟁에까지 이른 이들의 갈등은 정말 축구 하나 때문이었을까?

우리가 알고 있는 이야기는 여기까지지만 그 속내는 생각보다 단순하지 않다.

먼저 중미 지도를 찬찬히 살펴보면 두 나라는 국경을 마주하고 있다. 문제는 당시 엘살바도르의 인구가 국토에 비해 너무 많았다는 점이다. 온두라스 국경지대에 거주하던 엘살바도르인 가운데 상당수가 국경을 넘어 온두라스에 정착하기 시작했고 그 수가 한때 30만 명에 이르렀다. 온두라스인들 입장에서는 자신들의 공간을 야금야금 침범한 엘살바도르 이주민들이 곱게 보였을 리 없다. 더 큰 문제는 '중미의 유대인'이라고 불리던 엘살바도르 이주민들이 이 지역 상권을 장악하면서 토착 온두라스인들과의 갈등도 나날이 늘어나기 시작했다는 점이다. 두 나라 간의 갈등의 불씨는 이렇게 만들어진 것이고 축구는 분쟁의 트리거 역할을 했을 것이다. 전쟁의 여파로 직업이나 농지를 소유하지 않은 엘살바도르인들은 더 이상 온두라스로 이민 갈 수 없게 됐고 1962년 출범한 중미공동시장(CACM)도 서서히 그 기능을 상실하기 시작했다.

중남미 대륙에서 국경을 접하는 두 나라 간의 토지문제와 상권을 둘러싼 갈등은 카리브해 히스파니올라섬의 아이티와 도미니카의 사례에서도 유사하게 발견된다. 실제로 아이티와 도미니카는 이 문제로 서로 죽고 죽이는 피비린내 나는 전쟁까지 치른 경험이 있다.

호사가들이 만들고 부풀린 온두라스와 엘살바도르의 '축구 전쟁' 이야기 뒤에는 중남미 대륙이 안고 있는 보이지 않는 갈등과 풀어야 할 '진짜 이야기'가 숨어 있다.

7

브라질

República Federativa do Brasil

거꾸로 가는 '질서'와 '진보'

브라질의 국기에는 'Ordem Progresso'라는 문구가 새겨져 있다. '질서'와 '진보'라는 의미이다. 하지만 현대 브라질 정치사는 브라질에서 가장 중요시하는 두 가지 가치인 '질서'와 '진보(발전)'가 여전히 후진적 수준이라는 역설적인 상황을 보여 준다.

지난 2025년 9월 12일, 브라질 연방대법원은 쿠데타를 일으켜 국가를 전복하려 한 혐의로 기소된 자이르 보우소나루 전 대통령에게 징역 27년 3개월을 선고했다. 그래도 브라질에서 민주주의가 작동하고 있다는 증거로 해석되지만, 브라질 사람들이 느끼는 불안과 절망은 그렇게 단순하지 않다.

"어느 중남미 작가가 말하길 민주주의는 부자들이 위협을 느낄 때만 작동한다고 했죠. 그렇지 않으면 기득권의 과두정치가 등장한다고요. 아버지에게서 아들로, 아들에게서 손자로, 그리고 다시 손자에게서 증손자로 그렇게 이어지죠.

우리나라는 그 가문들이 장악한 공화국입니다. 몇몇 가문은 언론을, 다른 가문은 은행을 장악하고 있죠. 모래와 시멘트 자갈과 철을 소유한 가문도 있어요. 그리고 모두들 민주주의와 법치에 진력을 내곤 합니다. 가장 암담했던 과거만큼 절망적으로 보이는 미래가 우리 앞에 놓여 있다는 이 고통을 어떻게 해야 할까요?"

브라질의 정치 현실을 극명하게 보여 준 다큐멘터리 영화 〈위기의 민주주의〉 엔딩에 나오는 화자의 독백 속에는 '풍요 속의 빈곤'이라는 브라질의 역설이 뚜렷하다.

브라질의 국토 면적은 남미 전체 대륙 면적의 절반에 가까운 47%를 차지하고 있다. 우리나라 국토 면적의 무려 85배에 달하는 어마어마한 규모다. 남미 최대의 민주국가이자 G20, BRICS의 핵심 회원국, 풍부한 자원, 2억 명 이상의 인구를 갖춰 선진국의 모든 요건을 가진 명실상부한 남미의 맹주지만, 브라질에 선진국이란 명칭은 쉽게 주어지지 않는다. 2023년 국제투명성기구의 부패인식지수(CPI)에서 브라질은 100점 만점에 34점을 받아 180개국 가운데 107위에 머물렀다.

하루 5.5 달러 이하로 살아가는 빈곤층이 전체 인구의 22%에 이르는 나라, 그러면서도 상위 5%가 브라질 전체 부의 70%를 차지하는, 극도의 불균형과 부정부패가 지배하는 나라가 바로 브라질이다.

중남미 대륙이 스페인으로부터 해방을 위한 독립전쟁으로 불타오르던 시기에 브라질도 포르투갈 제국으로부터 독립을 선언한다. 이때가 1825년 8월 29일이다. 비록 해방을 맞았지만, 브라질의 광활한 농경지는 여전히 소수 귀족들의 소유였고, 혼란기에 뿌리를 내린 다국적 기업들은 각종 산업의 이익을 독점하면서 브라질은 남미의 여느 나라들처럼 착취가 만연한 국가였다.

이때부터 브라질에서는 유럽 출신 노동자들 가운데 좌파 사상을 가진 인사들을 중심으로 노동운동이 본격화되기 시작한다. 그리고 이에 대한 반동으로 1922년부터 1961년 사이에 무려 14차례의 군사 쿠데타가 발생했다. 특히 1964년의 군사 쿠데타는 1964년 ~1985년 사이 21년간 지속된 브라질 군부의 권위주의 정권을 출범시킨 매우 중요한 분기점이 된다.

1980년대 중남미 좌파 이론의 핵심 키워드는 '종속이론'과 '해방신학'이다. 그리고 이 종속이론의 세계적인 권위자였던 카르도주(Fernando Henrique Cardoso)가 1994년 브라질의 대통령에 당선된다.

카르도주는 정치를 시작하면서 자신이 학자로서 한 말은 모두 잊어 달라고 부탁했다. 현실 정치와 이론 사이에 분명한 선을 그은 것이다. 실제로 그는 학자 시절 외치던 종속이론의 정반대 방향으로 나아갔다. 카르도주의 재임 기간 8년 동안 노동시장의 유연성, 시장 개방, 민영화 등을 골자로 하는 이른바 '신자유주의 경제정책'을 충실히 수행한 것이다. 성과도 많았지만, 부작용도 적지 않았다. 1999년에 브라질 경제는 치명적인 외환위기를 겪기도 했다. 카르도주 대통령의 신자유주의를 비판하며 2002년 대통령에 당선된 인물이 바로 선반공 출신의 정치인 룰라 다 실바(Lula Da Silva)다.

선반공 출신의 노동자, 대통령이 되다

룰라는 1945년 10월 27일 브라질의 북동부 지방인 페르남부쿠 주에서 가난한 농부의 아들로 태어났다. 그는 태어나자마자 부모를 따라 상파울루로 이사 와 열두 살 때부터 거리의 구두닦이로 생활전선에 뛰어들었다. 열네 살 되던 해에는 구리 가공 공장의 선반공으로 취직해 기술을 익혔고, 열아홉 되던 해에는 자동차 부품 공장 선반공으로 자리를 옮겨 기능직 노동자가 된다. 불행하게도 이때 손가락이 잘리는 사고를 당하게 되는데, 잘린 손가락을 들고 봉합하기 위해 병원을 전전했지만 수술비가 없는 그를 받아 준 병원은 한 곳도 없었다.

이 사건은 훗날 룰라가 노동운동의 대부로 성장하는 중요한 계기가 된다. 2025년 6월 캐나다 캘거리에서 열린 G7 정상회담에서 조우한 룰라와 이재명 대통령이 서로의 아픈 과거에 대한 공감대를 형성했다는 후일담도 있다.

노동운동의 한가운데에 서게 된 룰라는 1975년 10만 명의 노조원을 둔 브라질 철강노조 위원장에 당선된다. 이때부터 룰라는 브라질 노동자당 창당을 주도하며 정계 진출을 모색하게 된다. 1982년 상파울루 주지사 선거에 출마해 한 차례 고배를 마시게 되지만, 마침내 1986년 국회의원에 당선됨으로써 본격적으로 정치가의 길을 걷게 된다.

1992년 당시 브라질의 대통령이었던 페르난도 콜로르 데 멜로(Fernando Coller de Mello)의 탄핵을 주도하면서부터 전국적인 인지도를 얻게 된 룰라는 1994년 첫 대선에 도전하지만, 엘리트화되고 보수화된 브라질 정치권의 벽을 넘지는 못했다. 그리고 그다음 대선인 1998년에도 재도전하지만 역시 보수 후보에 완패하며 무릎을 꿇는다. 당시 대통령 선거에서 맞붙은 그 보수 후보가 종속이론의 대가였던 카르도주다.

지나친 강성 좌파 이미지가 정치적으로 불리하다고 판단한 룰라는 이때부터 과감한 변신을 시도한다. 과거에는 한 번도 입지 않았던 고급 양복을 말끔히 차려입고 러닝메이트인 부통령 후보로 브라

질 최대 갑부 중 한 명인 섬유 재벌, 우파 자유당의 알렌카를 지명
한 것이다. 이 장면은 지난 1987년 민주당의 김대중 후보와 자민련
의 김종필 후보 간의 이른바 'DJP 연합'을 연상시킨다.

당시 기자들이 "당신은 마르크스주의자입니까?"라는 질문에 룰
라는 한 치의 망설임도 없이 "아니요, 저는 선반공입니다"라고 답
했다는 일화는 유명하다.

2002년 3수에 도전한 룰라는 마침내 61.3%의 득표를 얻어 브라
질 대선 사상 최다 득표를 기록하며 대망의 대권을 거머쥐게 된다.
초등학교도 제대로 못 나온 선반공 출신의 노동자가 중남미 최대
국가인 브라질의 대통령이 된 역사적인 순간이었다.

브라질 노동자들과 극빈층의 열렬한 지지로 정권을 잡은 룰라
는 가장 먼저 빈민들에 대한 구제 정책을 강화했다. 전국 450만 극
빈 가정에 생활보조금을 지급하고 65세 이상 노인 가장과 장애인
가장 돕기 프로그램에 연간 50억 달러를 지원했다. 1,500만 빈곤
층 가구에 매달 14달러를 생활비 명목으로 현금 지급하는 파격적
인 정책도 시행됐다. 포퓰리즘이라는 비판이 일자 룰라는 "왜 부자
를 돕는 것은 투자라 하고 가난한 자를 돕는 것은 비용이라고 하는
가?"라고 항변하기도 했다.

물론 보수권을 달래기 위한 정책도 함께 내놓았다. 기업들에 대
한 세금 면제 조치와 다국적 기업들의 요구를 대폭 수용한 것이다.

아울러 대선 기간 중 강조했던 토지개혁도 슬그머니 꼬리를 내리는 모양새를 보이자 이번에는 좌파 진영에서 배신자라는 비난이 쏟아지기 시작했다.

'부드러운' 중도좌파로의 변신을 두고 '다이어트 콜라'를 패러디한 '다이어트 룰라'라는 별명도 생겼다. 하지만 정작 룰라의 위기는 정책이 아닌 아주 엉뚱한 곳에서 시작됐다. 브라질 정치권의 고질병인 부정부패 문제가 다시 등장한 것이다.

룰라 개혁의 발목을 잡은 부정부패 스캔들

룰라의 개혁정치의 발목을 잡은 건 집권 브라질 노동자당의 부정부패였다.

이런 부정부패 스캔들은 룰라의 집권 초기부터 불거져 나왔다. 특히 룰라의 대표적인 가신(家臣)으로 알려진 주제 디르세우의 뇌물 스캔들은 집권 초기 룰라에게는 치명적이었다. 사실 이런 종류의 뇌물 수수 관행은 브라질 정계에서는 완전히 새로운 것이 아니었다. 이런 뇌물 파동에 룰라 대통령이 직접적으로 개입된 정황은 없다고 하더라도 부정부패 일소와 개혁을 걸고 출범한 노동자당에 국민이 느낀 배신감은 남다를 수밖에 없었다. 결국 디르세우는 총리 격인 수석장관직에서 사임하고 정계를 은퇴함으로써 사태를 일

단락했지만, 그 이후에도 룰라 측근들의 언론사 뇌물 파동이라든가 룰라 가족의 비리 의혹 등이 계속해서 터져 나왔다.

특히 룰라 가족의 비리 의혹은 중요한 정치 쟁점이 되기도 했다. 당시 일정한 직업이 없었던 룰라의 아들이 브라질의 전기회사로부터 500만 헤알(한화 약 22억 원)을 받았다는 의혹에 제기됐고, 룰라의 친인척들이 브라질 노동자당으로부터 수차례 대가성 여행 경비를 받았다는 의혹도 제기됐다. 일부는 사실이 아닌 것으로 확인됐지만, 일부는 사실이라는 것이 더 큰 문제였다. 2016년 8월, 룰라의 후계자를 자처했던 지우마 호세프(Dilma Vana Rousseff) 대통령이 탄핵돼 축출된 직후인 2017년 7월 룰라 대통령 자신도 부패 혐의로 기소돼 580일간 수감생활을 하기도 했다.

보우소나루의 실패한 쿠데타

2025년 2월, 자이르 보우소나루 전 대통령은 2022년 대통령 선거 결과에 불복하여 극우세력을 선동하고 군 장성들과 쿠데타를 모의한 혐의로 브라질 검찰에 기소됐다. 884페이지에 달하는 장문의 공소장에 따르면 이들은 투표 및 선거관리 시스템에 대한 불신을 조장하면서 사회불안을 핑계로 군부 쿠데타를 모의했을 뿐만 아니라, 입법, 행정, 사법의 3권을 장악하기 위한 비상 기구 설치를 모의했다. 더욱 충격적인 사실은 이들이 대통령 당선자인 룰라뿐만 아니라 당시 연방 선거 고등법원장이었던 알렉산드르 모라에스(Alexandre de Moraes) 대법관을 암살하려는 계획까지 세웠다는 점이다.

실제로 그의 극렬 지지자들은 2023년 1월 8일 수도 브라질리아에서 부정 선거를 주장하며 대규모 폭동을 일으키고 주요 정부 청사에 난입해 파괴행위를 저질렀다. 이 사건은 2021년 1월 6일, 같은 동기로 발생한 미국의 의회 폭동 사건을 완벽하게 연상시키는 일종의 데자뷔다.

보우소나루는 검찰의 기소 내용을 허위인 동시에 전형적인 '마녀사냥'이라며 반발하며 2026년 대선에 출마 의사를 거듭 밝히고 있지만, 공식적으로 그는 2030년까지 공직 선거 출마를 할 수 없는 상황이다. 뉴욕 타임스 보도에 따르면, 보우소나루는 경찰의 압수 수색이 시작되자 브라질 주재 헝가리 대사관에 이틀간 머물며 정치적 망명지를 타진한 것으로 전해진다.

보우소나루는 브라질 육군사관학교를 졸업한 위관급 장교 출신으로 2019년부터 2023년 초까지 4년간 브라질 대통령을 역임했으며, 브라질 내에서도 가장 대표적인 극우 정치인으로 꼽히는 인물이다. 그는 재임 기간 중, 대통령 집무실에 언제나 자신의 육군사관학교 선배이자 쿠데타를 통해 정권을 장악했던 군부 출신의 대통령 사진을 걸어 둔 것으로도 유명하다.

트럼프를 유일한 구원자로 여기고 있던 보우소나루는 아들이자 역시 보수 정치인으로 활동하고 있는 에두아르도 보우소나루(Eduardo Bolsonaro)를 미국에 급파했다. 에두아르도 보우소나루는 미국 텍사스에 머물며 백악관과 미 의회를 밥 먹듯이 드나들며 아버지의 구명 활동을 했다. 하지만 이런 노력에도 불구하고, 2025년 7월, 브라질 대법원이 보우소나루의 발목에 감시용 모니터 강제 설치를 명령하자 트럼프 대통령이 폭발한 것으로 전해진다. 마침내 가장 직접적이고 고강도의 방식으로 브라질에 정치적 압력이 가해지기 시작한다.

2025년 7월, 전 세계를 대상으로 관세 전쟁을 벌이고 있던 트럼프 대통령이 브라질의 상품에 무려 50%의 관세를 부과한 것이다.

트럼프 대통령은 보우소나루 전 대통령의 기소에 대해 줄곧 보우소나루의 주장과 동일하게 '마녀사냥'이라고 비난해 왔다. 이에 대해 룰라 대통령은 뉴욕 타임스와의 인터뷰를 통해 "심각한 주권 침해"라고 응수했다. 그는 한 걸음 더 나아가 "미국이 아무리 강대한 국가라 해도 우리(브라질)는 결코 두려워하지 않을 것"이라고 힘주어 강조했다. 이러한 상황은 의외의 결과를 불러왔다. 불안한 경제 상황으로 급락하던 룰라의 지지율이 급반등하기 시작한 것이다. 트럼프와의 갈등 국면이 룰라에게는 오히려 독이 아닌 약이 된 것이다. "미국을 다시 위대하게"라는 뜻의 마가(MAGA)에 대항해 룰라는 "브라질은 브라질인의 것"(Brazil belongs to Brazilian)이라는 문구가 적힌 모자를 쓰고 공개 석상에 모습을 드러내기도 했다.

지난 2025년 10월, 인도네시아 국빈 방문 후 가진 공동 기자 회견에서 룰라는 2026년에 치러질 차기 브라질 대통령 선거에 출마할 의사를 밝혀 4선 도전의 의지를 공식화했다. 국민적 영웅에서 깊은 나락으로 추락했다 다시 기적처럼 기사회생한 철의 정치인 룰라. 정치는 참으로 묘한 구석이 있다. 누군가의 위기는 누군가의 기회를 의미하기 때문이다.

중남미형 권위주의적 독재자의 원형, 카우디요(caudillo)

★

19세기 중반에서 현대에 이르기까지 중남미 각국의 정치, 특히 중남미 특유의 권위주의적 독재정치를 이해하려면 카우디요(caudillo)의 개념을 알아야 한다.

카우디요는 지역을 기반으로 사적인 군사력을 갖춘 정치적 우두머리를 일컫는 말로, 말하자면 가부장적 권위를 가진 지역 토착 사병 집단의 지도자를 의미한다. 출신 배경도 다양해서 그중에는 메스티소 출신자도 많았는데, 이들은 주로 지주나 대상인 같은 지배자들의 권익을 대변하면서 민중을 착취하는 도구로 이용되기도 했다. 스페인 내전으로 악명 높은 독재자 프란시스코 프랑코(Francisco Franco)도 자신의 공식 직함을 '카우디요'(El Caudillo)로 삼았는데, 이는 총통보다는 '수령' 혹은 '우두머리'라는 의미에 더 가깝다.

프랑코 체제를 파시스트적 전체주의보다는 개인적 카리스마를 바탕으로 하는 권위주의적 보수주의로 보는 시각과도 일맥상통한다. 북한의 독재자 김일성도 일반적인 지도자가 아니라 가부장적 권위를 상징하는 '위대한 수령'으로 불렸던 사실을 상기해 보면, 카우디요의 개념이 좀 더 이해하기 쉬울 것이다.

19세기에 중남미에서 발생한 대부분의 정변은 어느 카우디요가 정권을 잡고 있을 때, 또 다른 카우디요가 사병을 일으켜 정권을 빼앗는 것을 의미할 정도로 카우디요들 사이의 권력투쟁은 극심했다. 때론 혁명이란 이름으로 민중이 동원되는 경우도 있었지만, 몇몇 경우를 제외하고는 단순한 정변과 질적으로 큰 차이가 있었던 것은 아니다. 『종의 기원』을 쓴 찰스 다윈은 팜파스 지역에 상륙하여 이들 카우디요 사병 집단을 직접 목격하기도 했는데, 『비글호 항해기』에서 "이렇게 못된 도적 떼 같은 군대는 정말로 금시초문이다"라고 기록할 정도로 그 횡포가 심했다.

19세기 대표적인 카우디요는 과테말라의 카브레라(Rafael Cabrera), 아르헨티나의 로사스(Juan Manuel de Rosas), 그리고 멕시코의 산타 아나(Santa Ana) 등을 꼽을 수 있다. 이들 카우디요가 독립의 구심점이 된 긍정적인 경우도 적지 않지만, 오늘날 중남미가 '쿠데타의 천국'이 된 배경에는 누가 뭐래도 이들 카우디요가 있었음을 부인하기 어렵다. 카우디요가 중남미 정치사의 한 원형(原形)을 창출한 셈이다.

예를 들어, 현대의 라틴아메리카 정치가들 사이에서 흔히 보이는 전근대적인 주종관계나 족벌 세습 정치, 뇌물 수수 등 온갖 부정부패 관행 등은 식민지 시대의 부패한 관료제, 그리고 정치를 사적으로 이용한 카우디요 시대 이래의 유산이라 할 수 있다.

8

아르헨티나

**República de
Argentina**

아르헨티나의 역설

'아르헨티나의 역설'이라는 것이 있다. 안타깝지만 그다지 좋은 의미는 아니다. 한반도의 12.4배에 달하는 광활한 영토와 풍부한 자원으로 한때 세계 5위 수준의 경제 대국이었던 아르헨티나가 순식간에 그저 그런 중소국가로 추락한 것을 의미하기 때문이다.

아르헨티나는 1930년대까지 세계의 곡창으로 불릴 만큼 자급자족 식량 기반을 구축한 세계에서 몇 안 되는 국가에 속했다. 일찍이 광범위한 중산층이 형성되어 있었고, 라틴아메리카에서 가장 풍요로웠으며, 높은 교육 수준, 가장 동질적인 인종 구성(주로 백인이다) 등 각종 우호적인 조건을 구비하고 있었지만, 대책 없는 추락을 막지는 못했다.

아르헨티나의 정치는 의회정치와 정당정치의 결핍으로 국가 통제적이고 관료적인 면모를 드러냈고, 이에 대한 반작용으로 군부는 점점 더 강력해졌다. 허약한 문민정부는 새로운 군부 쿠데타에 의해서 전복되고, 다시 군부 독재에 의한 혼란이 뒤따랐다. 이런 반복되는 악순환을 두고 작가 토마스 엘로이 마르티네스는 "아르헨티나에서 가장 화려한 시체는 아르헨티나 자신"이라고 자조한 바 있다.

이런 '아르헨티나의 역설' 한가운데서 찬사와 비난을 한 몸에 받는 부부가 있다. '가난한 자의 대통령'이라고 불리는 후안 도밍고 페론과 그의 영부인 에바 페론이다.

'노동자의 영웅' 페론의 등장

후안 도밍고 페론(Juan Domingo Peron)은 아르헨티나 육사를 졸업한 엘리트 군인으로 1943년 카스틸로 정권을 쿠데타로 전복한 군사정권의 촉망받는 젊은 장교였다. 그는 파레르 군사 정권하에서 노동부 장관을 역임하며 노동조건의 개선과 임금인상 등으로 일약 '노동자의 영웅'으로 떠오른다. 비슷한 시기 에바는 〈역사 속 위대한 여인들〉이라는 라디오 드라마의 성우로 활동을 시작하고 있었다. 1944년 1월, 두 사람은 운명적인 만남을 갖게 된다. 산후안 대지진 피해자를 돕기 위한 자선행사에 참석한 페론의 바로 옆자리에

에바가 앉게 된 것이다. 두 사람은 곧 사랑에 빠졌고, 연인관계로 발전하게 된다. 당시 상처(喪妻) 중이었던 페론은 48세였고, 에비타의 나이는 24살에 불과했다.

승승장구하던 두 사람에게 위기가 닥친 것은 시간문제였다. 페론의 치솟는 인기에 위기의식을 느낀 보수파들이 1945년 10월 초, 대중 선동 혐의로 페론을 체포 구금한 것이다. 하지만 이에 분노한 노동자들이 총궐기해 페론의 석방을 촉구하자, 정부는 또 다른 소요가 번질 것을 우려해 결국 페론을 석방하게 된다. 이 과정에 노동자들을 거리로 불러 모으고 이들 한가운데서 열정적인 석방 촉구 연설을 한 인물이 바로 에바 페론이다. 그녀는 타고난 연설가이자 선동가였다. 이는 타고난 측면도 있지만, 성우와 배우로서 훈련되고 다져진 측면도 있다.

결국 어마어마한 대중적 지지를 바탕으로 페론은 1946년 선거에서 대통령에 당선된다.

페론의 동반자, 에비타

팝 가수 마돈나가 불러 잘 알려진 〈Don't cry for me Argentina〉는 '아르헨티나의 국모(國母)'라고 불리는 에바 페론(Eva Peron)의 이야기를 담고 있다. 우리에게는 '에비타'라는 애칭으로 더 잘 알려

  아르헨티나

진 에바 페론은 아르헨티나의 대통령 후안 도밍고 페론의 아내이자 아르헨티나의 영부인으로 국민적 사랑을 한 몸에 받았지만 33살의 젊은 나이에 요절한 비극의 주인공이기도 하다.

"페론은 몰라도 에비타는 알고 있다"라고 할 정도로 그녀의 명성은 전 세계적으로도 자자하다. 팝 가수 마돈나의 노래로도 유명하지만, 그녀의 일대기를 그린 앤드루 로이드 웨버의 〈에비타〉도 너무나 잘 알려진 빅히트 뮤지컬이다.

영화 〈에비타〉 주연 배역 캐스팅과 관련된 뒷이야기도 흥미롭다. 당시 마돈나를 포함해서 바버라 스트라이샌드와 메릴 스트립, 피아자도라 등 쟁쟁한 여배우들이 에비타 역할을 원했다고 하는데, 알란 파커 감독의 최종 선택은 결국 누구도 예상하지 못했던 미셸 파이퍼에게 돌아갔다. 이 소식을 접한 마돈나의 실망은 이만저만 큰 게 아니었다. 그녀는 곧장 알란 파커 감독에게 장문의 편지를 보내 자신을 캐스팅해 달라고 애걸복걸한 것으로 전해진다. 마돈나가 왜 이토록 에비타 역할에 집착했는지는 모르지만, 아마도 자신과 에비타의 상황이 매우 비슷하다고 생각해 과도하게 몰입했던 것으로 보인다.

실제로 마돈나와 에비타는 닮은 구석이 많다. 두 사람은 모두 찢어지게 가난한 집안에서 태어났으며, 에바가 14세의 나이에 가난을 피해 부에노스아이레스에 상경한 것처럼, 마돈나도 어린 나이에 고향을 떠나 뉴욕으로 무작정 이주했다. 무엇보다 두 사람은 예술과 성공에 대한 남다른 노력과 집착으로 누구도 부인하지 못할 성공에 이른 입지전적 인물들이다.

아무튼 지성이면 감천이라 했던가. 때마침 미셸 파이퍼가 출산한 직후였기 때문에, 몸 상태가 여의치 않았고 고심 끝에 이 역할을 포기하게 되면서 〈에비타〉의 최종 배역은 결국 마돈나에게 돌아갔다.

에비타는 페론 정권의 실세 중의 실세였다. 그녀는 노동과 보건 분야, 특히 자선 사업을 통해 국민의 사랑을 한 몸에 받았다. 그녀는 수백 개의 학교와 고아원, 양로원을 세우고 여성의 참정권 확대에도 기여했다. 하지만 노동자들에게 한없이 너그러운 국모의 면모와는 별개로 페론 정권에 방해가 되는 정적에 대해서는 가차가 없었다. 특히 그녀는 자신의 어두운 과거에 대한 강한 콤플렉스를 가지고 있었는데, 마치 마오쩌둥의 부인 장칭이 상하이 시절 자신의 어두운 과거를 감추기 위해 온갖 책략을 부렸던 것처럼, 에비타도 자신의 어두운 과거를 감추기 위해 다양한 대중 이미지 전략을 이용한 측면도 있다. 이런 약점 때문에, 아르헨티나 상류층에서는 그녀를 깔보고 무시하는 경향도 있었다. 에비타는 자신에게 모욕을 주거나 경멸한 사람들을 잊지 않았고 다양한 방식으로 보복했다.

페론은 에비타가 1952년 33살의 나이에 자궁암으로 사망하자 그녀의 시신을 미라로 만들어 보관했다. 다소 엽기적이기까지 한 페론의 선택은 그녀와 영원히 함께하고 싶다는 생각 때문이었겠지

 아르헨티나

만, 여전히 그녀의 존재가 강력한 후광 효과를 발휘할 수 있다는 또 다른 정치적인 목적도 있었다. 에비타를 추모하는 아르헨티나 국민의 마음속에는 여전히 그녀가 살아 있었기 때문이다. 바로 이점이 새로 쿠데타를 일으킨 군부의 마음을 심란하게 만들었다. 에비타의 시신이 노동자의 봉기를 유발할지 모른다는 생각에 빠진 군부정권은 치밀한 작전을 통해 에비타의 시신을 이탈리아 밀라노 근처의 작은 공동묘지에 매장하는 만행을 저질렀다. 에비타의 시신은 우여곡절 끝에 1971년 스페인 망명 중이던 페론의 품으로 돌아왔고, 그녀가 죽은 지 24년 만인 1976년 부에노스아이레스의 레콜레타 공동묘지에 안장됐다.

홀로 남겨진 페론에게 1955년 9월 군부는 마지막 통첩을 보낸다. 대통령직에서 물러나든지 아니면 내전을 각오하라는 협박이었다. 페론은 결국 파라과이 정부가 제공한 군함을 타고 망명길에 올랐다. 아르헨티나에서는 페론의 축출 이후 1983년까지 15명의 대통령 교체와 여덟 차례의 쿠데타가 발생하는 등 극도의 정치 혼란이 이어졌다.

페론주의의 빛과 그늘

일반적으로 '페론주의'(Peronism)는 포퓰리즘 정치의 대명사로 알려져 있다. 페론주의의 정치 독트린은 노동자와 빈민 대중을 기반으로 하며, 사회정의와 평등을 강조하는 다양한 정책을 시행한다. 아르헨티나 벨그라노대 경제학과 에두아르노 코네사 교수는 당시 페론의 포퓰리즘 정책을 다음과 같이 평가한다.

"페론은 당시 집 없는 빈민들을 위해 수만 채에 달하는 아파트를 건립했고 판자촌 주민을 위해 판자촌을 헐고 역시 서민 아파트를 지어 이들에게 제공했다. 20년 후에 상환한다는 조건이었지만 대다수의 입주자들은 이 아파트를 팔아 목돈을 챙기고 다시 판자촌을 형성했고, 페론 정부는 이들을 위해 또다시 아파트를 건립하면서 엄청난 재정 출혈을 거듭하는 악순환을 되풀이했다. 또 매년 크리스마스 시즌 때마다 샴페인과 케이크, 재봉틀 1대씩을 빈민촌에 크리스마스 선물로 제공했고, 학교에 무료 급식소를 설치해 학교만 가면 누구든 무료로 식사할 수 있게 했다. 이뿐 아니라 페론당에 가입하면 시청이나 정부 투자기관 등에 채용하는 특권을 부여했고, 부족한 일자리를 위해 외국인 소유의 국가산업기관들을 국유화하는 한편, 식당 호텔에서부터 항공사에 이르기까지 정부가 직접 관여했다."[4]

흔히 포퓰리즘을 민심 정치가 아닌 '인심 정치'라고 비판한다. 대중적 인기에 부합하는 정치지만 장기적으로는 경제에 심각한 타격을 줄 수 있다는 지적이다.

제2차 세계대전 중 무역흑자로 축적된 부를 시혜적으로 국민에게 분배함으로써 생산적 의미를 얻지 못했기 때문이다. 멕시코의 소설가이자 외교관인 카를로스 푸엔테스(Carlos Fuentes)는 『라틴 아메리카의 역사』에서 페론주의는 사회적 불평등을 완화하고 사람들을 고무시키는 사회복지법을 만들어 내는 데는 성공했지만, 아르헨티나에 탄탄한 산업 기반을 세우지도 못했고 강력한 정치제도의 육성이나 생산성과 기술력의 향상에도 별다른 기여를 하지 못했다며 다소 부정적인 평가를 내린다. 하지만 '착취나 억울한 일을 당하지 않는 평등하고 살기 좋은 세상'이라는 페론주의의 지향점만 놓고 본다면, 그가 추구했던 이상주의에 대한 일방적 매도 또한 정당한 평가라 할 수 없다.

페론 집권 시기인 1946년부터 1976년까지 국민총생산은 127%가 성장했고 개인소득은 252%가 증가했다. 페론 정책의 핵심 가운데 하나인 기간산업 국유화가 부정적인 결과만을 낳은 것 또한 아니다. 이 과정에서 지방의 토호 세력들과 해외 자본가들과의 마찰은 불가피했지만 아르헨티나에 연금 제도와 휴가, 상여금, 무료 의료혜택 등 사회보장 제도의 뿌리를 내린 것은 반페론주의자들이 언급하지 않는 대목들이다.

1946년 대통령 선거 유세 중 페론은 "소는 살찌는데, 노동자는 영양실조에 걸린 나라가 바로 아르헨티나"라며 극심한 불평등 문제를 언급한 바 있는데, 페론주의는 이런 아르헨티나의 구조적 문제에서 출발했다고 볼 수 있다.

세칭 '퍼주기 논란'의 원조라 할 수 있는 페로니즘은 이래저래 다양한 평가가 필요한 다면적 정책이다. 하지만 페로니즘과는 별개로 페론에 대한 새로운 평가가 필요한 부분이 있다. 바로 나치 전범 아이히만과의 관계이다.

나치 전범 아이히만과의 부적절한 동거

페론은 아르헨티나를 세계 최고 수준의 공업 국가로 만들기 위해 2차 세계대전에서 패한 나치의 선진 기술을 제한 없이 받아들였다.

독일의 패전 이후, 신변의 위협을 느낀 아이히만은 이탈리아로 건너가 시골의 한 수도원에 은신하며 더 안전한 망명지를 찾고 있었다. 그리고 이때 페론은 독일 벤츠사의 아르헨티나 현지 생산공장 유치를 타진 중이었다. 아이히만과 깊은 관계에 있던 벤츠사는 이 기회를 이용해 아이히만의 망명을 받아 줄 것과, 그와 함께 활동했던 나치 장교 16명을 현지 법인체 간부로 임명해 달라는 조건을 내세워 페론의 제의를 수용한다. 이에 페론은 자신의 최측근을 이탈리아로 급파해 아이히만을 비롯한 16명의 나치 장교를 직접 인솔해 오게 한다.

아르헨티나로 입국한 아이히만은 리카르도 클레멘트라는 가명을 사용했고 2년 후에는 자신의 가족과 합류해 살았다. 그의 자녀들 또한 부에노스아이레스 소재 독일계 학교에 다닐 수 있었다.

아이히만은 페론 정부의 망명 조건이었던 벤츠 자동차의 아르헨티나 현지 생산 공장 설립을 주도했고, 이 회사의 현지 법인 간부를 맡는 등 나름 안정적인 삶을 살 수 있었다. 하지만 1955년 군부 쿠데타로 페론이 축출되면서 상황은 급변한다. 새롭게 정권을 잡은 군부는 페론의 정치 비자금이 나치의 숨겨진 자금에서 온 것이라고 주장했다. 페론이 아이히만에게 제공했던 안전 막도 사라졌다. 이때부터 이스라엘 모사드의 아이히만 체포 작전이 본격화되기 시작했다.

1960년 5월 11일, 아이히만은 마침내 이스라엘 정보기관인 모사드 요원들에 의해 납치된 뒤 소형 비행기에 태워져 우루과이로 옮겨졌고, 여기서 다시 비행기를 바꿔 타고 이스라엘로 이송됐다.

페론이 아이히만과 같은 나치 부역자와 손을 잡은 것은 사실이지만, 군부의 주장과 같이 그가 정말 나치 잔당들의 자금을 받아 부정한 재산을 축적했는지에 대해서는 이론의 여지가 있다. 망명 이후 페론의 유일한 수입원은 에비타가 쓴 자서전의 저작권료와 인세가 유일했기 때문이다. 경제발전을 위해서라면 악마와도 손을 잡을 수 있다는 페론의 생각은 어디까지 정당화할 수 있을까.

'더러운 전쟁'(dirty war)과 아르헨티나의 과거 청산

우리 근현대사에서 과거 청산 문제는 언제가 커다란 과제였다. 아르헨티나도 우리와 비슷한 고민을 겪었고 이 문제는 여전히 현재 진행형이다. 아르헨티나의 과거사 청산 문제는 지난 2003년 5월에 취임한 네스토르 키르치네르 대통령에 의해 본격화됐다. 마치 1993년 김영삼 문민 정권 들어서 본격적인 과거사 청산이 시작된 것처럼 말이다.

아르헨티나에서 군부 독재 시절 자행된 가혹행위가 본격적으로 수면 위에 올라오기 시작한 것은 포클랜드(말비나스) 전쟁[5] 이후다.

혹독한 추위에 인구도 드문 섬 포클랜드가 아르헨티나 군부의 관심 대상이 된 것은, 1980년대 이 지역에서 해저 석유에 대한 정보가 나오고 어업기지로서 그 중요성이 부각하기 시작하면서부터이다. 1982년 4월 2일, 경제위기 등으로 궁지에 몰려 있던 아르헨티나 군부는 국면 전환을 위해 포클랜드를 기습 점거해 전쟁의 포문을 연다.

하지만 전쟁 개시 불과 두 달 만인 6월 14일 1,000여 명의 사상자를 낸 아르헨티나는 결국 영국에 항복함으로써 군부 통치도 함께 막을 내리게 된다. 반면에 비슷하게 정치적 위기에 처해 있던 '철의 여인' 영국의 대처(Margaret Thatcher) 총리는 포클랜드 전쟁의 승리로 '제2의 처칠'이라 불리며 일약 국민적 영웅으로 떠오르게 된다.

포클랜드 전쟁 패배 이후 아르헨티나 군부는 민간 정부에 권력을 이양하고, 1983년 민선 대통령에 라울 알폰신(Raul Ricardo Alfonsin)이 당선된다. 그리고 이때 이른바 '더러운 전쟁'(dirty war)이라고 불리는 군부 독재 기간 중 발생한 각종 인권 유린 사태가 드러나기 시작한 것이다.

라울 알폰신 대통령의 첫 번째 과제는 군부정권에 의해 자행된 각종 인권 유린 행위를 조사하는 것으로 그는 '실종자에 관한 국가위원회'를 설치하고 본격적인 조사 작업에 들어갈 것을 지시한다. 취임 초기 알폰신 대통령의 과거 청산 의지는 대단했다. 1985년 12월까지 계속된 재판에서 호르헤 비델라 전 대통령에게는 무기징역, 비올라 전 대통령과 갈티에리 전 대통령에게는 각각 징역 17년과 12년이 확정됐다. 이 밖에도 납치 고문에 깊숙이 관여했던 경찰과 군 고위 간부 370여 명에도 유죄 판결이 내려졌다.

하지만 알폰신의 뒤를 이른 카를로스 메넴(Carlos Saul Menem) 대통령은 1990년대 초 감옥에 수감돼 있던 군 장성들을 사회통합이라는 명분 아래 차례대로 사면 복권한다. 이렇게 해서 군정의 책임자들 상당수가 국회 또는 지방 정부 수장으로 정계에 다시 복귀하게 된다.

2003년 카를로스 키르치네르(Nestor Carlos Kirchne) 대통령 당선 이후에는 또 한 번의 반전이 일어난다. 아르헨티나 연방법원이 카를로스 메넴 전 대통령이 군부 집권 당시 고문과 납치, 유괴 등

반인륜적인 범죄를 저지른 고위 장성들을 사면한 대통령령이 위헌이라고 판단한 것이다. 연방법원은 "반인륜적인 범죄행위는 시효가 없다"라는 판결을 내리고 명령 복종법을 무효화함으로써 군정에 참여했던 고위 인사들을 지위 고하를 막론하고 처벌할 수 있는 발판을 마련했다.

그렇다면 군부 독재 기간 중 도대체 어떤 범죄행위들이 자행된 것일까?

1976년 군사 쿠데타를 통해 집권한 비델라 정권은 공산주의와 반기독교주의로부터 아르헨티나를 구원한다는 명분으로 사실상 국가가 저지를 수 있는 거의 모든 종류의 범죄들을 저질렀다. 살인과 고문이 가장 대표적이지만 유아 납치 같은 반인륜적인 범죄도 포함돼 있다. 유아 납치의 이유는 더더욱 소름이 끼친다.

당시 민주화 운동을 하거나 군부에 저항한 사람들은 대부분 영장 없이 체포 구금된 후 감쪽같이 사라졌고 나중에 대부분 시신으로 발견된다. 더욱 경악스러운 것은 이들의 자녀들도 함께 납치돼 어디론가 사라졌다는 점이다. 그렇다면, 이 아이들은 도대체 어디로 간 걸까?

이 아이들은 이름과 출생일을 바꾼 후 군인이나 경찰 가족에 강제 입양됐다. 다시 말해 자신의 원래 부모에 대해서는 전혀 알지 못한 채, 자신의 부모를 고문하거나 심지어 살해한 이들의 손에 자라게 된 것이다.

완전히 드라마 같은 이야기지만 실제로 아르헨티나에서 벌어진 일이다. 아르헨티나 과거사 조사위원회의 보고서인 '눈카 마스'(Nunca Mas)[6]가 확인한 실종자 9,000명 가운데 86%가 35세 이하의 청년층이었고, 30%가량이 여성이었으며 그 가운데 10%가 임신한 여성이었다. 여기서 특이한 점은 임신한 여성의 실종이다. 보고서의 좀 더 구체적인 내용에 따르면 더러운 전쟁 기간 중 적어도 358명의 임산부가 감쪽같이 사라졌는데, 이 여성들은 군부가 지정한 비밀 장소에서 출산한 것으로 드러났다. 더욱 충격적인 것은, 이렇게 태어난 아이들이 친모로부터 강제 분리돼 군부나 경찰의 간부들에게 강제 입양돼 성장했다는 사실이다.

1985년에 개봉한 〈오피셜 스토리〉(The Official Story, La Historia Oficial)는 군부 독재 시절, 입양된 딸의 출생 비밀을 파헤치며 국가폭력의 진실에 직면하는 한 여성의 이야기를 다룬 영화로 아르헨티나 영화 최초로 아카데미 외국어 영화상을 수상한 작품이기도 하다.

영화에서나 볼 수 있을 것 같은, 정말 믿기 어려운 일이지만, 이렇게 성장한 아이들이 최근에 자신의 친부모를 찾겠다고 나서고 있다. 이 당시 납치돼 강제 입양된 아이들은 지금은 대략 40대에서 50대 정도가 된다. 최근 뉴욕 타임스에서 46세의 다니엘 엔리케 곤잘레스(Daniel Enrique Gonzales)라는 남성의 사례를 소개해 화제가 됐다.

이 기사에 따르면 곤잘레스 씨는 부에노스아이레스에 있는 경찰 간부의 집에서 성장했다고 하는데, 스무 살이 될 무렵 그의 어머니 (그러니까 양어머니)가 사망하기 직전에 자신에게 진실을 말해 주며 친부모를 꼭 찾으라고 유언을 남겼다고 한다.

50년 가까이 세월이 흘렀지만, 아르헨티나 군부가 크게 착각한 게 하나 있다. 이름과 생일은 지울 수 있지만 유전자는 지울 수 없다는 사실 말이다. 가장 큰 관건은 역시 유전자 정보였다. 다행히 아르헨티나는 문민정부 들어서 정부 차원의 '국가 유전자 정보은행'을 설립해 실종자들의 친부모 찾기를 지원하고 있다. 더욱 놀라운 사실은, 당시 실종된 자식과 손주들을 위해서 할머니들이 자신의 유전정보를 따로 보관해 놓았다는 점이다. 할머니들이 자신의 유전정보를 국가 유전자 정보은행에 제공했고, 이 정보를 바탕으로 현재 친가족 찾기가 진행중에 있는 것이다.

이분들이 바로 우리나라에 5.18 민주화 운동으로 유명한 '5월 어머니회'와 같은 '5월 광장의 어머니들'(Madres de Plaza de Mayo)이다. 5월 광장은 수도 부에노스아이레스에 있는 대통령 궁 바로 앞에 있는 광장이다. 어머니와 할머니들은 바로 이곳 5월 광장에서 매주 목요일 오후 3시 30분이 되면 비가 오나 눈이 오나, 사라진 자식들의 행방을 위해 기도하고 또 기도했다. 때로는 누구보다 강하게 경찰의 탄압에 맞서 싸우기도 하고, 전 세계를 대상으로 선전전을 벌이기도 했다. 이분들의 피눈물 나는 노력이 없었다면, 오늘날 아르헨티나의 민주화는 생각하기 어려울 것이다.

안타깝게도 현재 아르헨티나의 하비에르 밀레이(Javier Milei) 대통령은 과거사 청산 문제에 대해서 상당히 부정적인 입장이다. 무엇보다 그의 역사관이 문제가 되고 있다. 밀레이는 군사독재 기간 중 자행된 국가적 범죄행위를 '전쟁'이라고 에둘러 표현하고 있는 것이다. 그러니까 군부의 반인륜적 행위는 공산주의자와 불순 좌익 세력과 맞서 싸운 정당한 행위라는 것이다. 심지어 실종자 찾기를 위해 설립되고 운영 중인 국가 유전자은행을 위한 예산을 '예산 낭비'라면서 예산 삭감을 지시해서 파장을 불러오기도 했다.

앞서 소개했던 곤잘레스 씨 이야기로 돌아가 보자. 곤잘레스 씨는 애타게 찾던 부모를 만날 수 있었을까? 기적과 같은 이야기지만 그는 결국 친부모를 찾는 데 성공한다.

곤잘레스 씨의 생모는 크리스티나 실비아 나바하스(Cristina Silvia Navajas)라는 여성으로 1976년 군사독재 시절, 임신한 상태에서 강제 납치돼 비밀 장소에서 출산한 것으로 확인됐다. 그리고 그의 친아버지는 '훌리오 세사르 데 헤수스 산투초'(Julio Cesar de Jesus Santucho)라는 남성으로, 역시 같은 해 민주화 운동을 하다, 해외로 망명을 떠난 것으로 확인됐다.

안타깝게도 어머니는 2012년에 작고했지만, 다행히 아버지는 아직 생존해 있다고 한다. 곤잘레스 씨는 자신의 원래 이름인 다니엘 산투초 나바하스(Daniel Santucho Navajas)라는 이름을 46년 만에 되찾았다. 그리고 이 사례는 그동안 사라진 아이들 가운데 친부모를 찾은 133번째 사례라고 한다.

곤잘레스, 아니 다니엘 나바하스가 떨리는 손으로 받아 든 아르헨티나 국립 유전자 정보은행의 봉투에는 다음과 같은 단순하지만, 묵직한 울림을 주는 문구가 쓰여 있다.

"Memoria, Verdad, Justicia, Ciencia, Identidad"

우리말로 번역하면, 기억, 진실, 정의, 과학, 정체성이다. 지난한 민주화의 길과 혹독한 군사독재를 경험한 모든 이들이 하나하나 곱씹어야 할 보석 같은 단어들이다.

밀레이 대통령의 중간선거 압승,
핑크 타이드의 퇴조인가?

2025년 10월 26일, 하비에르 밀레이 현 아르헨티나 대통령에 대한 중간평가 성격의 의회 중간선거에서 우파 집권당인 자유 전진당이 압승을 거뒀다. 이번 선거 결과로 여당인 자유 집권당은 하원 의석의 3분의 1을 확보하게 됨으로써 대통령 탄핵 시도 등을 막을 수 있게 됐고, 야권의 입법안에 대한 거부권도 행사할 수 있을 것으로 전망된다.

이번 선거는 지난 2023년 12월 출범한 이래, 밀레이 정부가 추진해 온 자유시장 정책과 강도 높은 긴축정책에 대한 아르헨티나 국민의 중간평가였는데, 이번 압승으로 앞으로도 개혁을 추진할 강력한 동력을 확보한 것으로 보인다.

그런데, 이번 압승의 배경에는 트럼프 대통령의 강력한 지원이 있었다는 분석이 지배적이다. 특히 이번 선거에 세계적인 관심이 집중된 것은 단순히 아르헨티나 국내 정치뿐만 아니라 미국의 외교적 경제적 이해관계가 걸린, 일종의 '글로벌 이벤트'의 성격을 띠고 있었기 때문이다.

트럼프 행정부는 이번 중간선거를 보름 앞둔 지난 10월 9일에 무려 200억 달러, 한화로 약 28조 5천억 규모의 통화 스와프를 승인해 줌으로써 정치적 위기에 처한 밀레이를 구원해 나섰다는 평가를 받은 바 있다. 스콧 베선트 미 재무장관도 한 언론 인터뷰에서 "우리는 중남미에서 또 다른 실패 국가나 중국이 주도하는 국가를 원치 않는다"라고 말했는데, 사실 이 정도의 발언이라면 다른 나라 선거에 대한 내정간섭으로도 비추어질 수 있는 정도의 수준이다. 그리고 그 배경을 두고 중국에 대한 강력한 경고 메시지를 던진 것이라는 분석도 있다.

아무튼 이런 여러 가지 이유 때문에, 이번 선거를 두고 "미국이 200억 달러를 배팅한 선거"라는 표현까지 등장하고 있다. 사실 밀레이는 아르헨티나 국민들 사이에서 그리 인기 있는 대통령은 아니다. '아르헨티나의 트럼프'라는 별명에서 알 수 있듯이 충동적인 말과 행동으로 여러 차례 세간의 화제를 모으기도 했다.

밀레이는 선거 직후, 이번 승리가 "포퓰리즘과 사회주의 유산에 대한 응징"이라며 만족감을 표하기도 했다. 많은 사람들은 2023년 대선 기간 중 밀레이가 전기톱을 휘두르던 엽기적인 장면을 뚜렷이 기억한다. 여기서 전기톱이 상징하는 것은 공공분야 예산 삭감을 의미한다. 실제로 밀레이가 강력하게 추진한 긴축정책과 보조금 삭감으로 인해서 많은 노동자들이 해고됐고 여러 공공기관도 문을 닫았다.

이런 반노동자 정책 때문에 그의 지지율은 집권 이후 지속적인 하향 곡선을 긋고 있었다. 특히 여동생인 카리나 밀레이 대통령 비서실장의 뇌물수수 의혹까지 불거지면서 선거 직전 밀레이의 지지율은 32%까지 떨어진 상황이었다.

그래서인지 아르헨티나 현지 언론들도 이번 선거 결과를 두고 "예상치 못한 놀라운 여당의 압승"이라는 표현을 쓰고 정치학자들은 이른바 '핑크 타이드(pink tide)의 퇴조'라고 부른다. 핑크 타이드는 '분홍 물결'이라는 뜻으로 1990년대 후반 이후 중남미 국가에서 온건 사회주의를 표방하는 좌파 정권들이 잇따라 집권한 현상을 이르는 말이다. 급진적 사회주의의 상징인 붉은색보다 상대적으로 온화한 분홍색으로 표현한 것으로, 최근에는 중남미 좌파 정권 전반을 아우르는 정치학 용어로 자리 잡고 있다.

라틴아메리카에서 좌파 바람의 첫 출발은 1998년 베네수엘라의 우고 차베스의 등장이었다. 그 후 2003년 5월 아르헨티나의 키르치네르, 같은 해 10월 브라질의 룰라, 그리고 2005년 12월에는 볼리비아에서 원주민 출신의 에보 모랄레스가 집권하는 등 라틴아메리카에서는 연이어 좌파 정권이 탄생했다.

그리고 다시 2006년 1월에는 칠레에서 중도좌파 연합의 여성 후보 미첼 바첼레트가, 같은 해 11월에는 니카라과의 산디니스타 민족해방전선(FSLN)의 다니엘 오르테가가 각각 대통령에 당선되면서 1998년부터 2006년까지 근 8년간 라틴아메리카에는 그야말로 쉴 새 없이 좌파 바람이 불었다. 좌파의 실험은 때론 광범위한 대중의 지지를 이끌어 내며 성공을 거두기도 했지만 때로는 쓰디쓴 실패의 잔을 들어야 했다.

2010년대부터 21세기 사회주의가 퇴조하면서 최근 우익 보수주의 세력이 중남미에서 다시 강세를 보이는 추세다. 이번 아르헨티나의 중간선거 결과를 비롯해 볼리비아 대선에서 20년 만에 사회주의 좌파 정권의 퇴조, 그리고 가장 최근 칠레와 온두라스의 우파 승리가 대표적인 예이다. 이로써 2026년 1월 기준 중남미에서 우파 혹은 중도 우파 성향의 정권이 들어선 나라는 아르헨티나를 포함해 칠레와 파라과이, 페루, 볼리비아, 에콰도르 등으로 늘어났다.

이들 선거 결과를 두고 중남미에 '핑크 타이드'가 퇴보하고 다시 '블루 타이드'(blue tide), 즉 우파 정권의 재등장을 예고하는 'conservative wave'의 바람이 불고 있다는 분석도 있다. 하지만 언제나 그렇듯 변수가 많은 중남미 정치에서 속단은 금물이다. 특히 중남미에서 정치는 언제나 생물이라는 사실을 명심해야 한다.

9

페루

República del Perú

탄핵이 일상이 된 나라

2025년 10월 10일 페루 의회는 페루 역사상 첫 여성 대통령으로 취임했던 디나 볼루아르테(Dina Boluarte)에 대한 탄핵안을 표결에 부쳐 압도적인 찬성으로 가결시켰다. 잔여 임기를 불과 아홉 달 남긴 상태였다. 볼루아르테에 대한 공식적인 탄핵 사유는 '영구적 도덕 불능'(permanent moral incapacity)이다.

불법적 행위뿐만 아니라 무능도 탄핵의 사유가 된 것은 페루가 사실상 유일하다. 하지만 볼루아르테의 탄핵 사유가 단순한 무능에만 있는 것은 아니었다. 실제로 그녀는 그동안 나아질 기미가 보이지 않는 경제 불안과 뇌물 수수 혐의 등 각종 악재에 휘말리면서 '페루 역사상 가장 인기 없는 대통령'이란 오명을 떠안고 있었다.

특히 '롤렉스 스캔들'로 알려진 고가 장신구 수수 의혹은 가난한 페루 민중의 가슴에 깊은 배신감을 안겨 주었다. 탄핵 직전 페루의 한 여론기관이 실시한 조사에서 볼루아르테의 지지율은 2%까지 폭락했다. 사실상 국정운영이 불가능한 식물 대통령과 다름이 없는 상태였다.

볼루아르테는 그의 전임 대통령이었던 페드로 카스티요(Pedro Castillo) 시절 부통령을 역임했고, 탄핵으로 물러난 카스티요의 뒤를 이어 페루 역사상 최초의 여성 대통령이 됐다. 하지만 그녀 역시 전임자의 불명예스러운 전철을 또다시 밟게 됐다.

불행하게도 페루 정치사에서 탄핵은 낯선 풍경이 아니다. 아니, 오히려 매우 익숙한 풍경이다. 페루는 최근 7년 동안 5명의 대통령이 탄핵으로 물러났다. 평균 임기는 1년 반에 채 미치지 못한다. 정치 불안의 근본 원인이 국정 최고 책임자인 대통령이란 사실이 오늘날 페루 정치사의 비극을 말해 준다.

페루 저개발성의 원인

페루의 상황과 가장 비슷한 나라가 바로 볼리비아다. 두 나라는 원주민 인디오의 비율이 다른 중남미 국가들보다 높다. 볼리비아의 원주민 인구 비율은 전체의 60% 이상이고, 페루는 40% 정도가 된

다. 페루에서는 다른 중남미 국가와 다르게 잉카의 언어인 케추아
어를 스페인어와 함께 공용어로 사용하고 있는데, 잉카의 문화를
존중하는 의미보다는 스페인어를 제대로 구사하는 인디오들의 수
가 워낙 적기 때문이다. 아직도 이들 원주민 상당수는 안데스 오지
에서 문명과 벽을 쌓고 생활하거나 도시로 강제로 이주당해 빈민으
로 전락하기도 한다. 이런 문화적 동질성 때문에 두 나라는 한때 연
방을 구성해 한 살림을 차리기도 했다. 칠레와 아르헨티나는 페루
와 볼리비아 연방이 남미의 세력균형을 위협한다고 판단해 1837
년 두 나라를 상대로 전쟁을 벌인다. 결국 전쟁의 패배로 페루-볼
리비아 연방은 1839년 해체된다.

두 나라의 경제 상황을 비교한다는 것이 도토리 키재기 수준이긴
하지만, 그래도 볼리비아에서는 원주민 출신의 대통령을 배출하며
자신들만의 목소리를 높여 가고 있는 반면에, 페루에서는 점점 이
방인의 목소리만 커지고 있었다. 페루에서 특이하게 일본인 이주민
출신 대통령(후지모리)과 유대계 폴란드 출신의 대통령(파블로 쿠친
스키)이 탄생하게 된 배경이기도 하다.

정치학자 도나 리 반 코트(Donna Lee Van Cott)는 페루 저개발성
의 원인을 다음의 몇 가지 역사적 배경에서 찾는다.

우선 첫 번째로, 원주민이 다수인 안데스 고지대에 퍼진 마르크
스주의와 마오쩌둥 주의 이념이다. 마르크스주의와 마오이즘 자체
의 문제라기보다는 안데스 원주민들이 이를 통해 실천적 이념이 아

니라 폭력적 투쟁만을 수용했다는 점에서 문제가 된다.

두 번째는 1970년대 농지개혁으로 고지대의 원주민과 저지대의 원주민을 분리함으로써, 이들의 정치적 연합이 그만큼 어려웠다는 점이다.

세 번째는 1980년대와 1990년대 초, 전국적인 무장 투쟁을 벌인 '빛나는 길'이 정치 지도자들에 대한 무차별적 테러 행위를 가함으로써 페루에 존재하는 하위주체 그룹들이 성장할 기회를 박탈해 정치적 기반이 흔들렸다는 점이다.

마지막으로, 이를 빌미로 들어선 후지모리 정권의 권위주의적이고 독재적인 방식의 정부 운영과 이를 통해 가속화된 정치적 후진성이다.[7]

토지문제는 중남미 거의 모든 나라가 공유하는 문제의 핵심이다. 정도의 차이는 존재하지만, 이웃 국가들에서는 원주민 토지의 수호와 회복이 원주민 운동의 핵심이었고 일정 부분 성과가 있었던 것에 비해, 페루에서는 많은 원주민들이 안데스 오지에서 극단적 고립을 선택하거나 그 반대로 도시로 강제로 이주당했기 때문에 이들이 개혁의 주체가 되거나 강력한 리더십을 발휘할 요인이 일찍부터 사라져 버린 것이다.

세계적인 문학가 바르가스 요사가 페루를 '원시와 문명이 공존하는 고난의 땅'이라 부른 이유이기도 하다.

구스만의 '빛나는 길'

중남미 여행을 꿈꾸는 사람들이 반드시 가고 싶은 장소로 꼽는 대표적인 장소가 바로 페루 안데스산맥 깊숙한 곳에 있는 마추픽추이다. 아직도 안데스산맥 깊숙한 오지에는 마추픽추처럼 도시의 문명을 거절한 원주민들이 다수 거주하고 있다. 이것은 단순한 도농(都農) 간의 격차 문제가 아니라 거대한 단절을 의미한다.

오래전부터 페루에는 '리마의 페루'와 '안데스의 페루'가 존재한다는 말이 있을 정도로 그 단절의 골은 깊다. 이런 배경 아래 탄생한 페루의 무장 게릴라 단체가 바로 '빛나는 길'(Sendero Luminoso)이다.

니카라과의 현대사를 산디니스타 해방 전선과 떼어 놓을 수 없고, 멕시코의 현대사를 사파티스타와 떼어 놓을 수 없는 것처럼, 페루의 현대사는 '빛나는 길'과 분리해서 살펴볼 수 없다. 그리고 이 독특한 게릴라 조직의 상징과도 같은 인물이 아비마엘 구스만이다.

아비마엘 구스만(Abimael Guzman)은 1934년 12월 3일 페루 남부 아레키파 지방에서 부유한 상인의 사생아로 태어났으며 부모 양측의 양육 거부로 매우 불우한 어린 시절을 보낸 것으로 전해진다. 독학으로 어렵게 대학을 졸업한 후에는 아야추코에 있는 한 대학에서 철학 교수로도 재직한 경험이 있다. 60년대 중국을 휘몰아친 문화대혁명에 깊은 감명을 받고 본격적인 마오주의자가 됐으며 1969년에 무장 단체 '빛나는 길'을 조직한다.

구스만의 '빛나는 길'은 기본적으로 공산주의 이념을 추중했지만, 기존 공산당 조직과는 심한 노선 갈등을 겪기도 했다. 특히 60년대 중반 이후 중소분쟁이 격화되면서 페루 공산당 내의 친소파와 구스만의 친중파로 나뉘어 때아닌 이념 논쟁을 벌이기도 했다. 게다가 구스만의 투쟁 방법은 타협 없는 테러 중심의 극좌 노선이었기 때문에 많은 희생자를 낳기도 했다. 당시 미국 정부는 구스만이 페루에서 정권을 잡으면 캄보디아의 크메르 루즈처럼 될 수도 있다고 경고했다. 실제로 구스만이 본격적인 무장 투쟁을 개시한 1980년 5월 이후, 정부군과 반군 그리고 민간인을 합쳐 2만 5천 명이 사망하고 20만 명 이상의 난민이 발생했다. 한때 구스만의 빛나는 길은 페루 국토의 절반 이상을 차지했지만 1992년 후지모리 정부의 반공산주의 철퇴로 세력이 급격히 줄어들었다.

구스만은 1992년 체포돼 종신형을 선고받고 복역 중이던 지난 2021년 옥중 사망했다.

페루의 이민자 대통령 알베르토 후지모리

일본인 이민자가 페루의 대통령이 된 아주 희귀한 사례가 있다. 바로 알베르토 후지모리의 이야기다. 알베르토 후지모리(Alberto Fujimori)는 20세기 초 남미로 대거 이주한 일본인 이주민의 자손으로 일본명은 후지모리 켄야(藤森 謙也)다.

　페루에서 정치활동을 시작했고 이민자 출신으로는 이례적으로 대통령에 당선돼 1990년 7월부터 2000년 10월까지 10년간 페루의 대통령으로 재임한 인물이다. 대통령 재임 초반에는 페루의 경제발전에 일정한 성과를 내면서 높은 평가도 받았지만, 권위주의적 통치방식과 인권탄압 등으로 점점 지지를 상실했다. 영구집권을 위한 헌법 개정을 위해 야당 의원을 매수하는 장면이 찍힌 비디오가 공개되자 일본으로 도주한 '문제적 인물'이기도 하다.

　페루 헌법에는 페루에서 출생한 사람만이 대통령에 출마할 수 있다고 규정하고 있다. 후지모리는 자신이 일본에서 이주한 이민자이지만 출생은 페루에서 했기 때문에 대통령 출마에는 문제가 없다고 주장했다. 하지만 야당은 원래 후지모리의 출생지가 일본 구마모토현으로 출마 자체가 불법일 뿐만 아니라 그의 출생지가 조작됐다는 의혹까지 제기했다. 그의 출생을 둘러싼 의혹은 눈덩이처럼 불거졌지만 이에 대한 공식 조사는 결국 이뤄지지 않았다.

　후지모리는 페루 국립농업대학교와 미국 위스콘신 대학교를 졸업했다. 페루에 돌아와서는 대학에서 교편을 잡고 대학 총장을 역임하기도 했다. 초기에는 전형적인 학자의 길을 걸었다고 할 수 있다. 후지모리가 페루에서 명성을 얻기 시작한 것은 농업과 경제 분야 전문가로서 페루 국영 TV에 자주 얼굴을 드러내면서부터였다.

이런 대중적 인지도를 바탕으로 후지모리는 1989년 개혁정치를 내세우는 정치단체 '캄비오 90'(cambio 90)에 참여하게 된다. 그리고 마침내 1990년 대통령 선거에 출마를 선언하고, 자신의 트랙터와 트럭을 몰고 페루 전역을 순회하며 '깨끗하고 검소한 정치인'의 이미지를 각인시키는 데 성공하게 된다. 후지모리는 거창한 정책보다는 '노동, 정직, 기술'이라는 세 단어를 슬로건으로 내걸고 가난한 자의 혁명을 외치며 백인 중심의 기득권 정치에 도전장을 내밀었다.

1990년 대선 당시 그의 경쟁자는 세계적으로 유명한 작가 출신의 정치인 마리오 바르가스 요사였다. 세계적 명성을 얻은 작가 출신의 정치인과 이민자 출신의 동양인과의 대결. 사실 어찌 보면 불가능에 가까운 도전이라고 할 수 있었지만, 당시 페루의 이반된 민심은 선거의 결과를 완전히 바꾸어 놓았다.

2019년 우크라이나 대선에서 기존 정치의 무능과 부패에 염증을 느낀 우크라이나 국민들이 '코미디보다 못한' 정치를 비난하며 '진짜' 코미디언이었던 젤렌스키를 대통령으로 선출한 경우와 비슷하다고 할까? 부패하고 무능한 기성 정치에 신물이 난 페루 국민들은 스페인계 백인 엘리트 정치인보다는 차라리 신당 소속의 동양인 이민자에게 글자 그대로 표를 몰아줬다고 볼 수 있다. 결정적인 단점이 결정적인 장점이 된 역설적 상황이 벌어진 것이다.

그리고 또 하나 후지모리의 승리 요인을 꼽으라면, 당시 세계 최고의 경제 대국으로 성장 중이던 일본으로부터 대규모 경제지원을 끌어낼 수 있을 것이란 페루 국민들의 은근한 기대도 한몫했을 것으로 보인다.

이때 후지모리 후보가 내건 캠페인이 바로 '캄비오'(cambio) 즉 '변화'였다.

후지모리 대통령은 1990년 7월 28일 취임 이후 인플레이션 억제와 재정적자 해소에 중점을 둔 경제개혁에 착수했고 일정 부분 성과를 거두기도 했다. 후에 후지모리가 불명예 퇴진을 하지만, 페루의 만성적인 초인플레이션을 진정시키고 공산 반군 세력, 특히 구스만이 이끄는 무장반군 세력 '빛나는 길'을 약화시켜 치안을 안정화하는 등 그 공을 인정하는 사람들도 많다. 하지만 결정적인 문제는 개혁법안을 둘러싸고 국회와 잦은 갈등을 겪었다는 점이다. 결국 후지모리는 건너지 말아야 할 강을 건너게 된다. 1992년 4월 후지모리는 친위 쿠데타를 일으켜 의회를 해산시켜 버린 것이다. 그리고 이듬해인 1993년 12월에는 헌법을 개정해 자신의 재선 가능성의 길을 열어 놓는다.

사실상 공식적인 독재를 선언한 것과 다름이 없다. 후지모리는 1995년 4월 유효표의 64.2%를 획득해 전임 유엔 사무총장이던 하비에르 페레스 케이야르를 물리치고 재선에 성공하고, 2000년 4월에 치러진 대선에서도 승리해 내리 3선에도 성공한다.

하지만 2000년 11월, 당시 국가정보부장이었던 블라디미르 몬테시노스가 야당 의원을 돈으로 매수하는 장면이 담긴 비디오테이프가 공개되면서 후지모리의 영구집권 계획에도 빨간불이 들어오게 된다. 수도 리마를 비롯한 이키토스, 쿠스코 등 페루 전역에서 후지모리의 사퇴를 요구하는 시위가 들불처럼 번지기 시작한 것이다.

결국 사태의 심각성을 인지한 후지모리는 같은 해 10월 브루나이에서 열린 아시아태평양경제협력체 APEC 정상회담을 마치고 일본을 방문해 그대로 눌러앉았다. 사실상 일본으로 도주를 한 것이다. 이 때문에 후지모리에게는 '도망자'를 의미하는 '후지티보'(fugitivo, 영어로는 fugitive)라는 별명이 생겼다. '가출한 대통령'이라는 전례 없는 사례를 남기며 '변화'를 강조했던 후지모리의 시대도 이렇게 막을 내리게 된다.

후지모리 이후의 페루 정치

후지모리 퇴출 이후 페루 최초의 원주민 출신 대통령 톨레도(Alejandro Toledo)가 당선된다. 톨레도의 당선은 이방인에게 빼앗겼던 권력을 원주민이 되찾았다는 상징적인 의미도 있다. 2001년 7월 28일 리마 국회의사당에서 공식으로 취임식을 가진 톨레도 대통령은 잉카제국의 수도였던 쿠스코 남쪽의 안데스산맥 속 '잃어

버린 도시' 마추픽추에서 전통적인 방식의 잉카 즉위식을 가져 화
제가 되기도 했다. 잉카제국의 영광을 되찾겠다는 톨레도의 취임
후 첫 과제는 후지모리의 재임 중 벌인 각종 부정부패를 속속들이
밝혀내는 일이었다. 1995년 선거 과정에서 야당 후보를 도청한 사
실을 비롯해 2000년 선거에서 행해진 유권자 수천 명의 명부 조작,
그리고 다양한 수법의 국고 유용과 언론 장악 시도 등 국기문란에
해당하는 중대 사안들이 속속 드러났다.

일본 정부의 보호 아래 5년간 도피 생활을 유지하던 후지모리는
2005년 11월 페루에서의 정치적 부활을 타진하기 위해 칠레로 입
국했다 칠레 당국에 의해 주요 범죄자로 체포된다. 얼마 후 보석으
로 석방되기는 하지만, 국외 도주 우려가 있다는 이유로 사실상 가
택 연금 상태에 놓이게 된다.

2007년 9월 22일 칠레 대법원은 후지모리의 신병을 페루로 송
환할 것을 결정하고 2010년 1월 페루 대법원은 그에게 징역 25년
을 선고한다. 수감 중이던 2017년 12월, 후지모리는 난치병 진단
을 받고 더 이상의 수감생활을 지속하기 어렵다는 판단하에 석방
된다. 그리고 같은 해 12월 24일 페드로 파블로 쿠친스키 대통령은
후지모리에 대한 인도주의적 사면을 발표한다.

후지모리는 2024년 5월 악성종양이 발견되어 투병 생활을 하다
가 같은 해 9월 11일 사망했다. 재미있는 사실 하나는 후지모리의
자식들이 현재 페루 정계에 진출해 왕성하게 활동하고 있다는 점이

　　　　　　　　　　　　　　　　　　　　　　　　　

다. 이를 두고 '후지모리의 유산'이라는 웃지 못할 이야기도 나오고 있다. 후지모리 이후에 재임했던 톨레도와 알란 가르시아, 우얀타 우말라 등의 지도자들도 정도의 차이는 있지만 각종 부정부패의 구설수에서 자유롭지 못했다. 심지어 2016년 제59대 페루 대통령을 역임했던 페드로 파블로 쿠친스키도 집권 첫해에는 무려 90%의 지지율을 찍었지만 이후 뇌물 수수 등 비리 의혹이 불거지면서 정치적 위기를 맞게 됐고, 결국 탄핵 표결 직전 자진 사임하면서 불명예 퇴진하게 된다. 이름에서 알 수 있듯이 쿠친스키는 유대계 폴란드인의 후손으로 후지모리와 같은 이민자 출신의 정치인으로 2017년 후지모리를 정치적으로 사면한 인물이기도 하다.

어찌 보면 페루 정치의 가장 치명적인 약점인 빈부격차와 부정부패의 그늘은 여전히 페루를 짓누르는 악몽으로 남아 있다고 할 수 있다. 페루의 '빛나는 길'은 멀고도 험하다.

잉카의 마지막 황제,
'투팍' 이야기

★

힙합의 전설 투팍(Tupac Amaru Shakur)을 모르는 사람은 없을 것이다. 하지만 투팍이라는 그의 독특한 이름이 잉카제국의 부활을 이끌던 '투팍 아마루 2세'에서 왔다는 사실을 아는 사람은 그리 많지 않다. 출생 당시 그의 이름은 리세인 패리시 크룩스(Lesane Parish Crooks)였고 나중에 투팍으로 개명했다. 너무나 널리 알려진 이름이지만, 동시에 베일에 가려진, '진짜' 이름의 주인공 투팍에 대해 알아보자.

1532년 천만이 넘는 인구를 다스리던 잉카제국은 말과 철제 무기로 무장한 168명의 에스파냐 군대에 의해 침략당한다. 이후 점점 많은 에스파냐인들이 고대 잉카제국이 있던 지금의 페루지역으로 쏟아져 들어왔다. 이들은 계속해서 도시와 마을을 건설했고, 귀금속과 작물 그리고 각종 공물을 추징했다. 이 때문에 수많은 원주민의 노동력이 착취당했다. 이러한 변화 때문에 원주민들은 잉카 귀족의 지배를 받을 때보다 훨씬 열악한 조건 속에서 새로운 에스파냐 지배자들에게 공물을 바쳐야 했다. 하지만 잉카제국이 완전히 붕괴가 된 것은 아니었다. 눈 덮인 안데스산맥 정글 너머 빌카밤바라 불리는 지역에는 잉카제국의 잔존 세력들이 마지막 명맥을 이어 가고 있었기 때문이다. 이들의 지도자가 바로 1559년 사망한 망코 잉카의 뒤를 계승한 잉카제국의 '마지막 황제' 투팍 아마루다. '고귀한 용'을 의미하는 투팍 아마루는 당시 스물일곱 살의 청년으로 매우 보수적이며 잉카의 신을 지극정성으로 모시는 사람이었다. 스페인 제국은 처음에는 투팍 아마루와의 협상을 시도했다. 일종의 신사협정으로 서로에게 간섭하지 않는다는 조건이었다. 하지만 침략자의 마음이 변한 것은 언제나 시간문제였다.

새로운 에스파냐 부왕으로 임명돼 쿠스코에 도착한 프란시스코 데 톨레도(Francisco de Toledo)는 남은 잉카 황제가 언젠가는 제국을 위협하는 새로운 세력이 될 수 있다고 판단했고 그 씨앗을 근원적으로 제거해야 한다고 생각하는 인물이었다. 마침내 1572년 6월 24일, 잉카인들의 마지막 저항 도시에 최후의 일격을 가하기 위해 스페인 원정대는 빌카밤바로 진군한다. 원주민들은 나무 곤봉과 화살로 저항했지만, 제국의 신무기 앞에 속수무책이었다.

빌카밤바의 포위망이 좁혀져 오자 투팍 아마루는 모든 것을 포기하고 오직 아내만을 데리고 피난길을 떠난다. 하지만 출산이 임박한 아내에게 빠른 걸음을 재촉할 수 없었던 투팍 아마루는 정글에서 야영을 하며 불을 피울 수밖에 없었고 결국 에스파냐 원정대에 발각돼 체포된다.

1572년 9월 24일, 경비병들이 마지막 잉카 황제를 감옥에서 끌고 나와 중앙 광장으로 데리고 갔다. 한 연대기 기록자는 당시의 상황을 다음과 같이 적고 있다.

자신들의 황제가 사형당하는 것을 보러 온 원주민들이 너무 많아서, 현장에 있던 사람들은 길과 광장을 뚫고 지나가기가 무척 어려웠다. 투팍 아마루는 형이 집행되는 동안 내내 위엄 있고 겸허한 모습이었다. 투팍 아마루의 친지들 또한 이 슬픈 비극 앞에서 하염없이 눈물을 흘렸고 그들의 울부짖음이 하늘에 닿았다.[8]

그의 마지막 장면도 함께 기록돼 있다.

그는 한 마리 순한 양처럼 단두대에 머리를 올려놓았다. 사형 집행자가 다가와 그의 머리카락을 왼손으로 잡았고, 그의 머리는 즉시 잘려 나갔다. 사형 집행자는 모든 사람이 볼 수 있도록 머리를 높이 들어 올렸다. 대성당의 종이 울리기 시작했고, 뒤이어 모든 수도원과 성당에서도 종이 울리기 시작했다. 그가 처형되자 수많은 사람들이 깊은 슬픔에 빠져 눈물을 흘렸다.

1572년 9월 24일. 잉카의 마지막 황제 투팍 아마루 1세는 이렇게 허망하게 세상을 떠났다. 하지만 그로부터 200여 년의 세월이 흐른 1780년, 그의 후손인 투팍 아마루 2세가 다시 한번 잉카제국의 부활을 선언하며 스페인 식민제국을 상대로 투쟁에 나선다.

1738년 3월 19일, 쿠스코 남부 틴타라는 부족 마을에서 태어난 투팍 아마루 2세는 스페인 점령군에 의해 스페인식 교육을 받고 성장했으며 호세 가브리엘 투팍 아마루라는 스페인식 이름도 사용했다. 그는 잉카제국 황실의 적통임을 인정받아 추장 자리를 유지하고 있었지만, 그것은 그야말로 허울뿐인 권력에 불과했다.

스페인 식민 정부의 혹독한 지배를 견디다 못한 아마루 2세는 결국 1776년 첫 무장봉기를 일으키고 1780년 상가리아 전투에서는 신무기로 무장한 스페인 주둔군 1,200명과의 접전 끝에 대승을 거두기도 했다. 특히 상가리아 전투는 스페인 제국 군대가 식민지에서 맛본 가장 큰 패배 가운데 하나로 기록되고 있다.

하지만 아마루의 군대는 여세를 몰아 스페인 제국군의 본진이 있는 쿠스코로 진격하지 않고 철수한 후 총독부에 평화협정을 제안했다. 아마루는 더 이상의 전쟁을 원치 않으며 스페인 주둔군은 원주민 학대를 멈추고 자유를 허용해 줄 것을 재차 요구했다. 스페인 총독부는 한편으로는 휴전 협정으로 시간을 벌고, 다른 한편으로는 무장봉기 세력을 분열시키는 작전을 구사하며 진압군을 재편성한다.

그리고 1781년 4월 6일, 반격에 나선 스페인 군대는 아마루 2세의 일가를 비롯한 반란군 지휘부를 일망타진하는 데 성공한다.

1781년 5월 18일 스페인 총독부는 쿠스코로 압송된 아마루의 사지를 네 마리의 말에 묶어 찢어 죽이라는 명령을 내린다. 일설에 따르면 엄청난 괴력을 소유한 아마루가 끝까지 버티자 결국 그의 사지를 절단해 시체 각 부분을 페루의 주요 도시에 전시했다고 한다. 아마루의 처참한 죽음이 중남미 전역에 알려지면서 스페인 식민지 원주민들이 무기를 들고 일어서는 계기가 되기도 했다.

래퍼 투팍이 어째서 수많은 혁명가 가운데, 투팍 아마루 2세의 이름을 채용했는지, 그 이유는 아직도 잘 알려져 있지는 않다. 다만, 시인이자 뮤지션, 무엇보다 혁명가를 꿈꾸던 투팍의 묘비명에서 작은 단서를 찾을 수 있을지 모른다.

"내가 세상을 바꿀 수 있다고 말하지는 않겠다. 하지만 나는, 내가 세상을 바꾸는 생각에 불을 붙일 수는 있다고 장담한다."

잉카제국의 마지막 보루였던 투팍 아마루 2세의 무장봉기가 비극적으로 막을 내린 이듬해인 1783년 7월 24일, '중남미의 해방자'라 불리는 시몬 볼리바르가 태어나 중남미 대륙의 독립운동을 이끈 것도 묘한 우연이 아닐 수 없다.

시인 파블로 네루다는 "안데스에서는 초목의 씨앗까지도 투팍의 이름을 침묵 속에서 반복하여 부른다"라고 했다. 그만큼 안데스 원주민들의 가슴속에 투팍이라는 이름은 저항과 자존감의 상징이었다는 의미였을 것이다.

　어쩌면 래퍼 투팍도 들불처럼 번지는 혁명의 불길에 작은 불씨가 됐던 투팍 아마루의 2세의 저항과 죽음을 문득 떠올렸는지 모른다.

페루의 저항시인
세사르 바예호(Cesar Abraham Vallejo Mendoza)

세사르 바예호(Cesar Abraham Vallejo Mendoza)는 체 게바라가 가장 사랑했던 페루 원주민 출신의 시인이다. 그는 사회적 불평등, 노동계급의 억압, 식민주의의 유산 등을 강하게 비판하며 자신의 시가 억압받는 사람들의 목소리를 대변해 저항의 상징으로 읽히기를 소망했다.

그의 시 속에서는 그가 어린 시절을 보낸 안데스산맥의 물 냄새, 흙냄새 등 자연의 냄새와 더불어 인디오들의 맞닿는 살냄새까지 세세하게 느껴진다.

여기 그의 시 한 편을 통해 안데스 원주민의 소소하지만 행복했던, 희미하지만 지워지지 않은 과거의 기억을 더듬어 보자.

농부의 주먹은 비단결처럼 부드러워진다.

입술마다 십자 모양으로 윤곽이 그려진다.

축제일이다!

쟁기의 율동이 날아오르고

워낭은 하나하나 청동의 합창 지휘자

- 세사르 바예호의 '조금밖에 죽지 않은 오후'에서

　하지만 무엇보다 바예호는 중남미 저항 시인의 상징과도 같은 존재다. 참여문학의 선봉에 섰던 그에게 문학 특히 시는 글자 그대로 치열한 삶의 투쟁의 장(場)이었다.
　바예호의 초기 시집 『검은 사자(使者)들』(Las heraldos negros)에서부터 극적인 비극성이 두드러진다. 이런 정서는 그와 그의 동료들인 안데스 오지의 인디오들이 일상적으로 겪은 가난과 불행의 그림자에서부터 나온 것들이다.

　살다 보면 정말 지독한 비운도 있지.
　정말 모를 일!
　신의 증오로부터 오는 형벌 같은 재난들.
　그런 일을 당하면 지금까지의 세상 모든 고통이
　마치 웅덩이가 되어 마음에 고이듯⋯ (중략)

　영혼의 십자가와 그리스도가 한꺼번에 무너지는
　운명이 저주하는 어떤 귀한 믿음의 추락.
　그런 피투성이 재난은
　금방 익은 빵이 꺼내지면서 다 타듯 찍찍거리는 소리가 나지

"지금까지의 세상 모든 고통이 마치 웅덩이가 되어 마음에 고이듯." 이 대목을 두고 민용태 시인은 "통곡보다 뼈에 사무친다"라고 표현하고 있다. 아울러 '금방 익은 빵이 꺼내지면서 다 타듯 찍찍거리는 소리'처럼 일상에서 마주하는 고통을 구체적인 감각 이미지로 나타내는 것을 두고는 "가장 생명적인 시는 항상 비극적이다"라고 평하고 있다.'

바예호의 시가 가지는 극적인 아름다움은 역설적이게도 가장 비극적 상황에서 연출되는 것이다.

10

아이티

**République
d'Haïti**

착취와 고난의 땅, 아이티

지난 2025년 11월 18일, 아이티의 수도 포르토프랭스 거리는 아이티 국기를 흔들며 환호하는 시민들로 가득했다. 다행히 이번에는 폭동이나 시위 때문이 아니다.

전날 아이티가 퀴라소에서 열린 북중미 3차 예선 C조 최종전에서 니카라과를 2:0으로 꺾고 2026 북중미 월드컵 본선 진출이라는 쾌거를 이뤄 냈기 때문이다. 1974년 서독 월드컵 이후 무려 52년 만의 일일 뿐만 아니라, 국내 정치와 치안 불안으로 자국에서 홈경기를 치르지 못하고 중립국 퀴라소에서 힘겹게 거둔 승리였기 때문에 아이티 국민의 기쁨은 그만큼 더 클 수밖에 없었다.

하지만 정작 아이티 국민은 자국팀의 경기를 미국 현장에서 응원하지 못할 가능성이 크다. 미 행정부가 국가안보를 이유로 아이티를 포함한 12개 국가 국민의 입국을 전면 금지했기 때문이다. 안타깝지만, 세계에서 가장 치안이 불안한 나라 명단 가장 앞자리에 아이티가 있다는 사실이 새삼스러운 것은 아니다.

카리브해 히스파니올라섬 서쪽 지역 3분의 1을 차지하고 있는 아이티는 면적 2만 7,750평방 킬로미터로 한반도 면적의 8분의 1에 해당하는 작은 나라다. 1804년 아메리카 최초의 흑인 독립국이기도 한 아이티는 주요 구성 인종인 흑인이 전체 국민의 90% 이상에 이르고 나머지 10%는 물라토가 차지하고 있다. 아메리카 대륙에서 유일한 프랑스어권 국가이고 국민 대다수가 가톨릭 신자이지만, 토속종교인 부두교 신자도 상당수에 이른다.

아이티에 대한 프랑스의 착취가 얼마나 심했는지 당시 아이티 흑인 노예의 평균 수명은 채 20세가 되지 못했다. 다른 중남미와 카리브 지역에 비해 아이티에 혼혈이 적은 이유는 종족을 번성시킬 만큼 오래 살지 못했기 때문이다. 세계 최초의 흑인 노예 혁명이 일어난 곳도, 세계 최초의 흑인 공화국이 세워진 곳도 아이티라는 사실은 이 지역에서 발생한 착취의 정도가 어떠했는지를 설명해 준다.

프랑스는 아이티에서 생산된 설탕과 커피를 통해 막대한 부를 축적했다. 당시 유럽에서 소비되는 커피와 설탕의 절반이 아이티에서 생산됐을 정도이다. 프랑스의 입장에서 아이티는 결코 포기할 수 없는 보물단지였던 셈이다. 이런 이유로 1825년 아이티가 독립하는 순간까지 프랑스의 탐욕과 몽니는 멈추지 않았다. 프랑스는 아이티의 독립 조건으로 주체할 수 없을 정도의 어마어마한 배상금을 요구했다.

가해자가 피해자에게 배상금을 요구하는 어처구니없는 상황을 이해하기 어렵지만, 아무튼 아이티는 프랑스의 요구를 수용하고 무려 123년에 걸쳐 빚을 갚는다. 부채 청산은 지난 1945년에 가서야 마무리가 됐다. 물론 이런 청산 과정이 아이티 경제발전의 발목을 잡은 것은 의심의 여지가 없다.

가난과 정치 불안, 정부의 무능과 만성적 부정부패 그리고 외세의 식민 지배와 미국의 군사 점령에 이르기까지, 히스파니올라섬을 공유하는 아이티와 도미니카는 유사한 경험을 함께하는 글자 그대로 이웃 국가다. 하지만 지금 두 나라는 완전히 반대의 길을 걷고 있다. 도미니카는 지난 40년간 군사 쿠데타가 발생하지 않은 중남미에서 사실상 유일한 국가다. 여전히 불안한 구석은 있지만 선거를 통한 안정적인 정권 교체를 이뤄 왔고 환경 생태 분야에서도 괄목할 만한 성장으로 세계적인 주목을 받고 있다. 그런데, 놀라운 사실은 불과 1세기 전만 해도 도미니카 공화국은 아이티의 지배를 받아 왔다는 사실이다.

지금 도미니카의 1인당 소득은 아이티의 5배에 육박한다. 반면에 아이티는 여전히 세계에서 가장 가난한 나라 가운데 하나이고 갱단이 수도를 점령한 글자 그대로 무법천지의 나라가 됐다.

1843년부터 1915년까지 22명의 대통령 가운데 21명이 암살되거나 쿠데타로 축출됐다. 살아서 임기를 끝까지 지킨 대통령은 단 1명이었다. 계속되는 쿠데타와 정치 불안이 이어지자 미국 정부가 나서 미 해병대를 주둔시켰고, 1957년 9월 군사 정부하에서 실시된 대통령 선거에서 프란시스 뒤발리에(Francois Duvalier)가 당선됐다. 아이티에게는 또 다른 비극의 시작이었다.

인권 의사에서 최악의 독재자로

프란시스 뒤발리에(Francois Duvalier). 그도 '한때'는 선량한 시민이었고 인도주의적 사랑을 실천하는 훌륭한 의사였다. 실제로 의술을 실천하던 젊은 시절 그의 별명은 아버지처럼 자애로운 의사 선생님을 의미하는 '파파 독'(Papa Doc)이었다.

뒤발리에는 1934년 아이티 대학교 의과대학을 졸업한 후 시골 병원에서 잠시 근무하다 미국으로 건너가 공중보건학을 전공했다. 그리고 제2차 세계대전이 끝날 무렵인 1945년 초 다시 아이티로 돌아와 시골 마을에서 말라리아 퇴치에 앞장서는 등 헌신적인 의사의 모습을 보인다. 적어도 이때까지는 초심을 잃지 않은 것으로 보인다.

하지만 변화와 기회는 늘 바람처럼 다가온다. 1946년 뒤발리에의 은사인 뒤마르세 에스티메가 아이티 대통령에 당선되자 뒤발리에는 국가 공중 보건국 국장에 임명된다. 그리고 3년 후에는 다시 보건 노동부 장관으로 승진하면서 본격적인 승승장구가 시작되는 듯 보였다. 하지만 1950년 5월 포르토프랭스의 경찰서장이자 군인이었던 폴 마글루아르가 쿠데타를 일으켜 에스티메를 권좌에서 끌어내리자 뒤발리에도 장관직을 잃고 다시 시골 병원으로 돌아가야 했다. 그러나 이 무렵 뒤발리에는 더 이상 과거의 뒤발리에가 아니었다. 그의 목에 거액의 현상금이 걸릴 정도의 거물 활동가이자 반정부 투사로 변신해 있었던 것이다. 경찰의 체포를 피해 지하로 숨어들거나 변장을 하며 신출귀몰하는 소식이 전해지자 뒤발리에는 대중들 사이에 일약 저항의 아이콘으로 떠오르게 된다. 뒤발리에는 정권을 잡은 후 이런 이미지를 일종의 신화로 만들어 자신의 우상화에 적극 활용했다.

1956년 9월 폴 마글루아르는 반대 여론이 거세지고 군부의 반란 조짐이 보이자 나라의 곳간을 탈탈 털어 가족과 함께 해외로 도주한다. 그리고 뒤발리에는 다음 해 공식 대통령 출마 선언을 한다. 군부는 유력한 대선후보 뒤발리에에게 은밀한 제안을 한다. 군부가 밀어주는 실력자 안토니오 케브로를 육군참모총장으로 임명하는 데 동의하면 뒤발리에를 밀어주겠다는 것이었다. 뒤발리에도,

군부도 손해 볼 것이 없는 거래다. 마침내 악마의 거래는 성사되고 1957년 9월 22일 뒤발리에는 다음과 같은 엄숙한 선서와 함께 아이티의 대통령에 취임한다.

"나의 정부는 모든 국민이 행복해질 수 있도록 아이티 국민의 자유와 인권을 보호할 것이다."

정권을 잡은 뒤발리에가 가장 먼저 한 일은 국민의 자유와 인권을 챙기는 것이 아니라, 비밀경찰을 조직하는 일이었다.

정권에 반대하거나 비판적인 인물들에 대한 대대적인 탄압과 투옥, 강제 추방이 이어졌다. 그리고 군부와의 약속대로 안토니오 케브로를 육군참모총장에 임명해 군을 장악했다. 선거 전 군부에 의해 실시된 통금은 무기한 연장됐고 공산주의자 척결이라는 명목으로 수백 명이 체포돼 즉결 처분됐다.

비밀경찰과 군부로는 불안을 잠재울 수 없었던 뒤발리에는 이제 자신의 개인 민병대를 조직한다. '통통 마쿠트'(ton ton macoutes)라고 불리는 이 조직은 오늘날 아이티를 무법천지로 만든 갱단의 원조에 해당하는 무리들로, 마치 조직폭력배들처럼 떼로 몰려다니며 폭행과 강간, 살인을 일삼았다. 뒤발리에의 비호를 받는 이들을 경찰은 물론 군부도 쉽게 통제하지 못했다. 통통 마쿠트는 청색 정장 차림에 금속 테를 두른 선글라스를 끼고 회색 중절모자를 썼다.

허리띠나 겨드랑이에는 권총을 소지하고 수가 틀리면 사람과 짐승을 가리지 않고 아무 곳에서나 쏘아 댔다. 이들의 등장만으로도 사람들은 공포에 떨어야 했다. 마쿠트의 수장은 뒤발리에의 친구이자 심복인 클레망 바르보가 맡았는데, 그는 나중에 반란 혐의로 체포돼 총살당한다.

부두교와 주술에 빠진 대통령

뒤발리에는 틈만 나면 자신의 대통령 궁에 부두교 사제를 불러 비밀 의식을 치르곤 했다. 검은 모직 정장에 색이 짙은 안경을 끼고 손에는 용도를 가늠하기 어려운 지팡이를 든 채 대중 앞에 나타날 때 뒤발리에의 모습은 영락없는 부두교 사제의 모습 그대로였다. 더 괴기스러운 것은, 마치 자신의 적을 향해 주문을 외우듯이 중얼거리거나 낮은 목소리로 읊조리는 모습이 자주 목격됐다는 점이다. 부두교 사제들은 뒤발리에에게 은밀한 자문을 하는 최측근이었고, 대통령 궁에 수시로 초대됐으며, 중대한 국가 정책까지도 결정하는 막후 실세이기도 했다.

뒤발리에는 정치에 발을 들여놓기 오래전부터 이미 부두교에 심취해 있었다. 그는 진정한 아이티인의 영혼은 검은색이고 아이티의 정신은 부두교를 통해 발현된다고 굳게 믿고 있었다. 재임 기간에는 아예 부두교 사제들을 대통령 궁에 불러들여 각종 해괴망칙한 주술 행위를 반복했다. 1958년 아이티에 체류 중이던 미국인 인류학자 해럴드 쿨랜더는 뒤발리에의 집무실에서 목격한 기괴한 경험을 언론에 폭로한 바 있다.

그의 증언에 따르면 대통령의 집무실에는 검은 커튼이 드리워져 있었고 검은 모직 차림의 뒤발리에가 수십 개의 초가 타고 있는 긴 탁자 위에 앉아 있었다고 한다. 해럴드를 더욱 놀라게 한 것은 역시 기괴한 복장에 검은색 안경을 쓴 마쿠트 대원들이 그를 빙 둘러싸고 있는 모습이었다.[10]

섬뜩하기까지 한 이 에피소드는 빙산의 일각이다. 대통령이 부두교와 주술에 빠져 있다는 이야기는 단순한 괴담이 아니라 대부분 사실로 드러났다.

뒤발리에가 유독 '22'라는 숫자에 집착했다는 소문도 파다했다. 실제로 뒤발리에는 중요한 행사나 D-Day를 22일로 잡는 경우가 많았다. 우연의 일치일 수도 있지만 뒤발리에의 대통령 취임식은 5월 22일이었고 그의 아들 장클로드 뒤발리에가 후계자로 대를 이어 대통령에 취임한 것도 1971년 4월 22일 새벽 1시다. 새벽 1시에 대통령에 취임한 사례는 세계 그 어디에도 없다. 아마도 부두교 주술사가 지정해 준 날짜와 시간일 가능성이 높다.

1958년 4월 뒤발리에는 새 헌법을 통해 '종교의 자유'를 선포한다. 명분상으로는 가톨릭교회의 독주를 막고 다원적인 종교를 인정한다는 것이지만, 진짜 목적은 부두교를 더 이상 지하의 사이비 종교가 아닌 공식 종교로 인정하겠다는 취지였다. 1961년 1월 뒤발리에는 프랑스인 주교와 4명의 사제를 내란 공모 혐의로 추방했고 그로 인해 바티칸으로부터 파문당한다.

무너진 영구 집권의 꿈

주술의 힘이 됐든 그의 통치 능력이 됐든, 뒤발리에는 대체로 운이 좋은 사내였다.

계속되는 폭정으로 미국의 눈총을 받을 무렵 이웃 국가 쿠바에서 1959년 1월 카스트로의 쿠바혁명이 발생한 것이다. 미국은 코앞에 등장한 공산 세력을 견제하기 위해 무엇보다 아이티의 도움이 절실했다. 미국은 뒤발리에의 폭정에 눈을 감는 것은 물론이고 수백만 달러에 달하는 지원금을 전달해 고사 직전의 뒤발리에를 위기에서 소생시켰다. 공산주의를 미끼로 한 미국과의 거래는 이후에도 유효했다.

1964년 뒤발리에는 영구집권을 위한 헌법 개정을 서두른다. 이 시기 뒤발리에에 대한 우상화와 신격화가 절정에 달한다. 뒤발리에의 흉상과 초상화가 개인 가정과 관공서, 학교에 보급되고 대통령을 찬양하는 시와 노래가 전국에 울려 퍼졌다.

뒤발리에에게 '아이티 철학의 대 스승'이라는 칭호를 수여하는 법안이 국회를 통과하기도 했다. 위대한 지도자를 넘어 위대한 사상가, 더 나아가 위대한 신의 반열에 오른 그에게 남은 과제는 가능한 한 오래 살아남아 더 많은 민중의 고혈을 빨아먹는 일이었다. 그해 치러진 국민투표에서 뒤발리에 종신대통령 안은 찬성 99.89%라는 말도 안 되는 수치를 기록하며 통과됐다.

뒤발리에 정권을 유지하는 3대 기둥은 군부와 부두교, 그리고 나치의 괴벨스에 버금가는 이미지 조작이다. 그리고 뒤발리에의 신화를 날조하는 중심에는 대통령 궁 홍보국장으로 영입된 허버트 모리슨이라는 인물이 있다. 모리슨은 뒤발리에의 일거수일투족을 밀착 취재하며 사진으로 남겼다. 대통령 선거기간 중에는 '가난한 자의 대변인'이라는 표제와 함께 가난한 농민 옆에 서 있는 뒤발리에의 사진을 만든 주인공도, "겸손한 시골 의사, 국민을 위해 헌신하는 정직한 사람"이라는 기가 막힌 홍보문구를 고안해 낸 사람도 바로 허버트 모리슨이다. 하지만 의심 많은 그의 주인은 허버트의 충성심을 믿지 않았다. 죽음의 그림자를 피해 가까스로 마이애미로 탈출하는 데 성공한 허버트는 이후 뒤발리에의 실체를 폭로하는 데 앞장선다.

뒤발리에는 사망 직전인 1971년 1월에 아들 장클로드 뒤발리에를 자신의 후계자로 지명하고 대를 이은 영구집권 시나리오를 본격화한다. 그리고 그해 치러진 국민투표에서 총 239만 1,916표 가운데 딱 한 표의 반대표를 제외하고 99.9%의 찬성을 얻음으로써 대를 이은 세습의 길이 열렸다.

하지만 신이라 불리는 사내도 결국 죽음을 피할 수는 없었다. 국민투표 3개월 후인 1971년 4월 21일, 뒤발리에는 갑작스러운 심장마비로 사망한다. 그래도 그는 마지막 순간까지 호의호식하다 제명에 죽은 몇 안 되는 '행운의' 독재자에 속한다.

그의 유해는 국립묘지에 안장됐다가 나중에 그의 아들이 건립한 호화로운 영묘에 이장됐지만, 1986년 그의 아들 베이비 독(Baby Doc)이 실각하면서 성난 군중들에 의해 파헤쳐지는 수모를 당한다.

베이비 독은 하야 직후 미국이 제공한 공군기를 타고 도망치듯 프랑스로 망명했다.

아비규환 갱단의 천국

뒤발리에 부자의 퇴진 이후 아이티의 진정한 변화는 1990년에 시작됐다. 1990년 12월에 치러진 선거에서 해방신학을 지지하며 광범위한 사회적 변화를 주장한 로마카톨릭교 사제 출신의 장 베르트랑 아리스티드(Jean-Bertrand Aristide)가 총투표수의 3분의 2를 획득하며 대통령에 당선됐다. 하지만 평화는 오래가지 못했다. '공산주의자' 대통령을 우려한 군부가 또다시 쿠데타를 일으켰고 혼란은 고질병처럼 반복됐다. 2001년 아리스티드는 다시 대통령에 복귀한다. 하지만, 그는 빈민과 소외된 사람들의 영웅이었던 과거의 아리스티드가 더 이상 아니었다. 권위주의적인 정치로 민심이 이반하면서 거리 시위가 계속되고 아이티군의 퇴역 장교 출신의 기 필리프가 이끄는 무장반군이 수도 포르토프랭스 근방까지 진격하자, 대규모 내전을 우려한 아리스티드가 결국 대통령직을 사임하고 아이티를 떠나면서 모처럼 맞은 아이티의 개혁은 다시 물거품으로 돌아간다.

아이티는 지금 무법천지다. 공권력은 사실상 마비됐고 갱단과 사설 군인들, 자경단이 설치는 글자 그대로 아비규환의 상황이다. 갱단이 경찰서를 습격해 무기를 탈취하거나 교도소를 습격해 죄수들을 탈옥시키는 일도 비일비재하다.

2025년 유엔 보고서에 따르면 현재 포르토프랭스의 90%는 갱단이 점령하고 있으며 갱단과 연루된 폭력으로 4,500명 이상이 사망했고, 100만 명이 피란길에 올랐다. 더욱 심각한 문제는 인권 사각지대로 몰린 아동들의 상황이다. 유엔 국제 아동 기구 유니세프가 지난 2월 발표한 자료에 따르면, 최근 1년간 아이티의 아동을 대상으로 한 성폭력 피해 사례가 10배 이상 늘었다. 갱단 조직원의 절반 이상이 미성년자이거나 아동들이라는 사실도 놀랍다.

이런 어처구니없는 상황이 벌어지는 아이티는 사실상 정상적인 국가로 볼 수가 없다.

결국 2025년 9월 30일, 유엔 안전보장 이사회는 특단의 조치를 내린다. 아이티에 파견된 다국적군의 병력 상한을 최대 5,500명까지 늘리고, 지원군의 명칭을 아예 '갱단 진압군'(Gang Suppression Force)으로 바꾸기로 한 것이다. 아이티 치안 불안의 근본 원인을 난립하는 갱단으로 확실하게 규정한 것이다.

주술에 심취해 온갖 부패와 만행으로 나라를 뿌리부터 말아먹은 뒤발리에 부자는 아이티의 이런 슬픈 운명을 알고는 있었을까.

미궁에 빠진 조브넬 모이즈 대통령 암살 기도 사건

2021년 7월 7일 아이티 공화국 대통령 조브넬 모이즈(Jovenel Moise)가 아이티 갱단에 의해 자택에서 암살됐다. 이 사건은 국가 원수가 일개 갱단에 의해 잔인하게 살해된 어처구니없는 사건으로 무법천지 아이티의 현 상황을 극명하게 보여 주는 사례다.

실제로 이 사건 이후 아이티 전역은 갱단이 할거하는 무정부 상태에 빠졌으며, 내전 수순에 접어든 현 상황을 두고 '카리브해의 소말리아'가 돼 가고 있다는 말도 나오고 있다. 암살 당일 조브넬 모이즈는 총 12발의 총알을 맞고 욕실에서 잔인하게 사망했다. 당시 조브넬의 자녀들은 옆방에 숨어 있어서 간신히 목숨을 건질 수 있었던 것으로 전해진다. 영부인 마르틴 모아즈도 손에 가벼운 총상을 입고 미국 플로리다주 마이애미의 병원으로 이송돼 치료를 받았다. 하지만, 후에 그녀는 이번 사건에 연루된 정황이 드러나 검찰의 수사선상에 오르기도 했다.

이번 사건의 용의자는 모두 50여 명에 이른다. 하지만 사건 발생 4년이 흘렀지만, 아직 구체적인 사건 단서를 찾지 못하면서 사건은 미궁에 빠져 있다. 2024년 2월, 영부인 마르틴 모아즈를 비롯해 클로드 조제프 전 총리, 레옹 샤를 전 경찰청장 등이 살해 사건 공모 및 연계 혐의로 기소된 상태다.

아이티의 독립 영웅인 장 자크 데살린(Jean Jacque Dessaline)이 암살당한 것이 지금으로부터 220년 전인 1806년 10월 17의 일이다. 하지만 주범은 물론 그의 사망과 관련된 미스터리는 아직도 풀리지 않고 있다. 이번 사건이 데살린 암살의 재판이 될 거라는 이야기가 나오는 이유는 지금의 상황이 200여 년 전의 아이티 상황과 비교해 별반 나을 게 없기 때문이다. 아메리카 최초의 흑인 독립 국가라는 아이티의 자부심과는 별로 어울리지 않은 일이다.

카리브해의
해적

★

식인풍습을 의미하는 '카니발리즘'(Carnivalism)의 어원은 스페인어의 'Canibal'이며, 이는 '카리브 연안에 사는 사람'이란 뜻의 'Carib'에서 비롯됐다.

16세기 무렵 스페인 지배자들은 서인도 제도에 사는 카리브족이 인육을 먹는다고 생각했다. 이는 대부분 과장되거나 사실이 아닌 것으로 밝혀졌지만, 당시 서양인들의 카리브 지역에 대한 무지와 공포가 반영된 것이라 할 수 있다. 카리브 지역이 이들에게 공포의 대상이 된 진짜 이유는 따로 있다. 바로 카리브 지역을 장악하고 공포로 몰아넣던 해적들의 존재 때문이다.

실제로 카리브해는 오래전부터 이 지역을 지나는 상선을 공격하고 약탈한 해적들의 주요 활동 무대였다. 카리브해 지역이 해적들의 주요 무대가 될 수 있었던 이유는 크게 두 가지다. 첫째는 지리적으로 동쪽의 대서양과 서쪽의 태평양을 잇는 교차점에 위치하면서도 일일이 감시하기 어려운 무수히 많은 자그만 섬들로 구성돼 있어서, 해적들의 은신처로 안성맞춤이기 때문이다. 둘째는 카리브해 일대가 설탕과 담배, 커피 등의 소위 '돈이 되는' 작물들의 주요 생산지인 동시에 유럽으로 향하는 핵심 이동 통로였다는 점이다.

카리브해의 바하마 일대에 해적 공화국이 창설되는 등 주로 1650년대부터 1730년대까지를 해적들의 전성기로 본다. 루이스 스티븐슨의 소설 『보물섬』도 정확한 연도를 밝히지는 않았지만, '17xx년의 어느 하루'라는 글로 첫 장을 시작하는 것으로 보아, 시기적으로 해적의 전성기와도 일치한다. 하지만 한때 번창하던 해적들도 카리브해에 식민지를 거느린 스페인과 포르투갈, 영국 등 강력한 해군력을 가진 제국에 의해 소탕되기 시작하면서 단계적으로 사라졌다.

마르티니크의 포트 세인트 루이스(Fort Saint Louis), 자마이카의 포트 로얄(Port Royal), 쿠바의 카스티요 데 라 레알 푸에르자(Castillo de la Real Fuerza), 아이티의 토르투가(Tortuga), 바하마의 나소(Nassau) 등이 카리브 연안 해적들의 주요 활동 무대였다. 영화 〈캐리비안의 해적〉의 시대적 공간적 배경도 18세기 당시 카리브 해안의 포트 로얄(Port Royal)이었다는 점을 상기할 필요가 있다.

해적들은 주로 해전 경험이 많은 군인이나 선원 출신들이 많았다. 흥미롭지만 해적 선장은 해적단을 꾸리기 위해 종종 모집 공고 같은 것을 내기도 했다. 다음은 18세기 활약하던 해적 선장 바르톨로뮤 로버츠(Bartholomew Robert)가 선원(해적) 모집을 위해 낸 공고문의 일부다.

"고된 노동이 따르지만, 이 일에는 풍요와 만족, 쾌락과 자유, 무엇보
다 권력이 있습니다."

'블랙 바트'(Black Bart)라는 별명으로도 유명했던 해적 선장 바
르톨로뮤 로버츠는 원래는 항해사 출신이었다. 잘생긴 외모에 키도
컸고, 항상 좋은 옷을 입고 다녔으며, 술은 절대 입에 대지 않고 대
신 차를 즐겨 마셨다고 한다.

그는 원피스의 전직 칠무해인 폭군 '바르톨로뮤 쿠마'라는 이름
의 모티프가 됐고, 〈캐리비안의 해적 시리즈〉에서 언급이 된 몇 안
되는 실존 해적 가운데 한 명이기도 하다. 그리고 블랙 바트와 함께
전설적인 해적 명단에 이름을 올린 이가 바로 악명 높은 플린트 선
장이다.

"플린트는 해적 가운데서도 가장 잔혹한 놈이었소. 블랙비어드도 플
린트에 비하면 어린애였지. 스페인 사람들이 그를 어찌나 무서워했
던지, 솔직히 가끔은 그가 영국인이라는 게 자랑스럽기까지 했소."[11]

로버트 루이스 스티븐슨의 해양 모험 소설 『보물선』은 해적 플린
트가 카리브해 해골 섬 어딘가에 묻어 놓은 보물을 찾으러 떠나는
이야기다. 그리고 소설 곳곳에는 플린트 선장이 자주 언급되는데,
이미 사망한 플린트를 두려워하는 후배 해적들의 모습에서 그의 악

아이티

명이 어느 정도였는지를 가늠할 수 있다.

"난 어째 플린트를 생각하니까 뭐랄까, 오싹한 기분이야."

모건이 두려워하자, 실버가 말했다.

"이봐, 친구, 마음 놓으라고. 그는 이미 죽었다고."

그러자 이번에는 다른 해적이 몸서리를 치며 말을 받았다.

"플린트는 정말 끔찍했어. 그는 유령처럼 얼굴이 파랬다니깐."[12]

해적 행위는 기본적으로 약탈을 동반한 불법 행위였지만, 국가가 후원해 양성하기도 했다. 이처럼 공식적으로 허가된 해적 행위를 벌이는 선단 혹은 선박을 사략선(私掠船)이라고 한다. 1520년부터 1560년까지는 주로 프랑스의 사략선들이 활개를 치고 다녔다. 엘리자베스 1세 여왕의 후원을 받은 영국의 프랜시스 드레이크(Sir Francis Drake)도 비슷한 시기 '공인된 해적질'로 널리 이름을 알린 인물이다. 1581년 엘리자베스 1세 여왕은 스페인 제국의 무적함대와 일전을 앞두고 그를 왕궁으로 불러 기사 작위를 내림과 동시에 잉글랜드 함대의 사령관으로 임명한다. 그의 이름 앞에 '경'(卿, Sir)이란 호칭이 붙은 이유이기도 하다. 결국 그는 카디프 해전을 비롯한 수차례 해전에서 스페인의 무적함대를 격파함으로써 영국의 해상권을 공고히 하는 결정적 역할을 하게 된다. 영국인들에게 드레이크는 모험과 도전, 그리고 애국심을 상징하는 인물이지만 다른 나라에서는 여전히 '간 큰 해적'에 불과하다. 해적들이 종종 애국자가 됐다는 사실이 아이러니하다.

드레이크와 같은 예외적인 경우가 없지는 않지만, 해적들의 본업은 어디까지나 약탈 행위였고 구대륙 식민지에서 채굴한 막대한 양의 금과 은을 싣고 귀환하는 스페인과 포르투갈의 보물 선단은 해적들에게는 매력적인 표적이었다. 약탈한 물건을 또 다른 약탈자가 가로채는 해프닝이 자주 벌어지자 1560년대부터 스페인은 '플로타'(flota)라고 불리는 호송대 시스템을 도입하게 된다.

영화 〈캐리비안의 해적〉

월트디즈니의 대표적인 해양 어드벤처 블록버스터 하면 〈캐리비안의 해적〉 시리즈를 빼놓을 수 없다. 희대의 캐릭터 잭 스패로를 연기한 배우 조니 뎁과 제작자 제리 브룩하이머의 환상 조합이 빛나는 이 영화는 2003년 〈블랙 펄의 저주〉(The Curse of Black Pearl)를 시작으로 2017년 〈죽은 자는 말이 없다〉(Dead Man Tell No Tales)에 이르기까지 5편의 시리즈를 내놓으며 공전의 히트를 기록했다.

하지만 카리브해를 배경으로 한 또 다른 해적 영화 〈컷스로트 아일랜드〉(Cut throat Island)는 역사상 최악의 흥행을 기록한 영화 중 하나로 기네스에 등재될 정도로 할리우드의 흑역사로 남아 있다. 감독인 레니 할린과 주연을 맡은 지나 데이비스에게도 흑역사로 남았지만, 제작사인 캐롤코 픽쳐스는 흥행 참패의 후유증으로 문을 닫아야만 했다.

영화 〈캐리비안의 해적〉은 소설이나 구체적인 역사적 사실을 원작으로 하지는 않았다. 흔히 이 영화의 원작으로 로버트 루이스 스티븐슨의 소설 『보물섬』을 생각하는 사람이 많지만, 우선 보물섬의 주인공 실버와 〈캐리비안의 해적〉의 주인공 잭 크로우는 완전히 다른 캐릭터의 인물이고 펼쳐지는 내용도 완전히 다르다.

영화 〈캐리비안의 해적〉은 소설이나 드라마를 바탕으로 만들어진 것이 아니라 1960년대 대중들에게 사랑받던 디즈니의 어트랙션, 그러니까 해적선 모양의 놀이기구에서 시작됐다. 좀 더 쉽게 설명하자면 롯데월드의 놀이기구에서 한편의 놀라운 영화 스토리가 만들어진 것과 같다고 생각하면 된다.

이 영화의 배경은 물론 영화의 제목과 같은 카리브해 일대이다. 특히 자메이카의 포트 로얄(Port Royal)이 영화가 펼쳐지는 주요 공간 배경인데, 해적들의 주요 활동 무대가 카리브해였다는 사실을 다시 한번 각인시켜 준다. 시대적 배경은 앞서 설명한 것처럼, 18세기 해적의 전성기가 서서히 저물어 가던 시점에 해당한다. 이런 내용은 영화 중간중간 대사를 통해 구체적으로 확인된다. 예를 들어, "마지막 남은 위협적인 해적선"이나 3편에서 바르보사가 잭에게

“우리는 사라져 가는 족속일세”라고 말하는 대목 등이 그 대표적인 예이다.

화려한 볼거리와 함께 한스 짐머가 작곡한 메인 테마곡 ⟨He’s a Pirate⟩는 이 영화가 제공하는 또 다른 즐거움이다.

멕시코
Estados Unidos
Mexicanos

11

변화를 거부하는 마초적 정치 풍토

2024년 6월 2일, 멕시코 역사에 기념비적인 사건이 발생했다. 스페인으로부터 독립해 1824년 연방정부 수립을 규정한 헌법 제정 후 200년 만에 첫 여성 대통령이 탄생한 것이다. 주인공은 환경과학자이자 유대인 출신의 정치인 클라우디아 셰인바움(Claudia Sheinbaum). 그녀의 당선이 갖는 가장 큰 의미는 심각한 남성 중심 마초주의가 지배적인 멕시코에서 '유리천장'을 깼다는 것이다.

"멕시코는 완벽한 독재국가입니다. 민주주의로 위장한 독재국가죠. 하지만 깊이 파고 들어가면 독재의 모든 요소가 있습니다. 일인이 아니라 일당 영구집권이죠. 적당한 비판을 허용하는 무적의 정당입니다. 민주주의처럼 보이게 하는 유용한 비판은 허용하지만, 영구집권을 위협하는 비판은 모두 억누릅니다.”

세계적인 문학가 바르가스 요사가 위에서 언급한 독재의 모든 요소를 가진 멕시코의 ‘무적의 정당’은 바로 제도혁명당(PRI)이다. 1994년 대선에서 암살당한 콜로시오(Luis Donaldo Colosio)는 제도혁명당이 무너져야 멕시코의 정치가 발전한다고까지 말했다. 제도혁명당(PRI)은 1929년 창당하며 2000년 국민행동당(PAN)의 비센테 폭스(Vicente Fox) 후보에게 정권을 넘겨주기까지 무려 71년 동안 집권해 왔다.

창당 이후 2000년 선거까지 단 한 번도 대통령 선거에서 패한 적이 없으며, 각 지방의 주지사와 상하 의원 선거에서도 1990년 중반까지 95% 이상을 독점해 왔다. 이런 정도의 싹쓸이라면 바르가스 요사의 지적처럼 야당이 존재하지 않는 일당독재란 표현이 어색하지 않다. 과거 우리나라의 독재자들이 자신의 정권 연장을 위해 멕시코의 정치제도를 연구 조사하게 했다는 말이 있을 정도다. 그만큼 멕시코 사회에서 변화를 끌어내는 일은 결코 쉬운 일이 아니다. 하지만 한번 일어난 변화의 바람은 걷잡을 수 없는 혁명으로 이어지는 것 또한 멕시코식 열정의 기본 공식이다.

멕시코는 1846년 미국과의 전쟁에서 국토의 절반을 잃었다. 이미 잘 알고 있는 바와 같이 텍사스와 캘리포니아 등 금싸라기 같은 땅들이 원래는 멕시코의 영토였다. 미국의 탐욕을 말하기 전에 멕시코 지도자들의 무능과 부패를 말하지 않을 수 없는 대목이다. 1876년 대통령이 된 디아스(Porfirio Diaz)는 1911년 혁명으로 쫓겨날 때까지 무려 35년간 8번에 걸쳐 대통령에 당선되면서 독재의 권력을 휘둘렀다. 오늘날 멕시코 헌법이 대통령 임기를 6년 단임제로 못 박은 것은 이때의 교훈이 크다.

디아스는 정치 안정과 경제발전을 위해 강력한 지도자가 필요하다고 역설함으로써 자신의 독재정치를 정당화했다. 오늘날 개발독재의 원조라 할만한 주장이다. 당시 혁명 구호가 디아스의 '재선 반대'였을 정도로 그의 장기 집권은 필히 민중의 저항을 불러왔다. 멕시코 혁명은 이런 배경에서 출발했다.

거대한 변화의 시작, 멕시코 혁명

'프리토 반디토'(Frito Bandito)는 미국의 한 옥수수 콘칩 상품의 광고용 만화 캐릭터다. 여기서 '프리토'(Frito)는 '튀긴'을, '반디토'(Bandito)는 악당을 의미하는 스페인어로 서부영화에서 정형화된 멕시코 악당의 이미지를 반영한다.

이런 멕시코인들에 대한 편향적이고 고착된 이미지는 그들이

'북미의 거인'이라 부르는 미국인의 시각뿐만 아니라, 지구 반대편에 있는 우리의 시각에도 그대로 반영된다. 어린 시절 보고 자란 서부영화 속 멕시코인은 언제나 배신하고 약탈하는 악당의 이미지였으니까. 하지만 멕시코 근현대사를 제대로 이해하면 이런 오해는 곧 분노로 바뀌게 될 것이다. 특히 멕시코 역사의 가장 큰 분기점이라 불리는 멕시코 혁명을 알게 된다면 말이다.

역사상 가장 유명한 혁명으로는 1789년 프랑스 혁명과 1917년 러시아 혁명을 들 수 있다. 여기에 1910년 멕시코 혁명에 대해 알고 있다면, 혁명사(革命史)에 관한 한 대단한 자부심을 가져도 된다. 특히 멕시코 혁명은 쿠바혁명, 니카라과 혁명과 더불어 중남미 3대 혁명의 맏형 격에 가깝다.

대부분의 사람들에게 다소 낯설게 느껴질 멕시코 혁명을 이해하기 위해서는 우선 두 사람의 이름부터 기억하자. 에밀리아노 사파타(Emiliano Zapata Salazar)와 포르피리오 디아스(Porfirio Diaz). 한 사람은 혁명의 주인공이고 다른 한 사람은 혁명에 의해 무너진 독재자다.

포르피리오 디아스는 의욕적으로 개혁을 추진하던 베니토 후아레스 대통령이 사망하자 1877년 무력으로 정권을 탈취해 대통령에 오른 인물이다.

그는 군과 경찰을 기반으로 강력한 중앙집권적인 독재 체제를 구축했는데, 그 명분은 사회질서 회복과 경제 재건이었다. 특히 디아스 정권은 경제개발의 핵심으로 외국자본의 유치를 통한 산업화에 방점을 두고 있었다. 칠레 피노체트 군부독재의 경제적 배경에 미국의 시카고학파가 있었던 것처럼 당시 디아스 경제 드라이브의 핵심 세력은 일명 '시엔티피코'(Cientifico)'[13]라고 불리는 일군의 경제관료들이었다. 그리고 시엔티피코 의미 그대로 '과학적'이고 '실증적'인 경제개발을 강조하며 내놓은 국내 첫 작품이 바로 토지조사사업이었다.

일제 강점기 토지조사사업이 그랬던 것처럼, 개혁을 명분으로 내세운 디아스 정권의 토지조사법은 원주민 토지의 강제 점유와 이를 통한 백인 대지주의 독점적 수탈을 가능케 했다. 결국 원주민 공동체는 급속히 붕괴가 되고, 원주민은 하루아침에 경작할 땅을 잃고 길바닥에 나앉는 신세가 되었다.

토지조사법과 이주지 개척법으로 국가에 귀속된 토지는 경매를 통해 투기꾼들에게 넘어갔다. 이로 인해 일명 '아센다도'(Hacendado)라고 불리는 대지주의 토지 독점 현상은 갈수록 심화가 됐다. 예를 들어 1910년 혁명이 임박할 무렵 멕시코 전체 토지의 97%를 830여 명의 대지주가 소유하고 있었으며, 심지어 치와와주의 테라사스 가문은 18만 7,921개의 농장에 196만 6,184헥타르의 토지를 소유할 정도였다. 이 크기는 벨기에와 네덜란드를 합친 것보다 더 넓

은 것으로, 테라사스 가문의 땅을 통과하려면 기차를 타고 하루를 꼬박 달려도 모자랄 지경이었다.[14]

　록 허드슨과 엘리자베스 테일러가 주연한 영화 〈자이언트〉에도 텍사스에 광대한 영토를 가진 목장주 베네딕트 가문의 이야기가 나온다. 이 목장주 가문이 소유한 토지는 59만 에이커가 넘는 것으로 나오는데, 이 광대한 토지 또한 미국인들이 멕시코인들에게 1에이커당 5센트라는, 정말 말도 안 되는 헐값에 사들인 것이다. 사실상 강탈이라 해도 틀린 말은 아니다. 결국 토지를 상실한 원주민들은 '아시엔다'(hacienda)라고 불리는 대농장에서 일하는 농업 노동자로 전락한다. 그 숫자는 당시 멕시코 전체 인구의 88.4%에 이를 정도였다. 이처럼 전통적인 원주민 공동체에서 이탈한 농업 노동자를 '페온'(peon)이라 부른다. 더구나 일부 농장주들은 임금을 농장 내부에 있는 매점에만 교환할 수 있는 전표로 지급함으로써 페온이 농장에서 벗어날 수 있는 길을 아예 봉쇄해 버렸다.

　이들 노동자 상당수는 심지어 농장주에게 빚을 지고 노예 신세로 전락하는 경우도 다반사였다. 생전에 다 갚지 못한 빚은 자식들에게로 대대로 이어지면서 자식들마저 농장에 예속된 노동자나 노예의 신분을 벗어나지 못하는 악순환이 반복됐다. 이런 엉터리 개혁을 주도한 디아스 정권과 소수 농장주 지배계층에 대한 분노가 마침내 1910년 멕시코 혁명으로 폭발한 것은 어쩌면 당연한 결과였다.

디아스 정권 초기에는 대규모 외자 유치와 개발로 나름의 경제성장을 이룬 것은 사실이다. 게다가 거듭되는 혼란에 진저리가 난 대중들에게 디아스의 강력한 리더십은 질서를 찾아가는 과정으로 인식되기도 했다. 결국 1884년 대통령 선거에서 재선에 성공한 디아스는 1890년에는 아예 무제한 중임이 가능하도록 헌법을 뜯어고친다. 고질적인 장기 집권 병이 돋은 것이다.

누군가는 디아스의 폭주를 막아야 했다. 이때 등장한 인물이 바로 프란시스코 마데로(Francisco Madero)다. 마데로는 멕시코에서 손꼽히는 명문 가문 출신의 지식인으로 실제로 그의 집안은 디아스 독재 정권기에 막대한 경제적 이득을 챙긴 사업가 집안이다. 1878년 출생한 마데로는 프랑스와 미국에서 공부하며 서구식 자유주의 사상을 습득했고 귀국 후에는 대농장에서 열악한 상황에 고통받는 노동자의 삶에 깊은 관심을 가지게 된다. 어찌 보면 마데로는 러시아 혁명 전 나름의 개혁을 추진하려 했던 나로드니키 운동가나 재벌 사업가이면서 노동자의 삶을 개선하려고 노력했던 카네기 혹은 록펠러 같은 인물이기도 했다. 마데로는 디아스 정권이 독재 체제라는 사실을 인정하고 분노했지만, 그의 개혁 방향은 민중에 대한 교육과 점진적인 처우 개선에 있었지 결코 과격하고 급진적인 혁명에 있지는 않았다.

1905년 마데로는 시장 선거와 주지사 선거에 출마함으로써 얌전한 귀족 도련님에서 온건 개혁을 진두지휘하는 현실 정치인으로

의 변신에 성공하지만, 디아스 정권이 자행한 부정 선거로 고배를
마신다. 마데로는 이에 굴하지 않고 디아스의 퇴진을 요구하는 정
치활동을 이어 가다가 마침내 1910년 4월에는 디아스 정권에 반대
하는 세력이 모인 통합전당대회에서 대통령 후보로 선출된다.

정권 연장에 실패할지도 모른다는 불안을 느낀 디아스는 결국 마
데로를 반란 혐의로 체포하는 무리수를 둔다. 그리고 마데로가 수
감된 상태에서 실시된 대통령 선거에서 자신의 여섯 번째 재선에
성공한다. 그동안 폭력만큼은 안 된다고 주장했던 온건 개혁파 마
데로도 이 시점에 생각을 바꾸게 된다. 그리고 혁명의 드라마는 산
루이스 포토시 감옥에 수감돼 있던 마데로가 탈출에 성공해 미국으
로 건너감으로써 더 흥미진진해진다. 마데로는 이제 본격적인 투사
로 변신한다. 그는 1910년 10월 5일 혁명의 대의를 담은 '산 루이
스 포토시 강령'을 발표하고 11월 20일에는 조국과 자유를 위해 전
멕시코 민중이 봉기할 것을 요청한다. 이에 부응하여 멕시코 전역
에서 민중 시위가 들불처럼 번지고 무장봉기로까지 이어지자 마침
내 1911년 5월 11일, 디아스는 사임을 결정하고 유럽으로 망명길
에 오른다. 디아스 사임 한 달 후인 1911년 6월 7일, 디아스를 퇴진
시킨 마데로는 멕시코 시티에 입성해 수십만의 인파에 둘러싸인 채
디아스 독재의 종언을 선언한다. 그리고 같은 해 11월 선거를 통해
대통령에 취임한다.

마데로 개혁의 한계

독재자를 몰아내고 정권을 잡은 마데로의 개혁에는 두 가지 커다란 한계가 존재했다.

첫째는 제대로 된 과거 청산에 실패했다. 마데로는 안정적인 정권 이양을 이유로 디아스 정권기 활동했던 관료들을 유임하거나 사면함으로써 과거 독재정권의 유산을 물려받았다는 오명을 떠안았다. 무엇보다 국민 불만의 핵심인 토지개혁에 미온적이거나 더 나아가 개혁의 의지가 없음을 드러냈다. 이유는 분명하다. 마데로 자신이 대지주 출신의 기득권자라는 사실이다. 일종의 토착 지주이자 토호 세력인 카우디요(caudillo)의 눈치를 보느라 토지개혁 법안은 마데로의 책상 안에서 오랫동안 잠을 자고 있었다.

둘째는 혁명을 지지하고 지원했던 사파타의 혁명군 해체를 주장하면서 내부의 분열을 야기했다는 점이다. 결국 자신의 권력 기반을 스스로 약화시키고 정권 유지에 필수적인 군사력을 스스로 놓아버린 꼴이 되고 말았다.

과거 청산 실패와 토지개혁과 같은 개혁법안의 유보, 무엇보다 혁명군의 해체는 마데로의 이상주의적인 개혁이 낳은 한계를 보여주는 것으로, 마데로를 훌륭한 사상가이자 이론가로 볼 수는 있지만 진정한 혁명가로 평가할 수 없는 이유이기도 하다.

이젠 미완의 혁명, 반쪽짜리 혁명의 과제는 농민군의 지도자 사파타의 손으로 넘어간다.

멕시코 혁명의 영웅들

'원주민 공동체의 수호자'라고 불리는 에밀리아노 사파타(Emiliano Zapata, 1879~1919)는 멕시코 모렐로스주의 원주민 공동체 출신으로 그는 무엇보다 토지개혁을 혁명의 최우선 과제로 삼았다. 그는 어려서부터 원주민들의 핍박과 고통을 자신의 눈으로 직접 확인하고 직접 몸으로 겪으면서 성장했다. 이런 점에서 보면 책상머리 위에서 혁명을 배운 마데로에 비해 혁명의 의미를 더 잘 알고 있었다.

그가 살던 모렐로스주는 식민지 초기부터 사탕수수를 재배하기 위한 대규모 아시엔다가 운영되었고, 멕시코 혁명이 일어나던 무렵인 1910년경에는 17개의 토착 가문이 37개의 대농장을 소유하고 있었다. 1910년 10월 5일 마데로가 '산 루이스 포토시 강령'을 발표하고 혁명을 일으키자, 사파타는 강령 속에 포함된 토지개혁 가운데 "법의 남용으로 취득된 토지를 조사하여 원래 소유자에게 반환한다"라는 항목에 주목한다.

사파타는 마데로의 혁명에 가담하기로 결심하고 1911년 자신이 조직한 농민군을 이끌고 디아스의 정부군에 맞서 무력투쟁을 전개한다. 사파타의 활약을 전해 들은 마데로는 사파타를 남부군 총사령관으로 임명함으로써 사파타는 명실공히 혁명군의 지도자로서 명성을 날리기 시작한다.

사파타와 마데로의 갈등은 전술한 바와 같이 디아스의 사임 이후 새로운 정권을 세우는 과정에 마데로가 사파타의 혁명군을 배제하면서 시작됐다. 심지어 과도정부의 일부 세력은 사파타의 혁명군을 사회통합을 방해하고 질서를 어지럽히는 '산적 떼'로 비유하기도 했다. 밥상은 사파타가 다 차려 줬는데, 이제 와 얼치기 혁명가들이 밥상을 엎으려고 하는 것이다.

결국 토지 기득권을 엄호하면서 정치적인 개혁에 주안점을 둔 마데로와 혁명의 근거가 된 토지개혁을 최우선 과제로 삼은 사파타 간에는 좁혀질 수 없는 간극이 존재하게 됐다. 이제 더 이상 사파타에게 마데로는 혁명동지가 아니라 타도해야 할 적이 된 것이다. 사파타는 1911년 11월 25일 '아얄라 강령'을 발표하고 마데로 정권에 대한 투쟁과 토지개혁에 대한 비전을 밝힌다. 이로써 두 세력은 완전히 갈라서게 되었고, 사파타의 농민군과 마데로의 연방군 사이에 피비린내 나는 내전이 벌어지게 된다.

마데로의 최후와 카란사의 등장

디아스 정권의 썩은 상처를 완전히 도려내지 못한 마데로는 결국 스스로의 위기를 자초했다. 1913년 디아스의 추종 세력 가운데 한 명이었던 빅토리아노 우에르타(Victoriano Huerta)가 군사 쿠데타를 일으킨 것이다. 우에르타의 반혁명 세력은 마데로를 긴급 체포했고, 마데로는 결국 연방 교도소로 이송하는 차 안에서 권총으로 살해당하는 비극적인 운명을 맞이한다. 만약 마데로가 디아스 정권이 무너졌을 때 군부와 행정부 그리고 의회를 완전히 해체 재조직하여 자신의 기반을 다졌더라면, 그리고 혁명의 기반이 됐던 사파타의 혁명군을 강제 해체하지 않고 반혁명 세력을 견제하는 데 이용했다면 이처럼 허망하게 반혁명 세력에 의해 와해되지는 않았을 것이다.

혁명과 반혁명, 반혁명에 대한 또 다른 혁명은 마치 꼬리에 꼬리는 무는 방식으로 일어났다. 이번에 우에르타 정권에 반기를 든 인물은 코아우일라주의 주지사였던 베누스티아노 카란사(Venustiano Carranza)였다. 그는 1913년 3월 26일 '과달루페 강령'을 발표하여 불법적인 우에르타 정권을 타도할 헌정군의 최고사령관에 오른다.

이때 카란사가 한 유명한 말이 있다. "혁명에서 양보하면 그것은 자살 행위입니다."

카란사는 전임 마데로의 미온적인 혁명 과정을 지켜보며, 어설픈 양보가 초래할 무서운 결과를 알고 있었던 것 같다. 反 우에르타 투쟁에 카란사와 함께 주목할 인물은 비로 프란시스코 비야(Francisco Villa)이다. 그의 본명은 도로테오 아랑고(Jose Doroteo Arango)이지만 세간에는 별칭인 '판초 비야'로 더 유명한 인물이다.

'멕시코의 임꺽정'이라고 불리는 판초 비야는 1878년 멕시코 북부 두랑고주의 산골 마을 가난한 소작농 집안에서 태어났다. 워낙 가난해서 학교 근처에도 가지 못해 글을 쓰고 읽을 줄을 몰랐던 비야였지만 어려서부터 대지주의 횡포와 착취에 신음하는 농민의 고통을 뼈저리게 체험하고 있었다.

디아스 독재 시절, 판초 비야는 소규모 의용군을 조직해 북부 지역에서 나름의 전과를 올리며 남부의 사파타와 함께 명성을 쌓아가기 시작한다. 율 브리너와 찰스 브론슨이 주연한 영화 〈풍운아 판초 비야〉(Villa Rides, 1968)는 멕시코 혁명기 판초 비야의 활약상을 담은 영화이기도 하다.

1913년 2월 18일 우에르타의 군사 쿠데타로 마데로 대통령이 살해됐다는 소식을 접한 비야는 불과 몇 달 만에 9천여 명을 모아 일명 '북부군단'을 결성하고 우에르타의 반혁명 세력에 맞서 싸운다. 한번은 우에르타 정부군을 추격하던 판초 비야가 국경을 넘어 미국 뉴멕시코의 국경 마을을 공격하는 일이 발생한다. 미국은 이에 대한 보복으로 비야를 체포하기 위해 멕시코 북부까지 쳐들어가지만 결국 실패하고 본국으로 돌아간다. 이때 생긴 말이 바로 미국인을 뜻하는 '그링고'(Gringo)다. 당시 멕시코인들이 푸른색 제복을 입고 있던 미국 기병대에게 "푸른 제복을 입은 자들(Greens)은 집에나 가라(go home)"라고 조롱한 데서 유래한 것이다.

물론 이 이야기는 잘 알려져 있지 않다. 하지만 미국 역사상 미국 본토를 무력으로 공격한 최초의 인물은 일본의 가미카제나 오사마 빈 라덴이 아니라, 바로 멕시코의 혁명 영웅 판초 비야였던 것이다.

우리는 여기서 묘한 역사의 데자뷔를 발견한다. 사파타와 마데로의 관계를 비야와 카란사의 관계에서 다시 보게 된 것이다. 사파타와 비야가 전형적인 농민 출신의 흑수저에서 출발해 자수성가형 혁명 지도자로 성장했다면, 마데로와 카란사는 전형적인 지배계급 출신의 지식인이라는 점 말이다. 마데로와 사파타의 관계가 동지에서 적으로 변하며 파국에 이른 것처럼, 비야와 카란사의 관계도 나중에 틀어지게 되는데, 여기에는 카란사의 배신과 탐욕이 크게 작용한다.

무엇보다 대지주의 아들로 태어나 엘리트 정치인의 길을 걸어온 카란사와 가난한 농민의 아들로 태어나 산적질을 일삼던 비야는 혁명에 대한 개념부터 달랐다. 비야에게 혁명이란 가난한 사람들의 삶을 향상시키기 위한 사회 운동이었던 반면에, 카란사에 혁명이란 자신의 권력을 잡기 위한 하나의 수단에 불과했던 것이다.

비야의 급속한 부상과 인기는 카란사에게는 매우 불편한 일이었다. 향후 권력투쟁에서 비야와 치러야 할 경쟁이 카란사는 내심 부담스러웠다. 결국 비야를 견제하고 더 나아가 그의 영향력을 줄이는 방안을 모색하기 시작한다.

이제 혁명전쟁은 혁명군과 우에르타 반혁명군의 싸움이 아니라 카란사와 비야의 권력투쟁으로 변질된 것이다.

멕시코 혁명의 성과와 과제들

비야의 혁명적 열정은 순수했지만, 그의 불같은 성격과 예측할 수 없고 통제하기 어려운 기질은 때론 잔혹한 결과를 낳기도 했다. 미국은 이런 통제 불능의 지도자를 원치 않았다. 결국 1915년 10월 19일 미국이 카란사 정부를 승인함으로써 길고 긴 내전은 카란사의 승리로 막을 내린다.

내전을 승리로 이끈 카란사는 1916년 9월 지방선거를 실시하며 정권의 정상화에 나서고 1917년 5월 1일, 마침내 대통령에 취임한다. 멕시코 혁명의 최대 결실은 제헌의회를 통해 만들어진 '1917년 헌법'이다. 이 헌법에는 혁명의 단초가 된 토지개혁을 비롯해 멕시코의 현안을 말해 주는 중요한 내용들이 담겨 있다. 특히 127조에는 일일 여덟 시간 노동과 주 1일 휴식을 기본으로, 여성과 임산부의 보호, 최저 임금제 실시, 노동조합 구성권 및 노동쟁의권 부여, 무단 해고 금지 등 노동자의 권익을 보호하기 위한 다양한 내용들이 담겨 있다. 이 정도의 과감한 개혁적 내용은 1917년 볼셰비키 혁명 지도자들에게도 놀라운 것이었고, 당시로서는 세계에서 가장 진보적인 노동 관련 조항이었다.

카란사의 반개혁적인 성향은 이런 진보적인 법률 내용을 무력화하거나 퇴행시키는 결과를 가져오기도 한다. 예를 들어, 치와와주의 토지 중 3분의 1은 혁명군에게 몰수됐지만, 카란사의 명령으로 이전의 지주이자 멕시코 최고의 갑부 중 하나인 테라사스 가문에게 반환되기도 했다. 1919년 3월 17일, 사파타는 '멕시코 시민 카란사에게 보내는 편지'라는 전단을 통해 카란사가 혁명의 대의와 정신을 훼손했다며 강력하게 비판했다. 이제 권력을 쟁취하고 최후의 승자가 된 카란사에게 자신을 비판하고 견제하는 사파타는 눈엣가시 같은 존재가 되어 버렸다. 결국 카란사는 자신의 심복 곤잘레스 장군을 보내 사파타를 암살하기에 이른다.

카란사는 권력 쟁취에는 성공했지만, 결국 혁명의 과실만 탐냈던 정치꾼으로 몰락했고, 권력 쟁취에는 관심이 없었지만 결국 혁명의 결실을 멕시코 민중에게 선사한 사파타는 진정한 혁명가로 남게 됐다.

멕시코의 국민 작가라 불리는 옥타비오 파스(Octavio Paz)는 그의 저서 『고독한 미로』에서 사파타를 다음과 같이 평가했다.

"사파타는 현실과 신화가 하나로 연결되어 우수에 차고 열정적이며 희망이 넘치는 한 인간으로 인생을 살았으며, 살아 있을 때처럼 죽을 때도 대지를 품고 숨을 거뒀다. 그는 대지처럼 인내 속에서 풍요로움을, 침묵 속에서 희망을, 죽음으로부터 부활을 바라보았던 인물로 우리에게 영원히 기억될 것이다."

그렇다면 카란사는 최후의 승자로 남았을까?

멕시코 혁명은 끝까지 반전의 반전, 혁명과 반혁명의 순환적인 알레고리를 선사한다. 점점 디아스 정권을 닮아 가는 카란사의 폭주를 지켜보던 그의 심복 가운데 한 명인 알바로 오브레곤(Alvaro Obregon)에 의해 축출당한 카란사는 탈출을 시도하다 1920년 5월 21일 새벽 습격을 받아 현장에서 사망한다. 멕시코 혁명은 일단 여기까지다.

이쯤에서 독자들은 오브레곤의 운명에 대해 더 이상 궁금하지 않을 것이다. 멕시코 혁명 기간 중 무려 150~200만 명이 목숨을 잃었다. 이는 멕시코 전체 인구의 8분의 1에 해당하는 수치다.

일부 학자들은 멕시코 혁명을 두고 '보수 세력의 부르주아적 혁명'이라고 평가 절하하지만 멕시코 사회를 이끄는 주축이 기존의 소수 백인 크리오요(criollo)에서 메스티소로 확대가 된 점, 1917년 헌법을 통해 광범위한 개혁이 이뤄진 점 등은 결코 과소평가할 수 없는 성과들이다.

멕시코가 가면을 벗는 날

멕시코 남부 산간 지역 치아파스주 마을 입구에 들어서면 세 명의 혁명가 얼굴이 그려진 대형 벽화와 마주하게 된다. 세 명의 혁명

가란 체 게바라와 에밀리아노 사파타 그리고 사파타의 멕시코 혁명 정신을 계승한 마르코스 부사령관이다.

치아파스주는 멕시코에서도 가장 고립되고 가장 가난하며 소수 민족 인구도 가장 많은 곳이다. 지난 1994년 사파타의 혁명 정신 부활을 기치로 내건 사파티스타 민족해방군(Ejercito Zapatista de Liberacion Nacional; EZLN)이 이곳에서 결성된 이유이다. 이들 사파티스타(Zapatista)는 북미자유무역협정 NAFTA의 발효일인 1994년 1월 1일부터 12일간 멕시코 정부군을 상대로 무장 투쟁을 벌였다. 수십 명의 희생자를 낳고 사실상 정부군에 진압돼 밀림 속으로 다시 숨어들어 갔지만 세계 진보 진영에 커다란 영감과 울림을 남겼다. 사파티스타 혁명은 마르크스 레닌이나 카스트로 또는 산디니스타식의 혁명과는 완전히 다른 탈 공산주의 혁명이자, 다른 중남미 반군 무장단체와 아무런 연결 고리 없이 순수하게 원주민들로 구성돼 있다.

사파티스타 운동을 이끈 마르코스 부사령관은 검은 스키 마스크와 파이프를 문 독특한 스타일로 체 게바라에 버금가는 일약 세계적 '스타' 반열에 올랐다. 가면을 언제 벗을 것이냐는 기자의 질문에 그는 "멕시코가 가면을 벗는 날"이라고 답해 사파타의 후계자임을 다시 한번 확인시켜 줬다.

그런데, 마르코스가 사령관이 아닌 부사령관인 이유는 무엇일까? 진짜 숨은 사령관이라도 따로 있었던 것일까?

진짜 사령관은 바로 치아파스주 원주민이다. 마르코스 부사령관은 멕시코 민중의 민의를 따르는 종복이며 집행자일 뿐이다. 사파티스타의 제1강령은 "민중이 질서를 만들고 정부는 이에 따른다"이다. '정부가 질서를 만들고 국민은 따른다'라는 우리의 일반 상식에서 벗어나 있다는 점에서 신선함을 넘어서 충격적이다.

이것이 진짜 혁명의 정신이다. 무엇보다 사파타와 같은 헌신적인 혁명가가 있었다는 사실, 혁명은 아직 끝나지 않았다는 사실을 잊어서는 안 된다. 여전히 현재 진행형인 혁명을 누가 실패했다 말할 수 있겠는가.

영화 〈석양의 갱들〉과
멕시코 혁명

★

영화 〈석양의 갱들〉은 이른바 마카로니 웨스트의 대명사인 세르지오 레오네(Sergio Leone, 1929~1989) 감독의 1971년도 작품이다. 서부를 배경으로 악당과 이를 응징하는 총잡이의 이중구조를 기본으로 하는 이전의 작품과는 달리 〈석양의 갱들〉은 특이하게도 1910년 멕시코 혁명이라는 역사적 사건을 배경으로 하고 있다.

세르지오 레오네가 배우 클린스 이스트우드와 함께 제작한 '무법자 3부작' 시리즈, 그러니까 〈황야의 무법자〉, 〈석양의 건맨〉, 〈석양의 무법자〉의 시대적 배경이 19세기 남북전쟁 무렵인 것에 비해 〈석양의 갱들〉은 20세기 초 멕시코 혁명이라는 역사적 사건을 배경으로 했다는 점에서 확연히 이전의 영화들과는 구별된다. 그래서 특별히 이 영화는 이전의 '마카로니 웨스트'와 구별해 '사파타 웨스트'라고 부르기도 한다.

20세기 최대의 사건 중 하나이자 역사적인 민중혁명으로 기록되는 1917년 러시아 볼셰비키 혁명을 모르는 사람은 없다. 하지만 러시아 혁명이 발생하기 불과 7년 전인 1910년 중미 멕시코에서 발생한 민중혁명에 대해 잘 아는 이는 그리 많지 않다.

그러나 1910년 멕시코 혁명이야말로 진정한 민중혁명으로 역사적 재평가가 필요한 사건이다.

영화 〈석양의 갱들〉이 제작되고 발표된 해는 1971년으로, 유럽의 68혁명이 휩쓸고 간 여파가 채 가시기 전의 일이다. 세르지오 감독이 적어도 68혁명의 영향을 받은 것은 사실이며, 특히 1971년에 발표한 〈석양의 갱들〉을 통해 민중과 혁명이라는 핵심 소재들을 영화에 잘 녹여 내고 있음을 알 수 있다.

영화는 다음과 같은 마오쩌둥의 말을 인용하며 시작된다.

"혁명은 만찬도, 수필도, 그림도, 한 폭의 자수도 아니다. 그것은 조용히, 서서히, 조심스럽게 앞뒤를 가리며 젊잖게 순순히 성취될 수 있는 것이 아니다. 혁명의 본질은 폭력이다."

이런 이유로 영화 〈석양의 갱들〉은 지나치게 '정치적이다'라는 평가를 받기도 했다. 특히 영화 서두에 뜬금없이 등장하는 마오쩌둥의 혁명론은 그의 영화를 애호하는 사람들에게조차 생경하게 느껴진다. 하지만 영화를 통해 감독이 보여 주고자 하는 메시지는 추레한 거지 차림의 후안(로드 스타이거)이 지나가는 마차에 동승하는 첫 장면부터 확연히 드러난다.

이미 마차 안에 탑승하고 있던 신부와 지주, 귀부인 등 이른바 '고귀한 신분'의 사람들은 거지 행색의 후안을 마치 짐승 바라보듯

이 바라보며 모욕한다. 그리고 이들이 나누는 대화에는 당시 온건
파 개혁가였던 마두로의 토지개혁을 비난하는 내용도 들어 있다.
멕시코 혁명에 대한 이해가 있는 사람들이라면, 지주계급인 이들이
마데로를 비난하는 이유를 짐작할 수 있을 것이다.(토지개혁은 지주
들이 가장 싫어하는 변화다)

영화는 곧바로 반전으로 이어진다. 원래 노상강도였던 후안은 본
색을 드러내 마차와 귀족들의 귀중품을 뺏고 이들 모두를 홀랑 벗겨
돼지우리에 던져 넣은 것이다. 분명히 이 장면은 앞으로 닥칠 소작
농과 지주의 역전된 관계, 즉 혁명을 예고하는 상징적인 장면이다.

후안은 원래 혁명가도 아니고 혁명에 대한 이해도 없는 불한당
노상강도에 불과한 인물이었다. 하지만 션(제임스 코번)이라는 폭
약 전문가와 함께 은행을 털다가, 우연히 감옥에 투옥된 혁명 투사
들을 탈옥시키게 되면서부터 '진짜' 혁명가로 변신하게 된다. 이후
영화는 정부군에 맞서 싸우다 사망하는 두 사나이의 모험을 그리고
있다.

영화의 원래 제목인 〈Duck, You Sucker!〉는 우리말로 번역하
면, '멍청아, 고개 숙이라고!' 정도가 되는데, 후안이 정부군에 붙잡
혀 총살 위기에 처한 순간, 션이 나타나 폭발 장치를 작동하기 직전
에 한 말에서 비롯됐다.

영화는 혁명의 성공이나 실패 여부에 대해서는 말하지 않는다.

하지만 가난한 소작농들, 심지어 노상강도까지 정부에 대항해 총을 들게 된 이유를 여러 가지 우회적인 장치들을 통해 충분히 설명하고 있다.

영화 〈석양의 갱들〉은 '과잉과 결핍이 오가는' 세르지오 특유의 표현 양식이 극대화한 대표작이라 할 수 있겠다. '과잉과 결핍이 오가는'의 의미는 특별한 설명이 필요 없고 이 영화를 보면 알게 된다. 그래도 영화 내내 반복되며 머릿속을 맴도는 ('숑숑하는') 엔리오 모리코네의 영화음악은 묘한 중독성이 있다.

'혁명의 시대는 갔다'라는 자조적인 목소리가 높지만, 수없이 많은 민중이 흘린 피의 가치까지 역사와 함께 사라지는 것은 아니다. 영화 〈석양의 갱들〉을 통해 멕시코 혁명의 의미를 되새겨 보는 것도 좋은 경험이 될 것이다.

중남미는 어떻게
마약 카르텔의 온상이 됐나?

★

2025년 11월, 멕시코시티 중심부 소칼로 광장에 수천 명의 시위대가 대통령 궁을 향해 집결하며 시위를 벌였다. 이들 시위대와 경찰의 충돌로 양측 모두에서 수백 명의 부상자가 발생했다. 특히 이날 시위를 주도한 세력은 소위 Z세대라고 불리는 멕시코의 청년층이었는데, 이들 입에서는 한결같이 '치안'과 '카르텔 척결'이라는 구호가 터져 나왔다. 한마디로 불안해서 못 살겠다는 이야기다.

사실 시위의 직접적인 도화선이 된 것은 그동안 공개적으로 카르텔 척결 운동을 벌이며 대중적 지지를 받던 미초아칸(Michoacan) 주의 시장 카를로스 만조(Carlos Manzo)가 시위 며칠 전 카르텔로 추정되는 괴한에 의해 피습돼 사망했기 때문이다.

만조 시장은 카르텔의 위협 속에서도 연방정부에 반복적으로 치안 개입을 요청해 왔으며, 최근에는 "또 한 명의 암살된 시장이 되지는 않겠다"라고 강조했지만, 그의 바람은 비극적 결말로 물거품이 되고 말았다.

멕시코에서는 카르텔과의 전쟁 과정에 정치인과 검사 등 수많은 인사들이 보복 공격으로 사망했다. 멕시코의 미래를 망치고 있는 카르텔에 대한 분노가 정치에 무관심한 젊은 층까지 거리로 나서게 하고 있는 것이다.

  2025년 2월 20일, 미국은 트럼프 2기 행정부가 집권하자마자 마약 카르텔을 단순한 불법 마약 밀매집단이 아니라 국제 질서를 위협하는 테러리스트 단체로 지정했다. 마약 거래상(drug traffickers)에서 시작해 나르코스(narcos), 혹은 암살자를 뜻하는 히트맨(hitman)이나 영화 제목으로도 유명한 시카리오(sicario) 등에 이르기까지 이들을 부르는 호칭도 다양하다. 실제로 이들은 마약뿐만 아니라 인신매매와 자금 세탁, 불법 무기 거래, 청부 살인 등 다양한 범죄를 저지르고 있으며 미국으로 밀매되는 마약의 65%가 이들 시날로아 카르텔의 손을 거쳐 들어오는 것으로 알려져 있다.

  중남미에 현존하는 마약 카르텔 가운데 대중에게 가장 잘 알려진 동시에 가장 악명 높은 집단 하면 단연 멕시코의 시날로아 카르텔(Sinaloa Cartel)을 꼽을 수 있다. 시날로아(Sinaloa)는 멕시코에 있는 주(州)의 이름으로 시날로아 카르텔의 이름도 여기서 유래했다. 이들의 주요 본거지는 시날로아주의 쿨리아칸이다.

  멕시코에는 이 밖에도 바하칼리포니아주의 티후아나, 치와와주의 시우다드후아레스, 타마울리파스주의 마타모로스 등을 근거지로 활동하는 카르텔 조직이 있다. 이들은 주 안의 주로서 사실상 치외법권에 가까운 위세를 누리고 있으며 '플라자'(plaza)라고 불리는 각자의 독특한 영역이 존재한다. 속된 말로 각자의 '나와바리'가 있다는 뜻이다. 시날로아 카르텔은 '엘 차포'(El Chapo)라는 별명의 전설적인 '마약왕' 호아킨 구스만 로레아(Joaquin Guzman Loera)라는 인물이 만들었다. 1993년 엘 차포가 체포돼 멕시코 교도소에 수감된 이후 그의 부하들과 아들들이 여러 가지 분파로 나뉘어 피 터지는 세력 전쟁을 벌이고 있다.

1990년대 시날로아 카르텔은 특히 티후아나 카르텔 등과 극심한 주도권 경쟁을 벌였고 이 과정에 수많은 희생자가 발생해 멕시코 전역을 공포로 몰아넣기도 했다.

2006년 대통령에 당선된 펠리페 칼데론(Felipe Calderon)은 마약 카르텔과의 전쟁을 선포했다. 결과는 그야말로 피바다였다. 카르텔은 군과 경찰에 맹렬히 저항했으며 자기들끼리도 죽고 죽이며 싸웠다. 2007년 한 해 동안 2,500명 이상이 사망했고, 이 가운데 상당수가 카르텔과 무관한 일반인이었다.

이 와중에 엘 차포는 두 차례에 걸쳐 탈옥에 성공했고, 이 내용을 바탕으로 자신의 삶을 다룬 영화를 제작하는 대담함과 뻔뻔함을 보이기도 했다. 전성기를 구가하던 2009년에는 경제지 포브스가 엘 차포를 세계 부자 701위에 선정해 세계에서 가장 부유한 갱단 두목이 되기도 했다.

지난 2025년 5월 차포의 아들인 오비디오 구스만 로페스(Ovidio Guzman Lopez)를 비롯한 엘 차포 일가가 미국으로 입국했다. 이들의 방문 목적은 '플리바겐'(plea bargain)이라 불리는 형량 협상을 위한 것이었다. 소식통에 따르면, 구스만 로페스는 형량을 낮추는 조건으로 아버지의 동료였던 또 다른 카르텔 보스 이스마엘 잠바다 가르시아(Ismael Zambada Garcia)를 FBI에 넘기고 시날로아 카르텔 관련 정보를 미 정부에 제공한 것으로 전해진다.

왜 그렇다면 유독 멕시코와 콜롬비아가 중남미 마약 카르텔의 본거지가 되었을까?
멕시코와 마약, 그 악연의 시작은 19세기로 거슬러 올라간다. 먼저 우리 귀에도 익숙한 다음의 노래를 음미해 보자.

La cucalacha, la cucalacha, Ya no puede caminar
(바퀴벌레, 바퀴벌레, 이젠 걸을 수가 없군)

Porque no tiene, porque le falta marijuana que fumar
(피울 마리화나가 없기 때문이라네)

이 노래는 1910년 멕시코 혁명 기간 중 혁명 그룹 사이에서 광범위하게 불렸던 노래 중 하나다. '마리화나'(marijuana)라는 스페인어 가사가 분명하게 귀에 들어온다. 1840년 아편전쟁 패배 이후 가장 큰 피해를 본 복건성과 광동성 지역의 중국 노동자들이 태평양을 건너 대거 캘리포니아 등 미 서부 지역으로 몰려들었다.

'쿨리'(coolie)라고 불리는 이들 중국 출신 노동자들은 대륙 간 횡단 열차 건설 등에 대거 투입됐고 이들 중 일부가 국경을 넘어 멕시코로 흘러 들어갔다. 이때 중국인 노동자와 이들이 중국에서 가져온 양귀비의 씨앗도 함께 멕시코에 유입되면서 멕시코 전역에 본격적인 양귀비 재배가 시작됐다.

위에 소개된 멕시코 민요 〈La Cucalacha〉에 마리화나가 등장하는 것으로 보아 멕시코 혁명이 한창이던 1910년경에는 이미 멕시코에도 마리화나가 광범위하게 사용됐던 것으로 추정된다.

1960~1970년대 미국에서는 베트남 전쟁에 대한 반전운동과 68혁명의 영향을 받은 반권위적 자유주의 사상으로 히피문화가 확산이 되던 시절이었다. 그리고 이런 문화에 편승해 대학생과 지식인들 사이에 마리화나가 유행처럼 번지기 시작했다. 1970년대가 되면 멕시코는 미국의 마리화나 주요 공급처가 됐고 마약 카르텔도 본격적인 활동에 들어간다.

펜타닐 중독 등 오늘날 미국의 심각한 사회문제로 등장한 마약 문제의 원죄를 중국에만 물을 수는 없지만, 역사적으로 완전히 무관하다고 볼 수는 없다. 다만, 중국 입장에서도 억울한 측면은 있다. 1840년 아편전쟁 전 영국으로부터 들어온 아편의 최대 피해국은 중국이었기 때문이다.

당시 아편 문제 해결을 위해 흠차대신(欽差大臣)으로 파견된 임

칙서(林則徐)는 영국의 빅토리아 여왕에게 다음과 같은 항의 서한을 보내기도 했다.

"당신네 배는 청나라에 큰 이익을 보러 옵니다. 이 이익은 청나라의 백성들로부터 나옵니다. 어떻게 당신네 영국인들은 이익을 준 사람들을 해치려 독극물을 보냄으로 자신들이 받은 특별한 혜택을 피해로 갚을 수 있습니까?"

1971년 6월 17일, 미국의 닉슨 대통령은 미국을 잠식한 거대 마약 카르텔에 대응하기 위해 마약과의 전쟁을 선포한다. 이 전쟁을 주도한 DEA, 즉 마약단속국(Drug Enforcement Administration)도 이때 처음 창설됐다. 본격적인 군사작전도 진행됐다. 작전명 '콘도르'(Condor)로 명명된 이 작전을 위해 DEA는 멕시코에 블랙호크 헬기 등 미국의 최첨단 군사 장비를 지원했다. 아울러 광범위하게 조성된 마리화나 재배지에 항공기를 통해 제초제를 살포하면서 원점 타격을 시도하기도 했다.

미국이 멕시코의 카르텔과 일전을 치르는 사이, 그 빈틈을 이용해 세를 확장한 것이 바로 콜롬비아의 메데인 카르텔이다. 메데인 카르텔은 주로 항공기를 이용해 미국의 플로리다 등지에 이른바 '던지기 수법'을 이용해 미국 본토로 마약을 들여와 톡톡히 재미를 보았다.

마약 카르텔이 광범위한 세력을 형성하는 방식은 이른바 'Plata o Plomo'라는 방식을 통해서다. 'plata'는 '은(銀)'이고 'plomo'는 '납(鈉)'을 뜻하는 스페인어인데, 여기서 은은 '뇌물'을 상징하고, 납은 '총알', 즉 '살인과 협박'을 상징한다.

뇌물을 받은 사람은 자동으로 카르텔에 얽히게 된다. 만약에 배신을 하더라도 대부분 쥐도 새도 모르게 살해되기 때문에 사실상 은과 납은 두 가지 다른 방식이 아니라 한 가지 방식의 다른 이름이라고 할 수 있다. 실제로 마약왕 에스코바르는 이 방식을 통해 정부의 고위 관료를 뇌물로 매수하고, 말을 듣지 않는 경우 잔인하게 살해했다.

이때 고용한 청부살인업자가 바로 시카리오다.

2025년 9월 2일과 9월 15일, 이틀간에 걸쳐 미군은 카리브해에서 마약을 운송하는 것으로 의심되는 보트를 폭격해 침몰시켰다. 이 과정에 다수의 사상자가 발생했고 국제법 위반 논란도 일었지만, 트럼프 행정부는 마약과의 전쟁을 테러와의 전쟁으로 규정하고 이를 위한 정당한 군사작전이었다고 주장하고 있다. 폭격 다음 날, 베네수엘라의 마두로 대통령은 미국의 공격은 무고한 민간인을 살상한 가증스러운 범죄라며 맹비난을 퍼부었다.

중남미에서 마약과의 전쟁이 어려움을 겪는 것은 일종의 풍선효과가 반복되고 있기 때문이다. 여기를 막으면 저기가 터지고 저기를 막으면 여기가 터지는 꼴이다. 최근 콜롬비아와 멕시코 등 전통적인 마약 루트가 막히면서 에콰도르가 새로운 마약 경유지로 등장하고 있는 것은 대표적 예다.

끊임없이 새롭게 진화하는 마약류의 등장도 직면해야 하는 도전이다. 미 마약단속국의 2023년 보고서에 따르면, 미국 내 코카인 관련 사망사건은 6,000여 건이지만, 신종 합성 마약인 펜타닐과 관련된 사망사건은 무려 73,000건에 이른다.

바이든 행정부에 이어 트럼프 행정부가 펜타닐 문제에 예민할 수밖에 없는 이유이다.

영화 〈시카리오: 암살자의 도시〉

드뇌 빌뇌브 감독의 2015년 작품 〈시카리오: 암살자의 도시〉는 중남미 지역 마약 카르텔의 실상을 매우 리얼하게 보여 주는 한 편의 다큐멘터리 같은 영화다.

법과 상식의 영역 안에서 일을 해결하려는 원칙주의자 FBI 요원(에밀리 블런트)과 목적 달성을 위해서라면 불법적 행위도 마다하지 않는 CIA 출신의 작전 총책임자 맷(조슈 브롤린), 그리고 개인적 복수심에 불타 냉혈한 암살자(시카리오)가 되어 버린 남자(베니치오 델 토로). 이렇게 각기 다른 캐릭터와 목적을 가진 세 사람이 이끌어

가는 이 영화에는 중남미 마약 카르텔 사이에 벌어지는 세력 간 다툼, 불법적인 거래와 마약 카르텔에 매수된 부정한 경찰 등 그 민낯이 그대로 드러난다.

애초에 이들이 벌이는 작전의 목표는 카르텔을 소탕하는 것이 아니었다. 끊임없이 문제를 일으키는 소노라 카르텔의 보스를 제거하고, 미국 정부와 CIA에 많은 정보를 제공하며 협조했던 메데인 카르텔에 그 주도권을 넘겨주는 것이 작전의 목적이었던 것이다.

이 영화에는 어떤 것이 정의인지 말하지 않는다. 엄밀히 말해 이 영화에 정의는 존재하지 않는다. 마약 카르텔은 소탕의 대상인 동시에 협상과 거래의 파트너이기도 하다.

사실상의 주인공이라 할 수 있는 알레한드로는 우리가 기존에 알고 있는 영웅의 이미지와도 거리가 멀다. 차가우면서 냉혈한 같은, 그러면서 동시에 지독히도 우울해 보이는 알레한드로의 눈동자는 여러 가지를 이야기한다. 그는 악당을 '쓸어 버리는' 무적의 영웅이 아니라 개인적 복수심에 불타는 냉혹한 암살자일 뿐이다.

그는 오로지 자신의 아내와 딸을 잔인하게 죽인 카르텔 보스를 제거하기 위해 존재한다. 그래서 그의 총부리는 카르텔의 악당뿐만 아니라 내부 동료에게도 똑같이 겨눠진다. 기존의 카르텔 영화에서는 볼 수 없는 느와르 같은 분위기와 무엇보다 베니치오 델 토로의 강렬한 연기가 이 영화의 압권이다.

12

볼리비아

Estado Plurinacional de Bolivia

20년 만의 정권 교체

지난 2025년 10월 19일 치러진 볼리비아 대통령 선거에서 미국과 EU와의 협력 복원을 통해 경제를 살리겠다고 공언한 중도 우파 성향의 로드리고 파스(Rodrigo Paz) 상원의원이 당선됐다. 이로써 지난 20년간 이어 오던 좌파 진영의 집권은 사실상 종결을 고하게 됐다.

지난 2005년 볼리비아 최초의 원주민 대통령에 당선된 에보 모랄레스는 2019년까지 14년을 집권했고, 2019년 4번째 집권에 도전했지만, 부정선거 의혹으로 중도 하차했다. 그 뒤를 이어받은 루이스 아르세(Luis Arce) 대통령은 계속되는 실정으로 국민들로부터 신임을 얻지 못했다. 무엇보다 자신의 전임자이자 정치적 동료였던 모랄레스와의 갈등이 불거지면서 일찌감치 대선 그룹에서 멀어졌다.

이번 대선에서 승리한 로드리고 파스는 사실 볼리비아 정치판에서 낯이 익은 인물은 아니었다. 하지만 그가 선거 기간 중 내건 정권 심판론은 볼리비아 대중에게 크게 어필했던 것으로 보인다. 파스의 러닝메이트로 부통령에 출마한 에드먼 라라(Edman Lara)에 대한 대중적 인기도 이번 승리에 한몫했다. 전직 경찰관 출신인 에드먼 라라 후보가 내건 캐치프레이즈는 부정부패 척결, 특히 경찰 내부의 부정부패 해소였는데, 이 어젠다 또한 볼리비아 국민들로부터 커다란 호응을 받은 것으로 평가된다.

이번 선거에서 드러난 정치적 심판은 전직 대통령인 모랄레스와 아르세 개인에 대한 심판인 동시에 지난 20년간 별다른 성과를 거두지 못한 좌파 정부에 대한 심판으로도 해석된다.

3시간짜리 '셀프 쿠데타' 의혹

지난 2024년 6월 26일 오후 3시(현지 시각) 탱크와 장갑차로 무장한 볼리비아 군이 수도 라파스에 있는 대통령 궁을 포위하고 루이스 아르세 대통령의 하야를 요구하다 3시간 만인 오후 6시에 물러났다. 당시 외신은 중남미 역사상 가장 짧은 쿠데타라고 논평을 한 바 있다.

군의 쿠데타 소식이 전해지자 시민들은 무리요 광장으로 몰려 나와 군의 철수를 요구했고, 아르헨티나를 비롯한 이웃 나라들도 곧바로 성명을 내고 쿠데타의 불법성을 강조했다. 결국 군은 쿠데타 발생 3시간 만에 철수했다. 후폭풍도 만만치 않았다.

체포 직전 기자들에 둘러싸인 수니오 장군이 내뱉은 말 때문이다. 그는 이번 쿠데타가 아르세 전 대통령의 요구에 의해서라고 말했는데, 이것이 사실이라면 당시 쿠데타는 일종의 '셀프 쿠데타'이자 자작극이 되는 것이다.

야당을 비롯한 모랄레스 전 대통령 측에서는 셀프 쿠데타와 관련한 다양한 증거들을 내놓고 있다. 예를 들어, 쿠데타 당시 군이 통신을 다 살려 놓은 것을 비롯해서 군 수뇌부가 쿠데타 3주 전 대통령궁에 모여 아르세 대통령과 사전 모의를 했다는 의혹, 군의 철수가 너무 신속하고 엉성했다는 점 등을 증거로 제시했다. 무엇보다 당시 쿠데타를 주도한 수니오 장군이 모랄레스 전 대통령의 선거 출마에 반대하다 해임된 당사자라는 점이다.(그는 아르세 대통령에 의해 군에 복귀했다)

의혹이 확산되자 쿠데타 다음 날인 6월 27일, 아르세 대통령은 대국민 담화를 통해 "나는 국민의 피로 인기를 얻으려는 정치인이 아니다"라며 "어떻게 자기 자신에 대한 쿠데타를 명령하거나 계획할 수 있겠냐"라고 반문했다. 그는 이어 이번 쿠데타를 주도한 것으로 지목된 호세 수니오 장군이 "자발적으로 행동한 것"이라며 모든

것이 "정상으로 돌아왔다"라고 강조했다.[15]

그리고 며칠 뒤 쿠데타의 주동자로 체포된 수니오 장군이 포승줄에 묶인 채 법정 앞에 선 모습이 볼리비아 전역에 생중계됐다.

이 극적이면서도 코미디 같은 3시간짜리 쿠데타의 배경에는 에보 모랄레스와 아르세 두 전직 대통령의 갈등이 놓여 있다.

에보 모랄레스, 최초의 원주민 출신 대통령

사실 모랄레스를 통상적인 독재자로 분류하는 데 동의하지 않는 사람들이 많다. 실제로 그는 최초의 원주민 출신 대통령이라는 화려한 타이틀만큼이나 볼리비아 정치 개혁에 일정 부분 기여한 것도 사실이기 때문이다. 하지만 모랄레스의 과도한 장기 집권 욕심이 사회적 혼란과 갈등을 빚었고 결국 이것이 그가 저지른 최대의 패착이라는 점, 그리고 부정 선거 의혹으로 그를 선택했던 국민으로부터 버림을 받아 결국 쫓겨난 지도자라는 사실에는 변함이 없다. 그가 앞으로 정치에 복귀해 새롭게 권력을 쟁취한다고 해도 이 사실은 그의 발목을 잡을 가능성이 높다.

에보 모랄레스(Evo Morales)는 1959년 10월 26일 볼리비아 아이마라족의 가난한 농민의 아들로 태어났다. 형편이 어려워 어린 시절부터 학업과 일을 병행했고, 군 제대 후에는 코카 농장에서 날품 노동자로 일했다. 루마니아의 차우셰스쿠가 공장 수선공으로 일하다 만난 인연으로 정치에 뛰어든 것처럼, 모랄레스의 정치인으로서의 꿈은 이곳 코카 농장에서 피어난다. 1980년대 후반부터 1990년대 초반에 걸쳐 모랄레스는 코차밤바 지역의 코카 재배 농민조합 회장이 되어서 코카 재배 농민의 권익을 위해 싸우며 투쟁 경력을 쌓아 간다. 우리로 치면, 지역 농민회장이 돼서 농민의 권익과 쌀값 안정을 위해 투쟁한 전형적인 농민 운동가의 모습이다.

날품팔이 코카 재배 노동자에서 농민 운동가로 변신하고, 다시 중앙 정치계로 뛰어들어 한 나라의 대통령까지 된 모랄레스의 이야기는 한 편의 성공 드라마에 가깝다. 이 밖에도 모랄레스는 여러 가지로 상징적인 인물이다. 볼리비아 첫 원주민 대통령이란 점에서도 그렇고 빈번한 군사 쿠데타와 정치 불안으로 수시로 지도자가 교체되는 중남미 상황에서 무려 14년을 대통령에 있었다는 점도 그렇다.

앞서 서두에서 말한 것처럼, 모랄레스를 여타 중남미 국가들의 독재자들과 동일 선상에 놓기 어려운 이유는 그의 장기 집권이 무력이나 쿠데타에 의해 유지된 것이 아니라 적어도 확실한 경제성장과 이를 바탕으로 착실히 다져 온 대중적 지지에 바탕을 두고 있다는 점이다. 실제로 2010년대 중후반, 다른 중남미 국가들이 경제 침체에 허덕이거나 아예 모라토리엄 상태에 빠져 있을 때 볼리비아는 연 4%의 안정적인 경제성장률을 기록했다. 모랄레스가 대통령에 당선된 2006년부터 부정선거 의혹으로 쫓겨난 2019년까지 볼리비아의 1인당 GDP는 1,200달러에서 3,472달러로 3배가량 성장했다. 볼리비아의 경제 규모가 상대적으로 작고 중남미에서도 워낙 최빈국에 속해 있었다는 점을 고려한다면 이런 성과는 모랄레스의 경제운용이 탁월했다는 사실을 증명한다.

하지만 원주민 권익을 대변하는 서민 대통령을 자임했던 모랄레스는 4선 연임에 도전한 2019년 대선에서 부정 선거 의혹으로 결국 사임하고 만다. 물론 모랄레스는 지금까지도 부정 선거 의혹 자체를 부인하고 있다. 하지만 미주기구 OAS는 볼리비아 대선에 부정 선거가 있었다는 감사 결과를 발표했고 볼리비아 군 최고 지휘관(이번 깜짝 쿠데타의 주인공 호세 수니오)까지 나서 압박하자 모랄레스는 결국 멕시코 망명을 선택한다.

망명을 수용한 멕시코 정부는 모랄레스를 태우기 위해 자국 특별수송기를 볼리비아로 보냈지만 몇몇 나라들이 모랄레스 전 대통령이 탑승한 항공기가 자국 영공을 통과하는 것에 반대하는 바람에 모랄레스를 멕시코로 데려오는 데 어려움을 겪기도 했다는 후일담도 있다.

모랄레스의 하야를 바라보는 두 가지 시선

모랄레스의 하야와 관련해서 우리는 이 사태를 매우 객관적인 시각으로 볼 필요가 있다. 모랄레스의 부패 행위와 장기 집권 야욕이 불러온 당연한 귀결인지, 아니면 모랄레스의 집권을 불편해하는 세력의 음모이고 일종의 반혁명 쿠데타인지 말이다. 실제로 모랄레스를 불편한 시선으로 바라보던 미국은 쿠데타라는 표현을 지금까지도 인정하지 않는다.

우선 민족주의 좌파 성향의 모랄레스를 제거하기 위한 쿠데타로 보는 측의 논리는 두 가지로 요약된다.

첫째는 민주적으로 선출된 지도자의 퇴진을 요구하는 데 군부가 합세했고, 둘째는 지난 수십 년 동안 미국이 중남미 지역에서 마음에 들지 않는 지도자를 제거하기 위해 사용한 전술과 매우 비슷하다는 것이다. 쿠바, 베네수엘라, 니카라과 등 중남미 지역의 좌익 정권 지도자들은 모랄레스 전 대통령을 지지하면서 그의 망명을 쿠데타 때문이라고 판단한다. 부정선거 의혹으로 역시 비슷한 처지에 있는 콜롬비아의 마두로 대통령도 "인종주의의 희생양이 된 볼리비아의 국민들을 수호하기 위해 동맹들이 뭉쳐야 한다"라며 "단언컨대 우리의 형제(모랄레스를 지칭한다)를 지지한다"라고 말했다.

하지만 모랄레스의 하야를 쿠데타로 규정하는 것에 반대하는 진영의 논리는 첫째, 모랄레스가 4선을 금지하는 헌법과 선거법을 무시했으며, 둘째, 개표 결과 모랄레스가 근소한 차이로 승리하기는 했지만 부정 선거의 의혹이 강하다는 점을 그 이유로 들었다. 미국 국무부의 한 고위 관리는 "볼리비아 국민은 정부가 유권자의 뜻을

볼리비아

무시하는 데 신물이 났으며, 정부의 그런 허위 주장을 밀어붙이기 위한 선동과 소요, 폭력이 지속되면서 볼리비아의 민주주의는 무너졌다"라고 반박했다.

사실 모랄레스와 아르세 두 사람은 피를 나눈 혁명동지이자 정치적인 동반자였다. 하지만 형 동생 하며 막역했던 두 사람은 원수보다 못한 관계가 됐다. 은밀한 사생활을 폭로하거나 법적인 공방까지 이어지는 등 두 사람의 갈등은 막장으로 치달았고 결국 20여 년간 이어 온 좌파 정권의 자리를 우파 정권에 내줘야 했다.

지난해 12월 볼리비아 검찰은 모랄레스를 미성년자 인신매매 혐의로 체포 영장을 발부했다. 검찰의 공소장에는 모랄레스가 재임 기간 권력을 남용해 15살 소녀와 성관계를 갖고 아이를 낳게 했다는 혐의가 적시돼 있다. 모랄레스는 자신에 대한 혐의가 아르세 대통령이 꾸민 음모의 일환이며 자신을 미국에 팔아넘기려는 치졸한 수법이라고 강력하게 반발하고 있다.

이렇게 두 전직 대통령이 권력 싸움으로 날밤을 새우느라 한때 중남미 '핑크 타이드'(pink tide)의 선봉에 서 있던 볼리비아에 이젠 혁명이란 단어는 사치가 되어 버렸다.

참고로 볼리비아(Bolivia)의 어원은 중남미 혁명과 해방의 아버지 시몬 볼리바르(Simon Bolivar)에서 유래했다.

볼리비아가
내륙국이 된 사연

★

2010년 8월 5일. 칠레 산호세 광산 붕괴로 현장에서 채굴 중이던 광부 33명이 지하 700m에 매몰된다. 섭씨 32도, 습도 95%의 지하갱도에서 무려 69일을 버티고 살아남은 광부들의 이야기를 바탕으로 만든 영화가 바로 〈33〉이다.

이들 광부들의 이야기가 세계적으로 알려지자 칠레 정부는 국가 비상사태까지 선포하고 이들의 구조 작업에 총력을 기울인다. 생존 광부들의 실질적인 리더 역할을 했던 마리오 세풀베다 역은 안토니오 반데라스가, 지하에 매몰된 광부 동생을 애타게 기다리는 누나 마리아 세고비야 역할은 줄리엣 비노쉬가 맡았다.

매몰된 33인 광부 가운데 유일하게 볼리비아 출신 광부 한 명이 있다. 그리고 칠레 광부들은 대놓고 볼리비아 출신 광부를 무시하고 조롱한다. 볼리비아는 지금도 중남미 최빈국 가운데 하나이기도 하지만, 칠레와 볼리비아의 역사적인 악연도 한몫한 것으로 보인다.

중남미 지도를 보면 볼리비아는 바다를 접하지 않는 완전한 내륙국이다. 물론 처음부터 그랬던 건 아니다. 바로 1879년부터 1883년까지 4년간 치러진 '태평양 전쟁'의 결과 때문이다. 2차 세계대전 당시 미국과 일본 사이에 벌어진 그 '태평양 전쟁'과는 이름은 같지만, 완전히 다른 전쟁이다.

중남미판 태평양 전쟁은 세계에서 가장 척박한 땅이라 불리는 칠레 북부의 아타카마 사막에 대한 소유권 분쟁에서 시작됐다. 해안을 따라 약 1,000km에 이르는 불모의 아타카마 사막은 그동안 칠레와 볼리비아 그리고 페루 3국의 공동 관리 아래 있었지만, 그 척박함으로 인해 별다른 관심을 받지 못한 그야말로 '버려진 땅'이었다.

하지만 1860년대 이곳에서 비료와 폭탄 제조 원료로 사용되는 초석이 대량으로 발견되면서 이야기는 완전히 달라진다. 아타카마 사막은 이제 더 이상 버려진 불모지가 아니라 엄청난 부를 안겨 줄 기회의 땅이자 중요한 국제적 전략 지역이 된 것이다.

상황이 이렇게 급변하자 볼리비아는 자국이 관리하던 지역에서 칠레가 가지고 있던 사막 개발권을 일방적으로 회수해 버리는 동시에 칠레의 팽창을 견제하기 위해 페루와 비밀 군사동맹을 맺게 된다. 이것이 결국 분쟁의 원인이 되어 1879년 칠레와 볼리비아-페루 연합국 간의 전쟁이 시작됐다.

볼리비아와 페루 연합군은 수적인 면에서 훨씬 유리했지만, 결과는 칠레군의 완승으로 끝이 났다. 전후 평화 협상을 통해 칠레는 해안 지방의 볼리비아 사막과 페루의 영토 일부를 자국의 영토에 편입시켰다. 태평양 전쟁의 승리로 칠레는 이 지역에서 정치 군사적 강국이 됐다. 초석 개발과 수출로 칠레가 벌어들인 수익은 그야말로 천문학적인 수준으로, 이는 미국이 멕시코의 텍사스를 획득하면서 얻게 된 막대한 석유개발 수익에 비견할 만한 것이었다. 반면, 패전국이 된 볼리비아는 아타카마 지역 상실로 경제적 타격은 물론 태평양으로의 진출을 위한 해안을 빼앗겨 완전한 내륙국으로 주저앉게 됐다.

상징적이긴 하지만, 내륙국 볼리비아에도 해군은 존재한다. 바다 없는 볼리비아에 해군이 존재한다는 사실이 아이러니하지만, 볼리비아 해군이 정박하는 곳은 진짜 바다가 아니라 해발 3,800m의 높이에 위치한 티티카카 호수이다. 볼리비아 해군은 이곳에서 연례적인 기동훈련도 벌인다. 언제가 될지 기약할 수는 없지만 그들은 바다를 향한 꿈을 버리지 못하고 있다.

1970년대 후반 볼리비아, 페루, 칠레 3국은 회담을 열고 볼리비아가 태평양으로 자유롭게 통행할 수 있도록 볼리비아에서 태평양의 아리까 항까지 도로를 내는 문제를 협의했지만 결국 불발에 그쳤다. 이런 역사적 배경 때문에, 인접국인 칠레와 볼리비아는 아직까지도 불편한 관계를 유지하고 있다.

볼리비아는 여전히 잃어버린 사막과 해안 지역을 자기 땅이라고 주장하며 국제사회에 호소하고 있다. 하지만 중남미 최빈국 볼리비아의 주장에 귀를 기울이는 나라는 거의 없는 것 같다.

암튼, 영화 내내 불편할 정도로 볼리비아 출신 광부를 향한 칠레 광부들의 조롱은 집요하다. 식량이 바닥나면서 볼리비아 광부는 칠레 광부들이 자신을 잡아먹을 것이라는 불안감에 휩싸이기도 한다.

영화는 해피엔딩으로 아름답게 마무리되고 모두가 영웅으로 하나가 되지만, 두 나라 사이의 역사를 조금이라도 알고 있는 사람이라면 약소국 볼리비아 출신의 광부가 갱도 안에서 느꼈을 공포와 소외감은 조금 더 특별하게 다가왔을 것이다.

역사는 아는 만큼 보이는 법이다.

13

칠레

República de Chile

'3W'와 '3F'의 나라

세계에서 가장 긴 나라는? 난센스 퀴즈의 함정이 있다고 생각하겠지만, 의심의 여지 없는 정답은 중남미 대륙의 국가 칠레다.

실제로 칠레의 동서 길이는 평균 177km로 서울에서 대전 정도의 길이지만, 남북의 길이는 그 24배에 달하는 무려 4,300km에 달한다. 실감이 나지 않겠지만, 이 길이는 서울에서 말레이시아에 이르는 길이와 맘먹고 미대륙의 동서를 가로지르는 길이와도 비슷한 수준이다. 이렇게 남북으로 길게 이어지다 보니 북부의 아타카마 사막지대부터 시작해 남극과 가까운 푼타아레나스에 이르기까지 그야말로 천차만별의 기후대를 형성하고 있다.

안데스산맥을 기준으로 서쪽은 칠레, 동쪽은 아르헨티나로 분리된다. 안데스산맥이 자연스럽게 거대한 분리 장벽 역할을 하게 된 것이다. 하지만 자연적 요소 말고도 칠레가 오늘날처럼 더 길쭉하게 늘어난 또 다른 역사적 배경이 있다.

사실 1818년 칠레가 스페인으로부터 독립했을 당시에는 지금처럼 기이하리만치 남북으로 길게 늘어진 나라가 아니었다.

먼저 남쪽으로 더 길게 늘어난 배경부터 살펴보자. 원래 칠레 남부 파타고니아 지역에는 오래전부터 마푸체족이라고 불리는 원주민들이 살고 있었다. 이들은 강인한 전투력을 바탕으로 스페인 식민제국조차 넘보지 못할 생존력을 지니고 있었다. 하지만 1862년 칠레는 오랜 전쟁으로 국력이 바닥난 마푸체족을 상대로 정복 전쟁을 벌이게 되고 결국 1881년 파타고니아 지역을 점령한 후 안데스산맥을 기준으로 아르헨티나와 이 지역을 나눠 갖게 됨으로써 국경선을 남쪽으로 확장할 수 있었다.

칠레가 북쪽으로 영토를 더 확장한 계기가 된 것은, 볼리비아와 페루 연합군을 상대로 한 이른바 '태평양 전쟁'(1879~1883)이라고 불리는 전쟁을 통해서다. 물론 여기서 말하는 태평양 전쟁은 2차 세계대전 당시 또 다른 태평양 전쟁과는 아무런 관계가 없다.

칠레는 이로써 북부의 광대한 광물 지역을 확보했고, 동으로는 안데스산맥, 서로는 태평양, 남으로는 파타고니아 등의 남극 지대, 북으로는 아타카마 사막으로 둘러싸여 그야말로 천혜의 자연 요

새로 자리 잡게 된다. 칠레는 좋은 날씨(Weather), 아름다운 여성 (Woman), 질 좋은 포도주(Wine)가 유명해 이른바 '3W의 나라'로 불리기도 하고, 풍부한 어족자원(Fish)과 꽃(Flower), 풍성한 과일 (Fruit)의 생산이 많아 '3F의 나라'로도 불릴 만큼 이래저래 자연적 혜택을 받은 나라다. 하지만, 민주주의 과정은 그 어떤 나라보다 험 난했다.

쿠데타가 일어난 날은 날씨가 화창했다. 이제 막 기지개를 펴려는 초 봄치고는 보기 드물게 좋은 날씨였다.

이사벨 아옌데의 『영혼의 집』에는 '그날'의 이야기를 이렇게 시 작하고 있다. 한반도의 정반대 편에 있는 칠레의 9월은 새싹이 파 릇하게 돋는 초봄이다. 그리고 1973년 9월 11일 그날, 칠레의 수도 산티아고에서 피노체트는 '조국 해방의 날'이라는 이름으로 군사 쿠데타를 일으켜 아옌데 사회주의 정부를 무너뜨렸다.

미국인들에게 9월 11일이 커다란 트라우마를 안겨 주는 날이라 면 칠레 사람들에게 9월 11일은 누군가에겐 잊고 싶은 기억이자 누군가에게 되살리고 싶은 영광의 날이다. 칠레 민주화 이후 이날 이면 거리에는 두 종류의 행진이 벌어진다. 한쪽에서는 군사독재 기간 중 희생된 사람들을 추모하며 가려진 역사적 진실을 요구하는 사람들과 또 한쪽에서는 '공산당의 학정'에서 '나라를 구한' 피노체트 장군을 기리며 그의 명예 회복을 요구하는 행진을 벌이는 사람들 말이다.

칠레에서 독재자 피노체트에 대한 역사적 평가 작업은 아직도 현재 진행형이다. 한쪽에서는 군사정권 시절 인권 유린과 학살을 자행한 원흉으로 보고 있고 또 다른 한편에서는 공산주의로부터 나라를 구하고 경제를 재건한 위대한 지도자로 보고 있다. 그렇다면 1973년 9월 11일, 칠레의 수도 산티아고에서는 어떤 일이 벌어진 것일까?

아옌데의 실험

1970년대 칠레의 정치 상황과 군사 쿠데타의 배경을 살펴보려면 시계를 돌려 1964년으로 돌아가야 한다.

1964년 11월에 치러진 칠레 대선에서는 우익진영과 중도파의 지지를 받은 기민당의 에두아르도 프레이 몬탈바가 대통령에 당선됐다. 당시 미국의 기업들이 프레이를 당선시키기 위해 상당한 액수의 자금을 지원한 사실이 드러나 정치적 쟁점이 되기도 했다. 1959년 쿠바 혁명을 눈앞에서 목격한 미국의 입장에서는 중남미의 강력한 동맹국 칠레에 또다시 사회주의 정권이 등장하는 것을 그냥 지켜보고만 있을 수 없었을 것이다. 당시 좌파 진영의 살바도르 아옌데 후보는 대농장의 수용 및 분배, 동광의 국유화, 모든 공기업의 수용 등 급진적인 사회개혁 정책을 주장한 반면, 온건 보수 기민당의 프레이 후보는 보수주의자들의 현상 유지 요구를 받아들인 이른바 '자유 속의 혁명'(revolution in liberty)이라는 개량적인 변화를 주장했다. 당시 칠레의 대농장주들은 농지소유주의 4%에 불과했지만, 전체 농지의 75%를 차지할 만큼 극심한 불평등 상태로 농민들의 불만은 극에 달했다.

결과적으로 프레이의 소극적인 개혁정치는 좌파와 우파 그 어느 쪽도 만족시키지는 못했다. 드디어 1970년에 치러진 대선에서는 기민당 후보가 27.8%, 미국이 지원하는 우파진영의 호르헤 알레한드리 후보가 34.9%, 그리고 공산당과 연합한 인민연합의 살바도르 아옌데 후보가 36.3%를 획득하며, 결국 결선 투표에서 살바도르 아옌데가 대통령에 당선된다. 이는 중남미는 물론 전 세계에서 최초로 쿠데타나 혁명이 아닌, 민주적 선거를 통해 집권한 사회주의 정부라는 새로운 역사의 첫 장이 되기도 한다.

아옌데는 집권 후 6백만 헥타르의 농지를 수용하고 국내와 외국계 은행 대부분을 국유화하는 급진적 개혁정치를 시행한다. 노동자와 소작 농민들에게는 반가운 소식이지만 자본가와 지주들에겐 참을 수 없는 재앙이었다.

미국 정부도 긴장했다. 헨리 키신저 당시 백악관 국가 안전 보좌관은 아옌데가 미국에 위협이 될 수 있는 위험한 인물이라고 경고

했다. 닉슨 대통령과 리처드 헬름스 CIA 국장은 칠레 사회주의 정부의 전복을 미국의 중요한 대외전략 목표로 상정했다.

불안전한 칠레의 대외 환경만큼이나 아옌데의 국내 개혁정치 상황도 순탄한 것만은 아니었다. 국유화와 외국 회사들의 수용과정에서 보상 문제로 마찰을 빚기도 했고, 미국의 본격적인 경제 봉쇄정책이 시작되면서 칠레 경제는 침체 위기를 겪게 된다. 사회주의 정부의 등장에 당황한 우파의 조직적인 저항도 시작됐다. 그리고 그 결과는 시장에서 곧바로 나타나기 시작했다.

가게가 텅텅 비었기 때문에 물건을 제대로 살 수가 없었다. 집단적인 악몽으로 닥쳐올 물자 부족이 시작된 것이다. 여자들은 말라비틀어진 닭고기와 기저귀 반 다스, 화장지 한 두루마리를 구하기 위해 꼭두새벽부터 일어나 끝도 없는 줄을 서서 기다려야 했다. 커피는 생일날 선물하는 사치품이 되어 버렸다. 물자가 부족해질 거라는 유언비어가 나돌면서 나라 전체가 술렁거리자 사람들은 혹시나 하는 마음에, 덮어 놓고 무조건 사재기를 했다.[16]

아옌데 정권은 노동자들의 적극적인 지지를 기반으로 탄생했지만, 집권 1년 차인 1971년부터 자본가와 지주들의 저항이 본격화되고, 국민당과 기민당 등 보수 성향의 야당 정치공세가 본격화되면서 정치적 위기도 맞게 된다.

아옌데의 개혁정치에 힘을 실어 주기 위해 여당을 지지한다는 사람
도 있었지만, 아옌데의 정치실험에 신물이 난다면 그를 탄핵하기 위
해서는 보수 야당에 표를 몰아줘야 한다는 목소리도 만만치 않았다.

"현 정부는 제국주의자와 지주, 은행가 그리고 봉건 과두체제와
싸우고 있습니다."

아옌데는 사회주의 정부를 성공시키기 위해서는 기득권의 저항
을 뿌리 뽑아야 한다고 주장하며 과감한 개혁법안들을 줄줄이 내
놓지만, 야당인 기민당과 국민당은 인민연합 정부의 개혁법안들을
차례로 무력화시켰다. 야당의 반대로 경제사범 처벌법이 부결되고,
양성평등을 기반으로 한 가족부 창설 법안도 부결됐으며, 노동자
임금인상과 재교육 관련 법안은 지지부진 미뤄졌다.

1973년 4월. 인민연합 정부가 舊 교육체계의 민주화를 위한 교
육 개혁 법안을 내놓자, 위협을 느낀 보수 야당은 학생 시위대를 동
원해 대규모 반대 시위에 나선다. 위기에 몰린 인민연합 정부를 지
지하기 위해 이번에는 노동자들이 거리로 나서면서 산티아고 도심
은 최루탄 가스와 혼란으로 가득한, 글자 그대로의 아비규환이었다.

'산티아고에 비가 내린다'

1970년 들어서 사회 혼란이 걷잡을 수 없는 상황에 이르자 군부

는 서서히 자신의 때가 왔음을 직감했다. 1973년 6월 29일 오전 9시. 6대의 탱크와 여러 대의 수송 차량에 나눠 탄 칠레 제2연대 병력이 모네다궁을 공격한다. 의회와 야당은 침묵했고, 혼란을 수습하기 위해 참모총장으로 임명된 아우구스토 피노체트는 자신을 임명한 아옌데 대통령과 국민을 배신하고 마침내 그해 9월 11일 본격적인 군사 쿠데타를 감행하기에 이른다.

1973년 9월 11일 오전 9시. 아옌데 대통령은 모네다궁이 폭격당하는 급박한 상황에서 라디오를 통한 마지막 대국민 연설을 한다. 그의 목소리는 분노로 가득했지만 동시에 흔들림 없이 비장하고 결연했다.

"저들은 힘이 있고 우리를 굴복시킬 수 있지만 어떤 범죄와 무력으로도 사회의 진보를 막을 수는 없습니다.
역사는 우리의 것이고 그 역사는 우리들이 만들어 갈 것입니다.
칠레여 영원하라!(viva Chile!)
국민들이여 영원하라!(viva el pueblo!)
노동자들이여 영원하라!(viva los trabajadores!)"

아옌데는 망명이나 투항 그 어떤 것도 아닌 저항을 선택했다.
자신의 최측근 참모와 경호 병력에게는 "나를 여기에 남겨 두고 투항하라"고 권했지만, 이들도 아옌데와 최후를 같이하겠다는 뜻을 굽히지 않았다.

가장 가까운 친구들과 대통령 경호원들만 끝까지 남았다. 대통령이 딸들에게 떠날 것을 명령해서 사람들이 딸들을 데리고 나갔다. 아버지의 이름을 외치는 딸들의 절규 소리가 길가에서부터 들려왔다. 반란군 지도자가 아옌데에게 가족과 함께 떠날 수 있도록 군 비행기를 제공하겠다고 제의했다. 하지만 대통령은 "사람 잘못 봤소. 배신자들. 민중이 나를 이 자리에 앉힌 이상 나는 죽어서나 이곳을 나갈 것이오"라며 이를 단칼에 거절했다.[17]

검은 뿔테 안경을 쓴 학자 출신의 아옌데는 총을 잡아 본 경험이 없다. 하지만 이 운명의 날, 그는 쿠바의 카스토르가 선물로 준 반자동소총으로 중무장한 반란군과 교전을 벌인다. 이 과정에서 아옌데를 포함한 그의 경호 부대원 대부분이 사망했다. 아옌데의 시신이 반란군에 의해서 들려 나오는 모습은 전 세계에 생중계됐다. 하지만 그의 죽음이 교전 중 사망인지 아니면 스스로 선택한 자살인지는 정확히 밝혀지지 않았다.

쿠데타에 저항하다 사망한 국가원수라는 기록은 그가 선거에 의해 선출된 세계 최초의 사회주의 정부 수반이라는 기록만큼이나 진귀하다. 이로써, 작전명 '산티아고에 비가 내린다'는 완료됐고, 칠레 민주화는 기나긴 암흑기에 들어선다.

피노체트 군사독재와 칠레 민주화의 암흑기

피노체트 집권 기간 중 살해된 사람은 공식적으로 2천 명이 넘는 것으로 전해진다. 여기에 실종자와 고문 피해자까지 더해지면, 인권 관련 피해자는 수만 명이 넘을 것으로 추산된다. 유엔 인권위원회가 칠레 정부의 인권탄압 행위에 대해 모두 15차례에 걸쳐 공식 항의할 정도로 피노체트 치하의 인권탄압은 상상을 초월하는 것이었다.

민정 이양 이후 이뤄진 대규모 인권탄압 실태 조사 가운데 가장 충격적인 것은, 지난 1991년 9월 산티아고 공동묘지 '파티오 29'에서 발견된 불법 매장 시신들이다. 모두 130여 구에 이르는 시신 대부분에서는 총상이나 불에 탄 흔적, 손과 발에 철삿줄이 감겨 있는 등, 가혹한 고문의 흔적이 발견됐다.[18]

조사위원회의 조사 과정에서 당시 비밀경찰과 국가정보부 책임자는 '좌익과의 내전 중 일어난 불가피한 선택'이었다며 사과는커녕 불편한 심기를 드러냈으며, 심지어 피노체트는 TV 방송에 출연해 "내가 무슨 말을 하기를 바라는가. 내가 무덤을 향해 애걸이라도 하라는 말인가?"라며 그 어떤 사과도 하지 않았다.

이는 1989년 광주 청문회에서 우리가 지켜봤던 전두환의 말과 태도를 쏙 빼닮아 있다.

피노체트, 그 후

1989년 대통령 선거에서 파트리시오 아일윈이 민선 대통령으로 당선됨으로써 17년간의 군사정권은 막을 내렸다. 하지만 피노체트의 시대가 완전히 끝난 것은 아니었다. 그는 대통령직에서는 물러났지만, 헌법에 의해 97년까지 3군 총사령관의 직책을 보장받은 것이다. 민선 대통령의 당선으로 권력은 이양됐지만, 군의 실권은 여전히 그의 손아귀에 남아 있었던 것이다. 실제로 피노체트는 퇴임 이후에도 군 요직에 자신의 사람을 심어 아일윈을 견제했고 자신이 처벌되는 상황을 미연에 방지할 수 있었다.

피노체트는 1998년 디스크 치료차 런던을 방문 중 스페인 국민 살해 문제로 영국에서 체포됐지만, 치매라는 건강상의 이유로 석방돼 칠레로 귀국한다. 군부와 보수주의자들의 대대적인 환영을 받으며 귀국한 피노체트는 여전히 정치적 영향력을 과시하며 2006년 사망 때까지 그 어떤 사법적 대가도 치르지 않았다. 그리고 2006년 12월 10일. 독재자 아우구스토 피노체트는 그의 가족들이 지켜보는 가운데, 91세의 나이로 사망한다.

기억을 잃어버리는 질병인 치매를 앓았다는 피노체트가 생전에 한 유명한 말이 있다. "기억은 안 나지만 사실은 아니다." 기억은 안 나는데, 사실이 아님을 어떻게 알 수 있었을까? 그의 선택적 망각 속에는 그 어떤 후회나 사죄는 없었다.

영화 〈서울의 봄〉을 보면서 1970~1980년대 칠레의 군사독재가 떠오른 것은 묘한 기시감 때문이다. 소수 정치군인에 의해 짓밟힌 민주화의 꿈, 심판받지 않은 권력, 그리고 전 재산이 29만 원에 불과하며, 광주 학살은 불가피한 선택이었다고 말했던, 끝내 사과 한 마디 없이 떠난 쿠데타의 주인공 말이다.

'서울의 봄'과 '산티아고의 봄'은 서로를 바라보는 거울이자 자화상이다.

독재정권에 저항한 시인,
파블로 네루다

★

　파블로 네루다(Pablo Neruda, 1904~1973)는 1971년 노벨문학상을 수상한 칠레 출신의 세계적 작가다. 미국의 비평가 헤럴드 블룸은 20세기 서구의 그 어떤 시인도 감히 네루다와 비교할 수 없다고 단언할 만큼 문학적으로 그리고 또 한편으로는 정치적으로 커다란 족적을 남긴 거인이 바로 파블로 네루다이다. 우리가 윤동주 시인이나 서정주 시인의 시 한 줄 정도는 외우듯이 칠레 사람치고 네루다의 연애 시 한 줄 외우지 못하는 사람이 없을 정도니까 말이다.

　파블로 네루다는 1904년 칠레 중부의 파랄(parral)이라는 도시에서 철도기관사의 아들로 태어났다. 본명은 '네프탈리 리카르도 레예스 바소알토'(Neftali Ricardo Reyes Basoalto)라는 굉장히 긴 이름인데, 훗날 어떻게 '파블로 네루다'라는 이름으로 바꾸었냐는 기자의 질문에 자신도 잘 기억나지는 않지만, 당시 체코의 시인이었던 얀 네루다의 이름에서 따온 것이 아닐까 생각한다고 답변한 바 있다.

　참고로 중남미에서 자주 쓰이는 '파블로'라는 이름은 원래 '바오로' 혹은 '바울'을 의미하며 다분히 종교적인 의미를 품고 있다.

네루다는 13살 때부터 본격적인 시를 쓰기 시작했다. 그리고 대학에 재학중이던 1923년에 첫 시집『황혼의 노래』를 출간하고, 1년 후 네루다를 세계적 시인의 반열에 올려놓은 화제작『스무 개의 사랑의 노래와 하나의 절망의 노래』(Veinte poemas de amor y una cancion desesperada)를 발표한다.

굉장히 특이한 건 시인이었던 네루다가 외교관의 경험도 많다는 점이다. 대학을 졸업한 후 1927년에 처음으로 공직에 임명돼서 주로 미얀마, 스리랑카, 싱가포르 등 동남아 지역에서 외교관으로 활동했다. 그리고 1934년 스페인 바르셀로나 영사로 발령받은 이후로는 본격적으로 유럽 무대에서도 활동을 시작한다. 얼마 후인 1936년에 스페인 내전이 발발하고 절친이었던 시인 로르카가 살해되자 공개적으로 공화파를 지지하고 '사랑의 시인'에서 본격적인 '투사 시인'으로 변모하게 된다.

스페인 내전에서 그가 보여 준 공화파 지지와 반파시스트적 성향에서 알 수 있듯이 네루다는 좌파적 사상, 특히 공산주의 사상에 심취해 있었다. 그리고 1945년에는 공산당 후보로 칠레 상원의원에 선출되면서 이때부터 본격적으로 정치에 입문하게 된다. 시인에서 정치인으로의 변신을 결심한 그날 네루다는 자신의 심정을 일기장에 담았다.

천둥이 몰아치듯 정치가 나의 일을 중단시켰다. 민중은 나의 삶의 교훈이 되었다. 나는 민중에게 다가갈 수 있다. 시인 특유의 수줍음을 띠고, 수줍어하는 사람답게 두려워하면서. 그러나 민중의 품에 안기고 나면 내가 변하는 것을 느낀다. 나는 대다수 민중의 일부고 인류라는 거대한 나무에 매달려 있는 이파리 중 하나인 것이다.[19]

하지만 당시 칠레의 독재자였던 곤잘레스 비델라를 공개적으로 비판했다는 이유로 체포 명령이 떨어지자 1949년 안데스산맥을 넘어 천신만고 끝에 유럽으로 망명하게 된다. 같은 해 소련에서 스탈린을 접견하고, 이듬해 1950년에는 동유럽과 중국을 방문하는 등 사회주의 정권과의 연대를 공개적으로 과시하기도 했다.

공산당 대선후보로서 그가 내건 공약 1호가 바로 천연자원 국유화였다. 칠레는 세계적인 주석 생산지 국가다. 세계 최대의 구리광산 추키카마타도 칠레에 있다. 당시 칠레의 주석 광산은 모두 미국 자본이 소유하고 있었는데, 네루다는 아르헨티나 출신 작가이자 언론인인 리타 기버트와 가진 인터뷰에서 "사실상 칠레의 천연자원 대부분을 미국이 소유하고 있습니다. 전화국과 전기회사도 예외가 아닙니다. 칠레 사람들은 매일 밤, 불을 켜면서 뉴욕이나 디트로이트에 있는 미국인 주주들 배를 불리고 있는 겁니다. 그들은 칠레인들의 존재조차 모르는데 말이죠. 이는 비극이라기보다는 차라리 희극적입니다"라고 말하기도 했다.

1969년 네루다는 칠레 공산당을 대표하는 대통령 후보가 됐지만 이른바 좌파 단일화를 위해서 당시 사회당의 대선후보로 나왔던 살바도르 아옌데에게 후보직을 양보한다. 결국 그해 치러진 대통령 선거에서 좌파 진영 단일후보로 나왔던 아옌데가 승리를 거두면서 다시 한번 네루다의 진가가 발휘된다.

대권 양보 후 아옌데 정권에서 그는 駐 프랑스 대사로 임명돼 다시 한번 외교관의 길을 걷게 된다.

네루다는 시와 정치를 분리하지 않았다. 비록 대통령 선거에서 대의를 위해 후보를 사퇴했지만, 당시 공산당 대선후보 수락 연설의 내용을 보면 그가 가진 정치사상의 핵심을 알 수 있다.

"나는 한 번도 내 삶이 시와 정치로 분리되었다고 생각한 적이 없습니다. 나는 칠레 사람으로서 이번 세기를 살아오면서 조국의 불행과 어려움을 함께 겪었고, 매 순간 민중의 고통과 기쁨을 함께 나누었습니다.

나는 하루하루 힘든 삶을 영위했던 노동자 집안 출신의 사람으로서 단 한 번도 권력을 가진 사람들 편에 선 적이 없고, 내 소명과 임무는 행동과 시를 통해 칠레 민중에게 봉사하는 것이라고 생각합니다. 나의 시는 민중을 노래했고 앞으로도 그러할 것입니다."

1973년 9월 11일 피노체트가 주도하는 군부에 의해 아옌데 정권이 무너진다. 정치적 동지이자 절친이었던 아옌데가 대통령궁에서 저항하다 사망했다는 소식을 들은 네루다는 몹시 괴로워했다고 한다.

그리고 쿠데타 발생 12일 후인 1973년 9월 23일, 네루다도 갑작스레 사망한다. 피노체트 군부는 네루다의 사망 이후 민중 소요가 일어날 것을 두려워해 그의 장례식에 지인이 참석하는 것을 막았을 뿐만 아니라, 집 근처 이슬라 네그라에 묻히고 싶다는 네루다의 뜻과는 상관없이 그의 유해를 공동묘지에 서둘러 묻으려 했다.

하지만 네루다의 유해가 공동묘지로 향하는 동안 행인들이 멈춰서서 목례하고, 창가마다 사람들이 가득하더니 어느 순간 운구 행렬을 따라 사람들이 걷기 시작했다. 그 행렬을 따르는 사람의 수는 점점 늘어났고, 분위기에 압도된 군인들은 강제 해산을 시키지 못했다고 한다.

독재자 피노체트가 물러난 후, 민선 정부는 1993년 시인의 사망 20주기를 맞아 네루다의 생전 소원대로 그의 시신을 이슬라 네그라(Isla negra) 시인의 집 앞으로 이장했다. 이슬라 네그라는 지금 네루다를 사랑하고 기억하고자 하는 사람들의 성지가 됐고 해마다 수만 명의 관광객이 이곳을 찾아 시인 네루다를 추모한다.

네루다는 1971년 노벨문학상 수상 연설에서 "여명이 밝아올 때 불타는 인내로 무장하고 찬란한 도시로 입성하리라"라는 시인 랭보의 말을 인용했다. 언제나처럼 그의 예언은 현실이 됐다.

이사벨 아옌데(Isabel Allende)의 『영혼의 집』:
망각과 기억의 전쟁

작가 이사벨 아옌데(Isabel Allende)는 칠레 사회주의 정부의 대통령을 지낸 살바도르 아옌데(Salvador Allende)의 조카이다. 소설 『영혼의 집』은 그녀의 삼촌이자 칠레의 혁명가였던 아옌데 시절을 배경으로 하고 있다. 이 소설은 세칭 대박을 터뜨리며 가브리엘 가르시아 마르케스의 소설 『백년의 고독』을 능가할 만큼 전 세계적으로 큰 사랑을 받았다. 무거운 주제를 다루고 있지만 내용은 통속적 연애소설의 방식을 따라가고 있다.

내용을 간략히 요약하면, 지주 출신의 보수주의자의 딸이 인민연합 혁명 세력의 일원으로 활동하던 좌파 성향의 청년과 열애에 빠지게 된다. 그런데 이 청년은 이 가문의 농장에서 일하던 농노의 아들이었다. 그러니까 고귀한 지주의 딸과 비천한 농노 아들이 '이루어질 수 없는 사랑'에 빠진 것이다. 왠지 전형적인 한국형 멜로 드라마나 중남미식 막장 드라마로 빠지는 느낌이다.

중남미 전문가 이성형 박사는 조국 칠레의 이데올로기적 갈등이나 심리적 상처를 지나치게 가볍게 묘사하고 너무 쉽게 화해를 처방해 '지나간 일이니 모두 잊어버리자'라는 청산주의적 태도가 아쉽다고 지적한다.

　클라라와 블랑카 그리고 알바로 이어지는 여성 3대의 이야기가 중심이지만, 이 작품을 주도하는 인물은 남편이자 아버지이며 또한 할아버지이기도 한 에스테반 트루에바다. 광산업 등 자수성가로 부를 쌓은 에스테반 트루에바는 무절제하게 사생아를 뿌리고 다니고, 증오를 거두어들이는 동시에 죄악을 쌓아 올리면서 난봉꾼으로서의 명성을 높여 갔다. 한때 순수했던 그의 영혼은 쇠심줄처럼 무감각해졌으며 양심의 목소리를 잠재워 가며 아무런 죄책감도 느끼지 않았다. 당연히 에스테반 트루에바는 이 작품에서 가장 보수적인 인물이다. 작품 곳곳에는 그의 이런 특징적 성격을 드러내는 대목들이 많다.

　"불행히도 이쪽 나라들에서는 몽둥이를 휘두르는 게 유일한 약이야. 여기는 유럽이 아니야. 이곳에서 필요한 것은 강한 정부, 강한 농장주야. 우리가 모두 평등하게 태어났다면 좋겠지만 실상은 그렇지가 않아. 그것보다 명백한 사실은 없지."[20]

　그에게 명백한 사실은 두 가지다. 농장주와 소작농의 계급적 관계는 바뀌지 않는다는 것과 남녀의 상하관계는 변하지 않는다는 것이다.

"여자의 본분은 어머니 역할을 제대로 하는 거야. 가정에 있단 말이야. 요새 돌아가는 꼴을 보면, 까딱하다가는 여자들이 국회의원도 하고, 판사도 하고, 대통령까지 하겠다고 설칠 판이야!"[21]

에스테반 트루에바는 광신적이고 폭력적이며, 시대에 뒤떨어진 사람이었지만 어느 누구보다도 가족과 전통, 사유재산 그리고 질서의 가치를 잘 대표하는 사람이다. 그는 공개적으로 좌파를 '민주주의의 적'이라고 규정했다. 하지만 그것이 몇 년 후에 독재자의 슬로건이 되리라고는 꿈에도 생각하지 못했다.

"볼셰비키 사상인지 뭔지를 떠들며 순진한 사람들을 선동하고 다니는 그 사회주의 후보 같은 빌어먹을 정치가들 때문이라고. 게을러빠진 놈들이 우리와 똑같이 누려야 한다는 건 말도 안 돼. 우리는 해가 뜰 때부터 질 때까지 열심히 일하고, 돈을 투자할 줄 알고, 위험을 감수하고, 또 그에 따른 책임을 질 줄 아는 사람이야."[22]

위의 이야기는 아옌데 정부의 포퓰리즘적 사회복지 정책을 정면으로 비판하는 내용이다. 그는 조국 칠레에도 좌파가 점령하는 날이 올까 봐 언제나 노심초사하는데, 이를 지켜본 동료가 그런 걱정을 할 필요가 없다고 말한다.

"라틴아메리카에서는 마르크스주의자가 세력을 얻을 가능성이 아주 희박합니다. 마르크스주의는 사물의 마술적인 측면을 절대 허용하지 않는다는 것을 모르십니까? 마르크스주의는 무신론이고, 실질적이며, 기능적인 교리입니다. 여기서는 성공할 수가 없어요."[23]

'마술적 상황'이 언제나 현실인 라틴아메리카 대륙에서 마르크스주의가 발을 붙이기 어려울 것이란 이런 분석에 대해서는 여러 가지 이견이 있을 수 있다. 그래서 위의 이야기는 반은 맞고 반은 틀린 이야기다.

우선 라틴아메리카 독립 이후 이 대륙에서 빈번하게 발생한 각종 민중 혁명과 게릴라 활동의 중심된 가치가 언제나 좌파 이데올로그였다는 사실에서 절반은 옳다고 볼 수 있다. 특히 분쟁의 핵심이었던 토지문제와 관련해 핍박받는 소작농들은 언제나 토지를 독점한 대지주들에 대항해 싸워 왔다. 하지만 오래된 좌파적 전통에도 불구하고 그것이 진정한 마르크스주의에 입각한 이데올로기라고 볼 수 있는가에 대해서는 여전히 회의적이다. 그래서 나머지 절반은 옳지 않다고 보는 것이다.

엄밀히 말해 라틴아메리카의 좌파 진영은 전통적 마르크스주의가 아니라 기능적 포퓰리즘에 의존하는 경향이 더 강해 보이는 것이 사실이다. 이사벨 아옌데의 소설 『영혼의 집』을 통해 칠레가 꿈꿨던 사회주의의 꿈과 이상, 그리고 현실적 한계 모두를 조망할 수 있다.

볼리비아

14

콜롬비아

República de Colombia

콜롬비아(Colombia)라는 국명은 탐험가 크리스토퍼 콜럼버스
(Christopher Columbus)의 이름에서 유래했다. 하지만 정작 콜럼버
스 자신은 현재 콜롬비아에 해당하는 땅에 발을 내디딘 적이 단 한
번도 없다. 라틴아메리카 대륙의 통합국가라는 원대한 이상을 꿈꿨
던 시몬 볼리바르(Simon Bolivar)의 그란 콜롬비아(Gran Colombia)
의 중심도 현재의 콜롬비아였지만, 그 꿈은 오래가지 않아 산산이
찢기고 갈라졌다. 라틴아메리카에서 가장 오래된 민주주의 전통을
자랑하지만, 마약 카르텔과 게릴라 전쟁으로 얼룩진 현대사를 가
진 나라가 바로 콜롬비아다. 그래서 이래저래 콜롬비아는 역설의
땅이다.

최근 미국의 트럼프 대통령은 베네수엘라 마두로 대통령에 이어
콜롬비아의 구스타보 페트로(Gustavo Petro) 대통령을 '마약범죄

의 공모자'로 지목했다. 그 근거는 두 가지다. 우선 페트로 대통령이 군사력을 동원해 카리브 연안에서 벌이고 있는 미국의 마약 소탕 작전과 마두로의 강제 축출에 대해 공개적으로 비판했기 때문이다. 미국은 페트로 대통령의 이와 같은 발언이 자신과 비슷한 처지에 있는 베네수엘라의 마두로 대통령을 공개적으로 지지한 것으로 간주하고 있다.

두 번째는 2022년 페트로 집권 이후, 콜롬비아 내 코카인 재배가 다시 늘고 있다는 사실 때문이다. 콜롬비아의 마약 문제 해결을 위한 방안으로 군사력을 동원한 통제 방식보다 코카 재배 농부들에게 대체 작물을 유도하고 지원금을 주는, 일종의 회유책을 우선하고 있는 페트로 대통령의 시각은 미국의 입장과는 상반되는 것이다.

군사작전을 통한 마두로 퇴출 직후, 트럼프 대통령은 "그다음은 콜롬비아의 페트로가 될 것"이라며 경고했다. 아울러 "페트로는 코카인을 만들어 미국에 파는 것을 좋아하는 역겨운 남자"라며 강도 높은 비난도 퍼부었다.

미 재무부도 페트로 대통령을 포함해 그의 부인인 베로니카 알코세르, 아들 니콜라스 페트로 그리고 내무장관인 아르마도 베네데티를 각각 제재 명단에 포함해 압박의 강도를 높이고 있다.

이에 대해 페트로 대통령은 자신이 좌익 게릴라 단체 M-19 출신으로 30여 년 전 무장 게릴라 활동을 한 사실을 강조하며, "미국의 위협에 맞서 다시 무기를 들겠다"라고 응수했다.

마르케스의 『백년의 고독』을 통해 본 콜롬비아 현대사

콜롬비아에서는 일찍이 그란 콜롬비아의 전통을 이어받아 양당제가 활성화됐다. 자유당과 보수당은 다양한 문제에 있어 충돌했지만, 그 가운데 교회 문제로 가장 첨예하게 대립했다. 자유당은 교회의 권력이 지나치게 크고 그 영향력이 대중 계몽을 저해한다고 보았다. 반면에 보수당은 교회가 사회질서와 통합의 필수 조건으로 보았고, 급진 자유주의자들의 반종교적 무정부주의를 제어하는 가장 효율적인 수단으로 보았다. 교회 문제를 둘러싼 이들 양당의 갈등은 결국 잦은 폭력 사태와 주기적인 내전을 초래했다. 마르케스의 소설 『백년의 고독』에도 이런 갈등이 자세히 묘사돼 있다.

돈 아뽈리나르 모스꼬떼는 자유파들은 신부들을 처형하고, 가톨릭 의식을 거부한 민사(民事) 결혼과 이혼제도를 도입하고, 서자도 적자와 동등한 권리를 인정하고, 중앙정부로부터 권한을 박탈하는 연방제도 안에서 나라를 분열시키는 것에 찬성하는 악질적인 사람들이라고 아우렐리아노에게 설명하곤 했다. 반면에 보수파들은 신에게서 직접 권리를 부여받아 공공질서를 확립하고 가정 윤리를 지키려는 사람들이며, 그리스도의 신앙과 권위의 원칙을 수호하는 사람들이며, 나라가 지방자치제 형태로 분열되는 것을 허용하지 않는 사람들이라고 말하곤 했다. 인도주의적인 감정을 지니고 있던 아우렐리아노는 서자들의 권리를 인정하려는 자유파의 입장에 공감했지만, 아무튼 사람들이 손으로 만져 볼 수도 없는 이념들을 가지고 어쩌다 전쟁이라는 극한 상황에 도달하게 되었는지 납득하지 못하고 있었다.[24]

콜롬비아의 현대사는 비이성과 폭력의 현대사다. 그리고 그 중심에 서 있는 인물이 바로 『백년의 고독』의 핵심 인물인 아우렐리아노 부엔디아 대령이다. 그는 콜롬비아 현대사에서 벌어진 '천일 전쟁'(Guerra de Mil Dias)이라 불리는 내전과 대규모 바나나 농장 파업, 노동자 학살을 실제로 경험하며 이들 사건들과 직간접적으로 연관돼 있다.

1870년대 후반 들어 콜롬비아는 극심한 경제 침체를 겪게 되고 보수당의 권력 독점에 대한 불만이 증가하면서 1899년 일부 자유주의자들이 반란을 일으키게 되는데, 이것이 『백년의 고독』의 주요 역사적 배경이 되는 '천일 전쟁'이다. 『백년의 고독』의 주요 인물인 아우렐리아노 부엔디아 대령도 바로 이 천일 전쟁에서 활약했던 자유파 지도자 라파엘 우리베 우리베 장군을 모델로 하고 있다.

'천일 간의 전쟁'이 의미하듯 이 분쟁은 3년간 지속됐으며, 승리는 결국 현대화된 무기와 잘 훈련된 정부군으로 구성된 보수주의자들에게 돌아갔다. 하지만 전쟁의 피해는 막대했고 콜롬비아 내부의 극심한 갈등도 여전히 사라지지 않았다. 천일 전쟁은 십만 명 가까운 인명 피해와 재산상의 손실을 불러왔을 뿐 아니라, 원래 콜롬비아의 영토였던 파나마의 독립을 촉발해 황금알을 낳는 거위였던 파나마 운하마저 상실하게 만들었다.

누가 뭐래도 천일 전쟁은 콜롬비아 역사에서 가장 길고 비극적이며 피비린내 나는 내전이었다. 형식적으로는 자유주의와 보수주의가 싸웠지만, 전쟁의 결과는 이들이 결국 동전의 양면처럼 일종의 적대적 '공생관계', 더 나아가 '공범'이었다는 사실만을 보여 준다.

가르시아 마르케스는 『백년의 고독』에서 아우렐리아노 부엔디아 대령의 입을 통해 "자유주의와 보수주의의 차이는 결국 근본적인 이념의 차이에 있는 것이 아니라, 미사를 새벽 다섯 시에 하느냐, 아니면 아침 여덟 시에 하느냐에 있다"라고 우회적으로 비판함으로써 진보와 보수의 이념 대립을 굉장히 냉소적인 시각으로 바라본다.

천일 전쟁, 그 후

천일 전쟁이 끝난 후 자유주의자와 보수주의 간의 타협으로 1930년대까지는 보수주의자가, 1930년부터 1946년까지는 자유주의자가 집권하며 콜롬비아는 비교적 정치적인 안정을 구가했다. 그러나 평화는 오래가지 못했다. 쿠바 혁명의 영향을 받은 콜롬비아 무장혁명군(FARC, Fuerzas Armadas Revolucionarias de Colombia) 등 많은 게릴라 집단의 군사행동이 빈번해지면서 콜롬비아는 다시 내전의 소용돌이 속으로 빠져들었다. 내전은 정부군과 좌익반군 간의 싸움에 그친 것이 아니라 여기에 우익 민병대까지 가세하면서 매우 복잡한 양상으로 전개됐다.

특히 시간이 흐르면서 반군들이 혁명자금을 확보한다는 명분 아래 코카 재배와 마약거래에까지 깊숙이 관여하게 되면서 '농민의 수호자'를 자처하며 출발한 이념조직이 결국 무장 마약 카르텔로 변질이 됐다는 부정적 평가를 받기도 했다.

1960년대부터 시작된 이 복잡한 분쟁은 정치적 사회적 갈등에 토지와 빈곤, 그리고 마약 문제 등 콜롬비아가 안고 있는 총체적인 문제들이 동시에 폭발한 것으로 볼 수 있다. 더구나 1980년 중엽부터 국제시장에서 콜롬비아의 주력 수출품인 커피 가격이 하락함에 따라 외채가 증가하여 콜롬비아 경제 상황도 극도로 악화가 됐다.

2010년 대통령에 당선된 후안 마누엘 산토스(Juan Manuel Santos)는 가장 먼저 FARC의 지도자 티모첸코와의 평화 협상을 통해 지루하게 전개되던 내전을 종식하고자 했다. 그는 콜롬비아 무장혁명군과의 4년여간에 걸친 장기 협상을 통해 52년간 지속된 내전을 종식하는 평화협정을 끌어내는 데 성공하고, 이 공로를 인정받아 2016년 노벨 평화상을 수상했다.

2016년 평화협정으로 무장반군 상당수가 무기를 내려놓았지만,

일부는 협상에 불참하거나 다시 결집해 여전히 분쟁의 불씨는 남아 있는 상황이다. 실제로 2025년 8월에는 코카인 단속 임무 중이던 경찰 헬기가 무장단체의 드론 공격으로 격추됐고 과비아레 지역에서는 군인 30여 명이 집단 납치되는 사태가 발생했다. 무장 세력의 공격으로 마을 전체가 봉쇄되거나 주민들이 강제로 이주하는 사례도 늘고 있지만 정부의 대응은 부실한 상황이다.

중남미 해방의 발원지 '그란 콜롬비아'가 뜻하는 '위대한 콜롬비아'의 도래는 아직까지는 요원해 보인다.

『백년의 고독』과
마술적 사실주의

★

　콜롬비아 출신의 작가 가브리엘 가르시아 마르케스(Gabriel Garcia Marquez)의 소설 『백년의 고독』은 미국 대학위원회가 미국의 수능에 해당하는 대학 입학 자격시험 SAT를 보기 위해 '반드시 읽어야 할 책'으로 선정했으며, 미국의 유력주간지 뉴스위크지가 선정한 '세계 100대 명저'인 동시에 서울대학교의 '권장 도서 100선' 목록에도 빠짐없이 포함돼 있다. 밀란 쿤데라는 "책꽂이에 마르케스의 『백년의 고독』을 꽂아 놓고 어떻게 소설의 죽음을 말할 수 있단 말인가?"라고 되묻는다.

　이쯤 되면 왠지 이 『백년의 고독』을 꼭 한 번쯤은 읽어야 할 것 같은 느낌이 든다. 하지만 막상 책장을 펼치면 첫 장부터 기가 죽는다. 민음사에서 출간한 국내 번역서에는 '부엔디아 집안의 가계도'가 첫 페이지에 나와 있다. 100년간 이어지는 부엔디아 가문의 이야기를 좀 더 잘 이해하기 위해서는 이 족보를 틈틈이 들여다봐야 한다. 마치 모르는 단어가 나오면 중간중간 사전을 찾아보듯이 말이다. 누가 누구의 아들이고 누가 누구의 손자이며 또 누가 누구와 결혼했는지, 보통의 기억으로 감당하기 어려울 것이다. 중간중간 벌어지는 근친관계로 족보가 '꼬이는' 경우 독자들은 당황하기 쉽다. 『백년의 고독』에 등장하는 인물들이 독자들에게 혼란스러운 이유는 등장하는 인물의 수가 많은 탓도 있지만 똑같은 이름들이 집요하게 '반복'되기 때문이기도 하다. 특히 남자의 이름은 '아우렐리아노'와 '아르까디오'가 반복적으로 사용된다. 우르술라의 분석에 따르면, 아우렐리아노라는 이름을 가진 남자는 내성적이지만 머리가 뛰어난 반면에 호세 아르까디오라는 이름을 가진 남자들은 충동적이며 담이 컸지만, 어떤 비극적인 운세를 지니고 있었다. 다소 무리가 있겠지만, 부엔디아 가문의 100년 이야기를 과감하게(?) 단축 요약하면 대충 이렇다.

사촌 관계인 호세 아르까디오와 우르술라는 친인척들의 반대에도 불구하고 결혼한다. 하지만, 행여 근친상간으로 돼지 꼬리가 달린 아이가 태어날지 모른다는 두려움에 휩싸인다. 우연히 발생한 살인사건의 저주를 피해 고향을 떠난 부부는 '마꼰도'라고 불리는 고립된 마을을 세운다.

하지만 마꼰도의 고립은 오래가지 못한다. 내전이 발생하고, 철도가 건설되고 미국인들이 세운 바나나 농장이 건설되면서 외부 세계와의 빈번한 접촉이 늘어 간다. 이 과정에 아이들이 태어나고 일상적인 사랑과 미움과 전쟁과 평화가 반복된다.

그리고 마을이 생긴 지 100년이 흐른 뒤, 부엔디아 가문에 진짜 돼지 꼬리가 달린 아이가 태어나면서 마꼰도는 다시 깊은 고독에 휩싸이게 된다.

마르케스가 풀어낸 부엔디아 가문의 100년에 걸친 고독의 역사는 마치 오랜 중남미 역사의 응축 파일과 같다. 마르케스는 라틴아메리카 대륙이 겪어야 했던 역사의 '리얼리티'에 원시와 토착 신화와 전설을 '마술적'으로 결합해 '시적'(詩的)으로 변형함으로써 새로운 소설 미학을 창조했다.[25]

라틴아메리카의 고독 (La Soledad de America Latina)

1982년 노벨문학상 시상식에서 마르케스는 〈라틴아메리카의 고독〉이라는 제목의 연설을 통해 라틴아메리카가 겪어 왔던 또 현재 겪고 있는 고독의 실체에 대해 말한다. 마르케스가 말한 고독의 핵심은 서구열강의 침탈과 식민 지배, 독재자들의 철권정치 그리고 이로 인한 인권 유린과 정치 불안, 부정부패, 빈부격차 등의 총체적인 삶의 고통에서 비롯된 것들이다.

마르케스는 에스파냐 식민지배자를 대체한 독재자들의 어리석음과 광기가 라틴아메리카의 고독을 심화시킨 주범이라고 말한다. 그리고 이런 어리석음과 광기를 극복하기 위한 민중의 다양한 노력들 대부분이 좌절됨으로써 고독의 그늘은 더욱 깊어졌다고 말한다.

"그동안 2,000만 명의 라틴아메리카 어린이가 채 두 살도 되기 전에 죽었습니다. 이는 1970년 이후 서유럽에서 태어난 모든 아이의 수를 상회하는 것입니다. 정치 탄압으로 실종된 사람은 12만 명에 이르는데, 이는 스웨덴 웁살라의 모든 시민들이 실종된 것과 같습니다."
(중략)
"지금까지 우리가 당면해 왔던 커다란 난관은 바로 우리 삶을 믿게 만들 수 있는 전통적인 수단이 불충분하기 때문입니다. 친구 여러분, 이것이 우리가 지난 고독의 핵심입니다."

'우리 삶을 믿게 만들 수 있는 전통적인 수단이 불충분하다'라는 의미를 되새겨 볼 필요가 있다. 라틴아메리카라고 하는 전통적 공간과 그 공간에서 축적된 역사적 시간이 스페인 침략자들의 제국주의적 인식을 통해 그들의 언어(스페인어)로 표현될 수밖에 없는 상황에 처하게 되면, '마술이 현실이 되는' 라틴아메리카의 현실을 표현하는 것은 불가능에 가깝다. 한편에 원주민의 문화와 원주민의 언어가 있다면, 다른 한편에는 식민지배자의 인식과 언어가 존재하는 것이다.

이러한 고민은 식민 지배가 종결된 이후에도 계속된다. 19세기 라틴아메리카의 작가들 대부분은 유럽 작가들을 모방해 자신들이

　　　　　　　　　　　　　　　　　　　　　　　　　콜롬비아

살고 있는 자연을 서구 낭만주의의 틀 속에서 묘사했다. '유럽의 틀' 속에 라틴아메리카의 소재를 삽입한 것에 불과한 이 불편한 현실 앞에 작가들은 무기력했다. 정복 초기의 스페인 연대기 작가들이 겪었던 난해한 현실을 독립 이후, 더 나아가 오늘날 중남미의 작가들이 똑같이 경험하고 있는 것이다. 문제는 식민지배자의 판단에 우월의식과 편견이 가득하다는 점이다.

"우리 현실을 타인의 방식으로 해석하는 행위는 갈수록 우리를 이해하기 어려운 존재로 만들고, 갈수록 우리를 덜 자유롭게 만들며, 갈수록 우리를 더 고독하게 만드는 데 이바지할 뿐입니다."

안데스와 아마존 밀림에 숨 쉬는 원주민 문화는 무한한 상상력과 열대성의 자유가 자연스럽게 수용되는 마술적인 세계다. 서구인의 시각에서 보면 비이성적이고 비합리적으로 비추어지겠지만, 그것은 어디까지나 그들의 시각일 뿐이다.

"고독은 제가 써왔던 유일한 주제입니다. 저는 절대권력이 절대 고독이라고 생각합니다. 아우렐리아노 부엔디아 대령의 이야기는 그가 싸웠던 전쟁과 권력을 향한 야심과 더불어 고독을 향한 과정입니다."

마르케스는 23년 동안 숙고하고 18개월 동안 식음을 철폐하다시피 집필에 몰두한 결과, 마침내 1967년 5월 30일에 자신의 최대 역작 『백년의 고독』을 출간했다. 이 작품은 출간하자마자 문단의 극찬을 받으며 대중적으로도 큰 성공을 거두었다. 그리고 노벨상위원회는 마르케스를 1982년 노벨문학상 수상자로 선정했다.

이 작품에 등장하는 핵심 인물 아우렐리아노 부엔디아 대령은 1899년 콜롬비아 보수 정권에 대항해 반란을 일으켰던 자유파 지도자 라파엘 우리베 장군을 모델로 하고 있다. 마르케스에게 문학이란 라틴아메리카의 가혹하고 불공정한 현실을 개선하기 위해 선택할 수 있는 가장 훌륭한 무기였다.

이탈리아의 마르크스 철학자 안토니오 네그리는 "아름다운 것을 생산한다는 것은 필연적으로 혁명적이며, 아름다운 것을 생산해 내는 예술가는 필연적으로 참여적이다"라고 언급한 바 있는데, 이런 관점에서 본다면 마르케스의 문학은 본인의 의지와는 상관없이 극히 참여적 성격의 문학으로 분류될 수밖에 없다.

★★★

중남미 문학을 접한 국내의 독자들은 대부분 '이해하기 어렵다'라는 반응을 보이는 경우가 많다. 특히 가브리엘 가르시아 마르케스의 소설 『백년의 고독』과 같은 작품(사실, 엄두를 내기가 쉬운 작품은 아니다. 양이나 질에서 모두)을 읽은 독자들의 입에서는 한결같이 '뭔 소린지 모르겠다' 혹은 '난해하다'라는 이야기가 이구동성으로 쏟아져 나온다.

　이럴 때 나오는 이야기가 바로 '마술적 사실주의'(magic realism)
다. 쉽게 설명하려다가 더 깊은 수렁으로 빠지는 느낌이다. 리얼리
즘(사실주의)은 알겠는데, '마술적' 리얼리즘은 또 뭔가? 문학 평론
가들은 마술적 사실주의를 포스트모더니즘과 연결해 설명하는 경
우가 많지만, 여기서는 거기까지 나아가지 않았으면 한다.

　마술적 사실주의는 마술이 곧 현실이 되는 상황을 말한다. 중남
미 전문가 이성형 박사의 이야기를 그대로 옮기자면, "탈출구가 없
는 열악한 현실 속에서 마술이 현실이 되고 또 그 현실이 또 다른
신화를 만들어 내는 중남미 사람들의 정서 구조에서 나온 것이 바
로 '마술=현실' 주의"라는 것이다.

　백문이 불여일견.『백년의 고독』에 나타나는 마술적 사실주의 표
현을 보여 주는 몇 가지 문장들을 살펴보자. 먼저 호세 아르까디오
의 죽음을 나타내는 다음 문장에는 마술적 사실주의의 상징적인 표
현들이 확연히 드러난다.

　호세 아르까디오가 침실 문을 닫자마자 권총 소리가 집 안을 진동했
　다. 한 줄기 피가 문 밑으로 새어 나와, 거실을 가로질러 거리로 나가,
　울퉁불퉁한 보도를 통해 계속해서 똑바로 가서, 계단을 내려가고, 난
　간으로 올라가, 아라비아 거리를 통해 뻗어 나가다, 어느 길모퉁이에
　서 오른쪽으로 돌았다가, 다른 길모퉁이에서 왼쪽으로 돌아, 부엔디

아의 집 앞에서 직각으로 방향을 틀어, 닫힌 문 밑으로 들어가서는 양탄자를 적시지 않으려고 벽을 타고 응접실을 건너, 계속해서 다른 거실을 건너고, 식당에 있던 식탁을 피하기 위해 넓게 우회해서 베고니아가 있는 복도를 통과해 나아가다, 아우렐리아노 호세에게 산수를 가르치던 아마란따의 의자 밑을 지나, 곡식 창고 안으로 들어갔다가 우르술라가 빵을 만들려고 달걀 서른여섯 개를 깨뜨릴 준비를 하고 있던 부엌에 나타났다.

흘러나온 피가 마치 '의식'을 가지고 있는 듯 살아 움직인다. 심지어 흘러내리던 피가 역류하기도 하고 자유자재로 방향을 틀며 '판단'하고 '기억'도 한다. 기존의 사실주의의 틀을 깨고 신화와 환상의 틀을 자유롭게 넘나든다. 호세 아르까디오가 죽었을 때 '밤새 소리 없이 내린 노란 꽃비'도 마찬가지다.

잠시 후 목수가 관을 만들려고 그의 몸 치수를 재고 있을 때, 그들은 창밖으로 작은 노란 꽃들이 보슬비처럼 떨어지는 것을 보았다. 그 꽃비는 조용한 폭풍우처럼 밤새도록 내려 지붕을 덮고 문들을 막아 버렸으며 밖에서 잠을 자던 짐승들을 질식시켜 버렸다. 너무나 많은 꽃이 하늘에서 쏟아졌기 때문에 아침이 되자 거리가 폭신폭신한 요를 깔아 놓은 것처럼 되어 버려서 장례 행렬이 지나갈 수 있도록 삽과 갈퀴로 치워야 했다.

흥미를 놓치지 않았다면, '침대 시트를 타고 하늘로 날아 올라간 미녀 레메디오스'의 구절도 하나 더 소개한다.

미녀 레메디오스가 이 말을 막 마쳤을 때, 페르난다는 가느다란 광풍이 불어와 손에서 침대 시트들을 낚아채서 활짝 펼치고 있다고 느꼈다. 아마란따가 입고 있던 페티코트의 레이스가 신비스럽게 떨리는 걸 느끼며, 쓰러지지 않기 위해 시트를 붙잡으려 애를 쓰던 순간, 미녀 레메디오스가 공중으로 떠오르기 시작했다. (중략)

미녀 레메디오스를 실은 침대 시트들은 풍뎅이와 달리아 냄새가 밴 공기를 버리고 떠나서는 오후 네 시가 끝나가는 공중을 날아올라, 인간이 상상할 수 있는 가장 높이 나는 새들도 쫓아가지 못할 만큼 높은 창공으로 영원히 사라졌다.[26]

하늘을 나는 침대 시트. 그리고 그 침대 시트를 타고 공중으로 날아올라 창공 속으로 사라진 미녀 레메디오스. 이제 조금씩 마술적 사실주의의 맛이 느껴진다면 다행이다.

이 밖에도 '펄펄 끓는 얼음'이나 '4년 11개월 이틀 동안 내린 비', '갈라진 머리 틈 사이에서 피 대신 흘러나온 은밀한 향기를 풍기는 호박(琥珀) 색깔의 기름' 등도 마술적 사실주의를 보여 주는 대표적인 표현들이다.

　페루의 소설가 바르가스 요사는 "라틴아메리카 사람들은 픽션과 사실을 구분하는 데 여전히 어려움을 겪는다. 전통적으로 이 둘이 아주 밀접하게 뒤섞이는 것에 익숙해져 있기 때문이다. 이런 배경에 『백년의 고독』이 탄생한 것은 극히 자연스러운 일이다"라고 말했다.

　우리는 때로 말로 표현할 수 없는 상황에 직면하기도 한다. 모 광고에서 "너무 좋은데 표현할 방법이 없네"라고 말하는 것처럼 말이다. 너무 기뻐서인 경우도 있지만 너무 어처구니없거나 비극적인 상황과 마주한 경우에도 해당한다. 중남미 대륙에서 발생한 수많은 비극적 상황 앞에서 말을 잃게 되는 상황.

　마술적 사실주의는 사실주의를 부정하는 것이 아니라 오히려 라틴아메리카적인 진정한 사실주의를 추구한다고 볼 수 있다. 다시 말해, 단순한 사실주의에서 탈피하여 환상, 마술, 꿈, 신화 등의 요소가 가미된 초자연적인 문체를 통해 라틴아메리카의 역사를 역사서보다 더 사실적으로 그려 내고 있는 것이다.

　결론적으로, 라틴아메리카 문학을 제대로 감상하려면 라틴아메리카의 역사를 먼저 학습할 것을 권고한다. 미안하지만, 다른 뾰족한 방법은 없다. 방대한 역사를 어느 세월에, 라는 한숨이 먼저 흘러나오겠지만, 돌아가더라도 그 방법이 가장 정직하고 확실한 방법이다.

　마법이 일상이 되는 세상, 마술적 사실주의 세계에 흠뻑 빠져 보는 것도 그리 나쁘지 않을 것이다.

파라과이
República de
Paraguay

15

아메리카의 심장

파라과이는 '아메리카의 심장'(Corazon de America)이라는 별명을 가지고 있다. 지리상 중남미 대륙 한가운데 위치해 있기 때문이기도 하지만 불과 150여 년 전에는 남미에서 가장 산업화가 진행된 국가 가운데 하나였고, 외국 자본에 의존하지 않고 독자적으로 철도를 놓고 공장을 가동한, 중남미에서 몇 안 되는 나라 가운데 하나였기 때문이다.

2022년 기준, 인구는 736만 명이고 이 가운데 300만 명이 수도 아순시온(Asuncion)에 거주한다. 불행인지 다행인지 북동쪽으로는 브라질, 그리고 남쪽으로는 아르헨티나와 국경을 마주하고 있다. 두 나라 모두 중남미 대륙에서는 덩치도 크고 나름 힘깨나 쓴다는 소리를 듣는 나라이다.

뒤에 살펴보겠지만, 결과적으로 고래 싸움에 새우 등 터지는 격으로 파라과이는 두 강대국 사이에 끼어 이득보다는 손해를 많이 본 편이다.

동병상련의 느낌인지는 모르지만, 파라과이는 중화인민공화국이 아닌 대만과 수교를 맺은 세계에서 몇 안 되는 국가 가운데 하나다. 중국은 막대한 경제 지원을 미끼로 대만과의 단교를 종용해 왔지만, 파라과이는 이에 응하지 않았다. 코로나19 팬데믹 기간 중에 백신 공급을 조건으로 중국이 다시 한번 접근했지만, 오히려 파라과이 내 반중(反中) 감정만 높아지는 결과를 낳았다.

우리나라와는 지난 1965년 6월 15일 수교했고, 전통적으로 국제무대에서 한국에 우호적인 입장을 이어 오고 있다. 한인의 파라과이 이주는 1960년대 농업이민에서 시작됐다. 그만큼 농업과 목축업은 파라과이의 주력산업이다. 하지만 파라과이의 불행은 여기에서 시작된다.

파라과이 농축산업 토지의 85%를 불과 2.6%의 소수가 보유하고 있기 때문이다. 게다가 이 소수의 특권 세력 대부분이 브라질인이거나 이들의 후손이라는 점이 문제다. 파라과이의 수출입 모두 브라질에 의존도가 매우 높은 편이지만, 토지를 둘러싼 갈등 때문에 전통적으로 브라질에 대한 감정이 좋은 편은 아니다.

세계사에 가려진 전쟁, 파라과이 전쟁

1865년 5월 아르헨티나의 수도 부에노스아이레스에서 브라질, 아르헨티나 그리고 우루과이 3국은 비밀리에 3국 동맹을 체결하고 파라과이에 대항한 전쟁을 결의했다. 전쟁 발발의 표면적인 이유는 당시 '남미의 나폴레옹'이라고 불리던 파라과이의 독재자 프란시스코 솔라노 로페스(Francisco Solano Lopez)의 야망 때문이다. 강력한 군사력을 바탕으로 파라과이를 남미의 프랑스로 만들려고 했던 그의 위험한 생각은 주변국의 불안과 견제를 불러왔다.

파라과이는 브라질을 공격하기 위해 아르헨티나에 길을 빌려 달라고 요구했다. 하지만 이를 거부한 아르헨티나가 브라질과 연합해 파라과이에 선전포고를 한다. 그리고 여기에 파라과이로부터 간섭받던 우루과이까지 합세한다.

중남미 최대 국가인 브라질과 아르헨티나, 여기에 우루과이까지 합세해서 파라과이와 맞붙었다는 사실이 믿기지 않지만, 놀랍게도 당시 파라과이의 군사력은 이 세 나라의 군사력을 합친 것과 맞먹을 정도로 막강했다.

하지만 아무래도 3:1 맞짱은 무리였던 것 같다. 개전 한 달 만인 1865년 6월 파라과이 함대는 아르헨티나 함대에 괴멸되고 아르헨티나 지상군은 파라과이 영토로 진격해 들어갔다. '3국 동맹 전쟁' 혹은 '파라과이 전쟁'이라고 불리는 이 전쟁은 1865년 개전 이래

로페스 대통령이 전사한 1870년까지 대략 6년에 걸쳐 진행됐다. 1869년 3국 동맹군은 파라과이의 수도 아순시온에 입성해 3두 체제의 임시정부가 수립되어 종전 협상의 책임을 맡았다. 1870년 파라과이는 무거운 전비 부담과 영토 상실을 내용으로 하는 종전협정을 체결했다.

파라과이 전쟁으로 파라과이의 경제적 기반은 완전히 파괴됐다. 산업시설뿐만 아니라 생산 및 소비재 모두가 부족하여 농업만이 유일한 기반으로 남았고, 부족한 자금의 일부는 심지어 교회의 재산과 철도 및 기업 자산의 매각으로 충당해야 하는 지경에 이르렀다.

파라과이는 전비 배상과 영토 상실에서 입은 타격뿐만 아니라 국민의 60%가 사망하는 막대한 인명 피해를 입었다. 전쟁 전 52만 5천 명이었던 파라과이의 인구는 전후 22만 명으로 줄었다. 인구의 절반 이상을 상실한 전쟁은 냉혹한 현대전에서조차 그 유례를 찾기 힘들 정도의 막대한 피해 규모다. 하지만 이 또한 19세기의 자료에 근거한 것으로, 후대 역사가들은 60%가 아니라 실제로는 80%에 육박하는 인구 손실을 겪었을 것으로 보고 있다. 특히 전쟁에 동원된 남성들의 전사 비율이 높아서 남자 인구의 90% 가까이 사망, 전후 파라과이의 남녀 성비는 1:9가 돼 사실상 일부다처제가 허용될 수밖에 없는 상황이었다. 브라질군이 주도하는 연합군 2만 명이 소년병으로 구성된 파라과이 병사 4,500명을 단 8시간 만에 몰살한 사실은 브라질의 공식 전사(戰史)에도 남아 있다. 파라과이 전쟁을 '인종 말살 전쟁'이라고 부르는 이유이기도 하다. 이는 사실상 국가 파산 상태와 다름없다.

파라과이가 국가 차원의 대규모 이민정책을 실시한 것도 바로 전쟁 피해로 인한 인력 손실을 메꾸기 위한 자구책이었다.

전쟁 기간 중 아순시온에 있는 파라과이 국립 기록 보관서의 중요 문서 대부분이 약탈당했다. 파라과이의 끈질긴 요청에도 불구하고 브라질은 반납을 거절해 왔는데, 불행히도 2018년 발생한 브라질 국립박물관 화제로 문서 대부분이 소실되면서 결국 1870년 이전의 파라과이의 역사적 유물과 중요 기록들은 영원히 소실되고 말았다.

이후 파라과이는 1908년과 1911년, 1912년에 각각 혁명이 발생했고, 1922년에는 파라과이 내전이 그리고 1932년부터 1935년까지 볼리비아와의 '차코 전쟁'(Guerra de Chaco)을 겪는 등 분쟁이 끊이지 않았다.

과거 브라질, 아르헨티나, 우루과이와 3:1 맞짱을 붙던 파라과이는 더 이상 존재하지 않는다. 1865년 파라과이 전쟁을 빅워(Big war)라고 한다면 볼리비아와 벌인 차코 전쟁은 글자 그대로 가난한 소국끼리 벌인 '난쟁이 전쟁'이었다. 파라과이가 간신히 승리하기는 했지만, 이 전쟁으로 두 나라는 모두 중남미 최빈국으로 전락함으로써 결과적으로 모두가 패자가 되는 결과를 낳았다.

전쟁이 끝난 1870년부터 1954년까지 84년 동안 무려 44명의 대통령이 바뀌었다. 파라과이의 마지막 독재자 알프레도 스트로에스네르(Alfredo Stroessner)는 1954년부터 1989년까지 무려 35년간을 집권했다. 그는 재임 기간 중 반공 정책을 강화하고 자신에게 반대하는 세력들을 탄압했으며 헌법까지 뜯어고쳐 재집권을 반복한 전형적인 권위주의적 독재자다.

스트로에스네르는 표면적으로는 토지개혁을 단행했지만 실제로는 자신의 지지 계층에게 차별적으로 농지를 제공함으로써 지금 파라과이가 겪는 심각한 토지 불평등 문제의 원인을 제공한 인물이기도 하다.

세계에서 가장 빨리 진행된 탄핵

2012년 6월 파라과이 의회는 페르난도 루고(Fernando Lugo) 대통령에 대한 탄핵안을 불과 몇 시간 만에 일사천리로 의결했다. 루고 대통령에 대한 이런 신속한 탄핵은 정치적 변동과 그에 따른 탄핵이 빈번한 중남미 대륙에서조차 매우 이례적인 사례였다. 파라과이에 막강한 정치적 영향력을 행사하는 이웃 국가인 브라질과 아르헨티나는 즉시 항의의 표시로 자국의 대사를 소환했고 탄핵의 부당성을 비판하는 정부 명의의 성명서도 발표했다. 루고 대통령을 지지하는 측에서는 당시의 탄핵을 두고 '의회 쿠데타'라고 비판하기도 했다.

2008년 파라과이 대통령에 당선된 페르난도 루고는 정치에 입문하기 전에 가톨릭 사제를 지낸 매우 독특한 이력의 소유자다. 해방신학이라 불리는 진보 성향의 사제였던 루고는 산 페드로(San Pedro)에서 11년간 사제로 봉사하며 가난한 파라과이 농부를 대변하는 양심이었다. 당연히 루고의 지지 세력 기반 또한 그의 토지개혁 정책을 열렬히 지지했던 농민들이었다. 파라과이 농민들의 대표적인 불만 사항은 크게 두 가지다. 첫째는 부당한 토지 거래와 분배 문제이고 두 번째는 이웃한 브라질 농민들이 파라과이 농지를 침범해 들어오는 것이었다. 파라과이 농민들은 대통령이 된 루고가 이 문제를 해결해 줄 것이란 기대를 걸었다.

하지만 대통령 당선 이후 루고의 개혁 정책은 반개혁적 보수 세력들에 의해 번번이 좌절됐고 임기 내내 그의 권력은 삐걱거렸다. 게다가 2009년 임기 초반에 드러난 스캔들 때문에 그의 정치적 입지는 점점 약화됐다. 루고가 가톨릭 사제로 재임하는 동안 26살의 젊은 여성 신도와 부적절한 관계를 맺었고 그녀와의 사이에 아이를 가졌다는 사실이 폭로된 것이다. 당시 루고의 나이는 53세였다. 루고는 이런 주장에 대해 부인하지 않았고 결국 사실로 인정했다.

2008년 대통령 선거 기간 중 루고를 상징하는 이미지가 가난한 농부와 함께하는 '정직하고 겸손한 사제'였다는 점에서 국민이 느끼는 배신감은 결코 무시할 수 없는 수준이었다. 루고를 탄핵으로 이끈 결정적 계기는 따로 있었다. 토지개혁 정책을 요구하는 시위대와 이를 진압하는 경찰 사이에 빚어진 충돌로 17명이 사망하는 불상사가 발생했기 때문이다.

야당은 이를 빌미로 탄핵을 밀어붙였고, 앞서 설명한 바대로 불과 몇 시간 만에 전격적으로 탄핵안은 통과됐다. 이는 세계에서 가장 빨리 진행된 탄핵으로 아직 깨지지 않는 기록으로 남아 있다.

탄핵이 일상화된 중남미에서도 매우 보기 드문 사례지만, 그나마 불행 중 다행인 것은 루고 대통령이 이를 순순히 받아들여 충돌과 갈등을 최소화했다는 점이다.

16

도미니카 공화국

República Dominicana

트루히요 시대의 개막

카리브해에 있는 에스파뇰라섬의 서쪽 3분의 1은 아이티가, 그
리고 동쪽 3분의 2는 도미니카 공화국이 각각 차지하고 있다. 원래
이웃한 국가가 친해지기는 쉽지 않은 법이다. 실제로 도미니카 공
화국은 1844년 독립 전까지 아이티의 지배를 받아 왔다.

도미니카는 카리브해 도서 국가 가운데는 쿠바에 이어 두 번째로
큰 섬으로 에스파뇰라섬의 전략적 위치 때문에 미국은 이 지역에
지속적인 관심을 보여 왔다. 그리고 1916년부터 1924년까지 미
해병대가 이웃 국가인 아이티와 마찬가지로 도미니카 공화국을 점
령하고, 게릴라 및 공산주의자를 소탕한다는 명분하에 국가경비대
를 창설했다. 초창기 한국군의 창설에도 일본 육사 출신이 중추적

역할을 했던 것처럼, 도미니카 공화국의 군대 또한 초기 국가경비대의 출신들이 대부분 장악했다. 이 가운데 가장 두각을 나타낸 인물이 국가경비대 사령관이었던 라파엘 레오니다스 트루히요(Rafael Leonidas Trujillo Molina)다.

트루히요는 미국과 군부의 강력한 지원을 기반으로 1930년 대통령 선거에 출마해 무려 95%의 득표율로 도미니카 공화국 대통령에 당선된다. 트루히요의 30년 장기 집권은 도미니카 공화국 현대사의 한 페이지를 장식하지만, 그 역사는 피로 물들인 비극의 역사였다.

트루히요의 집권 동안 도미니카 공화국 역사상 가장 괄목할 만한 경제성장을 이룩한 것은 부인할 수 없는 사실이다. 하지만 성장의 열매 대부분은 트루히요 일가를 비롯한 소수의 특권층에게 돌아감으로써 그는 '건국의 아버지'와 '최악의 독재자'라는 이중의 타이틀을 가지게 됐다.

『염소의 축제』를 통해 바라본 도미니카 민주주의의 꿈과 좌절

바르가스 요사(Vargas Llosa)의 소설 『염소의 축제』는 바로 트루히요 독재의 민낯을 생생하게 보여 주는 작품이다. 소설의 형식을 하고 있지만 내용만 놓고 보자면 한 편의 역사 기록물이라고 봐도

무방할 정도다. 중남미 소설을 난해하다고 생각하는 독자들조차도 과감히 그런 편견을 내려놓아도 될 정도로 이 책은 술술 읽힌다. 하지만 읽는 내내 고통스러운 감정을 피할 수는 없다. 그 시절 그들이 겪었던 아픔이 곧 우리의 아픔이기도 하기 때문이다.

2000년 발표된 바르가스 요사의 소설 『염소의 축제』는 1931년부터 1961년까지 도미니카 공화국을 공포로 몰아넣었던 독재자 라파엘 레오니다스 트루히요의 이야기를 다루고 있다. 트루히요의 지지자들은 이 소설이 부정확하고 근거 없는 거짓말로 트루히요와 자신들을 모욕했다고 비난했지만, 정작 당사자인 바르가스 요사는 그들의 분노에 만족을 표했다.

그런데 페루 출신의 작가가 자국의 이야기도 아닌 멀리 떨어진 카리브해 국가의 독재자 이야기를 한다는 것이 조금은 생뚱맞다는 생각이 든다. 하지만 바르가스 요사는 1975년 약 8개월간 도미니카 곳곳을 여행하며 트루히요 독재가 남긴 상처의 기억들을 더듬을 기회가 있었다. 그리고 그가 타국의 독재자 이야기를 쓰기로 결심한 중요한 이유를 어느 평론가와의 인터뷰에서 다음과 같이 밝힌 바 있다.

"독재자 트루히요의 시체는 거기에 있었지만, 트루히요는 계속 우리 안에 살아 있습니다."[27]

바르가스 요사의 말처럼 독재를 극복하고 민주화를 이룬 많은 나라들, 특히 라틴아메리카와 아프리카 그리고 우리나라처럼 오랜 식민지와 독재의 아픔을 겪은 나라들은 여전히 그 트라우마로부터 자유롭지 못하다.

★★★

1961년 고국 도미니카를 등지고 미국 뉴욕으로 떠났던 우라니아. 그녀가 무려 35년 만에 고향 도미니카로 돌아온다. 이 소설의 주인공인 우라니아는 잔인하고 파렴치한 독재자에게 유린당한 채 침묵을 강요받았던 그 시절 수많은 도미니카의 여인들을 상징한다. 소설 『염소의 축제』는 열네 살의 소녀 우라니아가 마흔아홉의 중년 여인이 되어 고향으로 돌아오는 장면에서 시작된다.

우라니아의 아버지 아우구스트 카브랄은 상원의원이자 지식인으로 도미니카의 지배층에 속하는 인물이다. 그런 그에게 딸 우라니아는 언제나 자랑스러운 존재이다. 하지만 우라니아는 지난 35년 동안 아버지에게 한 통의 편지도 쓰지 않았고, 한 장의 사진도 보내지 않았다. 생일 축하 엽서나 크리스마스카드, 신년 엽서도 보내지 않았다. 심지어 아버지가 뇌출혈로 쓰러졌을 때조차 상태가 어떠냐고 묻지 않았다.

무엇이 이토록 그녀를 냉정하게 만들었을까? 그리고 그녀가 그토록 아버지를 증오한 까닭은 무엇일까?

그 이유는 아버지 카브랄이 '수령이자 총통, 자선 사업가이자 새
로운 조국의 아버지이며 고명하신 각하'인 라파엘 레오디나스 트
루히요의 '충성스러운 개'였기 때문이다. 수많은 도미니카 사람들
도 '그 시절'에는 카브랄처럼 수령에 대한 충성심을 의심받지 않기
위해서 집 안에 "이 집에서 트루히요는 수령이다"라는 청동 명판
을 집 안 가장 잘 보이는 곳에 걸어 놓곤 했다. 하지만 지금은 상황
이 바뀌었다. '마법'이 풀리면서 사람들은 집 안에 자랑스럽게 걸어
두었던 청동 명판을 비겁함과 수치심의 상징으로 여기고 가차 없이
내다 버리기 시작한 것이다.

하지만 우라니아가 아버지를 증오하는 진짜 이유는 그의 충성이
강요에 의한 것이 아니라 '자발적'이고 '진심'이었기 때문이다.

"아버지가 사심을 갖고 트루히요에게 봉사하지 않았다는 건 나도 잘
알고 있어. 핵심은 아버지가 진심으로 그를 존경했기 때문에 그런 일
을 했다는 거야."[28]

독재자 트루히요를 향한 과잉 충성 경쟁은 희극적이기까지 하
다. 수도 산토 도밍고의 이름이 트루히요 시티로 바뀐 것은 애교에
불과하다. 트루히요의 풀네임인 라파엘 레오니다스 트루히요 모랄
레스(Rafael Leonidas Trujillo Morales)의 앞 철자를 이용하여 지은
정당이 '청렴(Rectitude), 자유(Libertad), 노동(Trabajo)과 도덕성

(Moralidad)'이라는 다소 긴 이름의 정당인데, 이는 트루히요 이름의 머리글자를 따서 만든 것이다. 물론 트루히요 암살 이후 트루히요 시티는 원래 이름인 산토도밍고로 돌아왔고, 이 해괴한 정당도 자동 해체됐다.

지난 31년 동안, 이 나라를 폭력으로 더럽히며 망가뜨린 독재자만 사라진다면 더욱 아름다울 것이다. 그 시기는 아이티가 점령했을 때나 스페인과 미국이 침략했을 때, 그리고 당파들과 권위적 지배계층이 내전과 싸움을 벌일 때보다 더 폭력적이고 가공스러웠다. 그리고 하늘과 바다와 땅에서부터 도미니카인들을 맹렬하게 습격했던 지진이나 허리케인과 같은 자연재해보다 이 나라를 더 망가뜨리고 더럽혔다.[29]

트루히요 독재 31년 동안 도미니카의 모든 것이 철저히 파괴됐지만, 사람들은 언제나 '그 시절'을 그리워한다.

그는 독재자였고, 그래서 그에 대한 말도 많을 거예요. 하지만 그때가 더 살기 좋았던 것 같아요. 모든 사람들이 일자리를 갖고 있었고, 범죄도 그다지 많지 않았어요.[30]

어쩌면 그 후에 들어선 정부들이 너무나 엉망이어서 많은 도미니카 사람들은 독재자 트루히요를 그리워하는 것인지도 모른다. 이제 사람들은 권력 남용과 살인, 부패와 비밀 염탐, 격리와 두려움을 잊어버렸다. 그렇게 공포는 이미 신화가 되어 있었다.

그렇다면 그 지독했던 독재 시절을 도미니카 사람들이 그리워하는 이유는 무엇일까?

트루히요 집권 시기, 매년 10월 24일이 되면 도미니카 사람들은 그들의 지도자가 베풀어 주는 선물을 기대했다. 이날은 '위대한 지도자'의 생일날이다. 이날이 되면 사람들은 트루히요가 머무는 대통령궁으로 향한다. 그 행렬이 수천 미터에 이를 정도였다. 대통령궁에서 이들을 맞은 트루히요는 캐러멜과 초콜릿, 장난감과 과일, 옷, 바지, 신발, 음료수 등 온갖 선물을 글자 그대로 쏟아붓는다.

이뿐만이 아니다. 트루히요는 대통령궁 안에 있는 예배당에서 이루어지는 집단 세례식에서 수많은 아이들의 대부(代父)가 되어 주었다. 가톨릭이 지배적인 중남미 국가에서 행해지는 이런 세리모니를 흔히 '꼼빠드레'(compadre)라고 하는데, 이는 단순한 후원자가 아니라 한 가족이 된다는 의미이기도 하다. 세례식이 끝나면 가벼운 포옹과 함께 2천 페소가 들어 있는 돈 봉투도 전달됐다. 이로써 트루히요는 도미니카의 가난한 농민과 노동자, 상인 등 서민들의 또 다른 '아버지'로 등극하게 되는 것이다.

어찌 보면 대단히 서민적인 행보로 여겨질 수도 있다. 하지만 여기에 소요되는 모든 예산은 트루히요의 개인 주머니가 아니라 국가

　　　　　　　　　　　　　　　　　　　　　도미니카 공화국

예산에서 지불된 것이었다. 국가의 예산을 마치 자신의 쌈짓돈처럼 사용한 것이다. 두말할 것 없는 전형적인 포퓰리즘 정책이다.

★★★

이 책의 제목에 등장하는 '염소'는 트루히요를 살해한 사람들이 그를 지칭하는 별명이다. 일반적으로 트루히요의 애칭은 '병마개'였는데, 그가 무차별적으로 많은 훈장을 주렁주렁 달고 다녔고, 이를 본 아이들이 그것을 모방해 병마개를 달고 다닌대서 유래했다고 한다. 그가 광적으로 집착한 것은 훈장뿐만이 아니었다.

소설 제목으로 등장하는 염소는 억제할 수 없는 독재자의 병적인 '성욕'을 상징하기도 한다. 우리가 흔히 물개를 정력의 상징으로 여기듯이 말이다.

실제로 트루히요는 잔인한 독재자이자 광적인 섹스 중독자였다. 트루히요의 침실을 거쳐 간 여인은 헤아릴 수 없이 많다. 특히 자신에게 충성을 맹세한 부하들의 부인을 성적 노리개로 삼는 잔인한 취미로 악명이 높았다. '선택된' 유부녀와의 은밀한 밀회를 위해 트루히요는 이들의 남편들을 해외 대사관으로 발령하거나 외지로 강제 전출시키기도 했다. 마치 성서 속 다윗이 우리아를 가장 치열한 전투의 선두에 세워 적의 손에 죽게 하고 그의 아내 밧세바를 취했던 것처럼 말이다.

그리고 독재자에게 여성들을 '재물'로 바치는 자발적인 괴물들도 언제나 존재하기 마련이다. 트루히요에게 성은(聖恩)을 입은 마누엘 알폰소 같은 인물들 말이다.

"그분은 새벽부터 자정까지, 일주일 내내, 그리고 1년 열두 달 내내 일하시네. 한 번도 쉬신 적이 없지. 300만 명의 도미니카 사람들의 생사가 좌우될 결정을 하시네. 그러니 그도 가끔 즐겨야 하지 않겠는가? 몇 분간 계집과 즐길 권리도 없는가? 그게 그의 삶에서 몇 안 되는 보상 중의 하나네. 그래서 독사 같은 놈들이 나보고 수령님의 뚜쟁이라고 말해도, 나는 그걸 자랑스럽게 여긴다네."[31]

카브랄의 오랜 동료인 마누엘 알폰소는 수령의 신뢰를 되찾기 위해 카브랄의 딸, 그것도 이제 14살에 불과한 미성년 딸을 수령의 침실에 제물로 바칠 것을 권하고 있다. 유신독재 때도 마누엘 알폰소와 비슷한 역할을 하던 사람들이 있었다. '그'가 원하는 여자는 모두 궁정동의 안가로 불려 오곤 했던 것처럼, 트루히요가 원하는 여자는 모두 산크리스토발에 있는 그의 개인 농장인 푼다시온 농장에서 열리는 파티에 소환됐다.

가끔씩 그녀의 눈은 그의 축 늘어진 배, 하얘진 음모, 죽어 버린 조그만 음경, 그리고 털 없는 다리를 향해 움직였다. 이것이 바로 총통이며 조국의 자선가이고 새로운 조국의 아버지이며 재정 독립의 복구자였다. 아버지가 30년간 충성을 다해서 헌신했고, 가장 소중한 선물인 열네 살에 불과한 딸을 바쳤던 수령님이었다.[32]

이쯤에서 소설의 제목인 『염소의 축제』가 가지는 의미가 명확해진다. 자신의 출세를 위해 늙은 독재자에게 바친 어린 딸은 독재자의 '축제'에 바쳐진 '살아 있는 제물'과도 같다. 무엇보다 독재자의 축제에 희생된 가장 큰 제물은 가난하고 헐벗은 민중의 피와 땀, 그리고 미완으로 남은 민주주의이다. 불행하게도 중남미에는 너무 많은 탐욕스러운 염소들이 존재해 왔다.

도미니카 전체를 집어삼킨 독재자였지만 트루히요는 자신의 가정을 온전하게 꾸리는 데는 완전히 실패했다. 아들들은 모두 아버지의 권력을 배경으로 돈과 술과 마약과 여자에 빠진 글자 그대로 개망나니들이었다.

영부인 앙헬리타도 이에 뒤지지 않는다. 사치와 허영 속에 빠져 살던 그녀는 심지어 남편 몰래 비자금을 조성해 해외로 돈을 빼돌리기 시작했다. 앙헬리타는 1954년 스페인의 독재자 프랑코 총통을 공식 예방한 후 남편 모르게 스페인에 집을 구입했고, 스위스와 뉴욕에 자신 이름의 은행 계좌를 마련하기도 했다. 한마디로 콩가루 집안도 이런 콩가루 집안이 없다.

트루히요와 그의 일가는 항공사, 은행, 호텔 등 도미니카의 거의 모든 산업에 촉수를 뻗쳐 개인적 이익을 착복했다. 심지어 매춘 수익 일부와 공무원 월급의 10%는 트루히요 개인 통장에 꼬박꼬박 입금됐다.

트루히요 사후에도, 그의 가족들은 도미니카 공화국에 대한 지속적인 지배를 모색했으나 대중의 압력과 미국의 반대에 부딪혀 1961년 11월 해외로 망명했다.

★★★

트루히요의 대통령 집무실을 방문한 사람들은 하나같이 호화로운 집무실에 에어컨이 설치돼 있지 않다는 사실에 놀랐다. 그래서 이곳에서는 누구나 하나같이 땀을 삐질삐질 흘리게 마련이다.

트루히요가 자신의 집무실에 에어컨을 설치하지 않은 이유는 그가 '가짜 바람'을 싫어했기 때문이다. 게다가 그는 자기가 절대로 땀을 흘리지 않는 사람이라는 사실에 묘한 자긍심을 느끼고 있었다고 한다. 하지만 정작 그는 자신 주변의 '가짜 충신'들을 가려내는 데는 실패했다. 결국 트루히요는 이들에 의해 암살당하는 운명을 맞이한다.

안토니오 임베르트는 다시 생각에 잠겼다. 이 나라는 내일 아침이면 독재자로부터 해방되어 새날을 맞게 될까?[33]

산크리스토발로 향하는 고속도로 위에서 일군의 무리가 트루히요가 탑승한 하늘색 시보레 자동차가 지나가기만을 기다리고 있다. 이들은 트루히요를 암살할 거사를 눈앞에 두고 있다. 하지만 정말 그가 여기를 지나가는 걸까? 혹시 비밀이 새어 나가서 계획은 실패로 돌아가는 건 아닐까? 아니면 임베르트의 독백처럼 도미니카는 내일 아침이면 해방의 새날을 맞이할까?

황록색 옷을 입고 있는 시체는 총탄을 맞아 얼굴이 완전히 일그러져 있었고, 피 웅덩이를 이룬 아스팔트에 누워 있었다. 야수는 죽어 있었다.[34]

트루히요 암살 직후 벌어지는 상황은 마치 1979년 10월 26일 직후의 상황을 연상케 한다. 대통령 시해 관련자들의 대대적인 체포, 새로운 권력자의 등장과 복잡한 군부 내부의 움직임 등 새로운 시대를 준비하기 위한 또 다른 진통이 시작된다.

무엇보다 반란군 편의 군대와 트루히요 충성파 군대 간의 충돌도 우려됐고 미국의 군사개입 여부도 초미의 관심사였다. 허수아비 대통령 호아킨 발라게르는 공산주의자들의 침투를 허락하지 않을 것이며, 완전한 민주주의로 나아가기 위해 최선을 다하겠다는 성명을 발표함으로써 반란파와 트루히요파 모두를 진정시키려 노력했다.

트루히요 암살을 주도한 호세 레네 로만 장군은 체포 직후 악명 높은 첩보부대의 고문실로 끌려갔다.

갑작스러운 전기 충격이 머리끝에서 발끝까지 그의 모든 신경을 마구 두드렸다. 그는 눈앞에서 불똥을 보았으며, 날카로운 바늘들이 털구멍을 찔렀다. 그들은 계속해서 방전했고, 그때마다 그에게 양동이로 물을 퍼부어 정신을 차리게 만들었다. (중략)
그들은 잠을 자지 못하도록 그의 눈꺼풀을 눈썹에 붙였다. 눈을 뜨고 있음에도 불구하고 반수면 상태가 되면 그들은 야구 방망이로 마구 때려 그를 깨웠다. 그들은 먹을 수 없는 물질을 그의 입에 집어넣기도 했다. 처음 몇 번은 그게 똥이라는 것을 알고 토해 버렸다.[35]

전기 고문, 잠 안 재우기, 분변 먹이기 등 상상 이상의 고문들이 총동원된다. 전기 고문 중 살이 타고 똥오줌이 줄줄 샌다. 이때 악취를 제거하기 위해 전기의자 주변으로 싸구려 향수를 뿌리는 장면은 극도의 공포감을 자아낸다.

『염소의 축제』를 읽는 내내 우리 현대사와 겹치는 기시감을 피할 수 없다. 염소의 축제는 끝났다. 가혹한 독재자가 즐겼던 인육의 축제는 그렇게 막을 내렸지만, 이제 도미니카 민주주의의 진짜 축제가 시작되어야 할 시점이다.

17

우루과이

República Oriental del Uruguay

라틴아메리카 최초의 복지국가

남미에서 유일하게 마약 카르텔 조직이 없는 나라. 세계 최초로 초등학생 전원에게 노트북과 태블릿을 무상 지급한 나라. 무엇보다 남미에서 가장 안전하고 선진화된 복지정책을 가진 나라. 바로 남미의 우루과이다. 실제로 우루과이는 20세기 초 사회보장제도를 확립하면서 라틴아메리카 최초의 복지국가라는 타이틀도 가지고 있다.

우루과이의 인구는 약 351만 명이며(2024년 기준) 이 중 약 200만 명이 수도 몬테비데오에 거주한다. 아메리카 대륙에서 2번째로 작은 나라인 우루과이의 면적은 우리나라 크기의 약 81% 정도이다. 인접한 브라질과 아르헨티나의 정치 경제적 그늘 속에 오랫동안 놓여 있어서 두 나라와 많은 문화 역사적 유사성을 가지고 있다.

1828년 독립 이래 영국, 프랑스, 이탈리아 등의 유럽 국가들과 강한 유대를 형성하며 아르헨티나, 칠레와 비슷하게 인구의 절대 다수인 87.7%가 백인으로 구성돼 있다. 실제로 우루과이를 가보면 다른 중남미 국가에서 쉽게 마주칠 수 있는 원주민과 혼혈인은 보기 어렵고 대부분 백인이라, 남미보다는 유럽이라는 착각에 빠지게 된다.

우리에게는 축구 잘하는 나라라는 이미지와 함께 1986년 9월에 열렸던 이른바 '우루과이 라운드'로 더 잘 알려져 있다. 시장 개방을 골자로 하는 우루과이 라운드는 이전 관세무역일반협정 즉 가트(GATT)를 대체하며 세계무역기구 WTO의 시대를 열었다. 뭐니 뭐니 해도 우루과이 하면 축구 이야기를 빼놓을 수 없다.

우루과이는 1930년 최초의 월드컵이 개최된 국가이자 원년 챔피언이라는 자부심이 대단하다. 우루과이는 월드컵 100주년을 맞는 2030년 아르헨티나, 칠레와 함께 월드컵 공동 개최를 위해 전력을 다하고 있다.

중남미 완충국(Buffer State)

우루과이에 처음 스페인군이 도착한 것은 1516년이다. 하지만 우루과이에는 그들이 애타게 찾던 금과 은이 없었다. 1603년 스페인 사람들은 본토에서 우루과이로 소를 들여와 키우기 시작했다. 우루과이 산업의 주축이 되는 목축업은 이렇게 시작됐다.

금과 은은 없었지만, 무역과 군사 전략상 중요한 위치에 있었기 때문에 스페인과 포르투갈은 1680년부터 1827년까지 우루과이를 두고 치열한 경쟁을 벌였다. 영국도 1807년 2월부터 9월까지 우루과이의 수도 몬테비데오를 점령하며 무력시위를 감행하기도 했다.

나폴레옹 전쟁에 의한 스페인의 쇠퇴는 중남미 국가의 연쇄적인 독립전쟁으로 이어졌다. 1811년 스페인군 대위 출신의 호세 아르티가스(Jose Artigas) 장군이 이끄는 저항운동으로 우루과이에서도 본격적인 독립전쟁이 시작된다.

우루과이는 1824년 5월 포르투갈로부터 독립한 브라질에 합병되는 시련을 겪기도 했다. 이때 위기에 몰린 우루과이를 도와준 나라가 바로 아르헨티나이다. 그리고 1826년 1월 아르헨티나군은 우루과이 군과 합세하여 린콘(Rincon)과 사란디(Sarandi) 전투에서 브라질군을 격파한다.

결국 1828년 8월, 브라질과 아르헨티나 양국은 우루과이의 독립을 보장하는 평화 조약에 서명함으로써 사실상 우루과이는 브라질과 아르헨티나 사이에 일종의 완충국(Buffer State)으로서 독립을 쟁취하게 된다.

우루과이의 독립에 절대적으로 기여한 아르헨티나에 대한 고마

움을 표시하기 위해 오늘날 우루과이의 국기에는 아르헨티나 국기의 문양인 5월의 태양이 그려져 있다. 우루과이와 아르헨티나는 국경을 마주하고 있음에도 불구하고 오랫동안 별다른 분쟁 없이 사이 좋은 이웃 국가의 관계를 유지해 오고 있다.

분쟁이 일상인 중남미에서는 흔치 않은 일이다. 그리고 여기, 독재자가 흔한 중남미에서 흔치 않은 지도자가 한 명 존재한다. '빈자의 대통령'이라고 불리는 호세 무히카가 그 주인공이다.

세상에서 가장 가난한 대통령, 무히카

호세 무히카의 본명은 호세 알베르토 무히카 코르다노(Jose Alberto Mujica Cordano)로 1935년 5월 20일 우루과이의 수도 몬테비데오의 외곽 작은 마을에서 몰락한 농장주의 첫째 아들로 태어났다. 무히카가 태어난 1930년대 우루과이는 독재와 반독재 투쟁, 그리고 반복되는 군사독재와 쿠데타로 인해 극심한 혼란을 겪던 시기였다.

청년 시절 무히카는 무정부주의에 심취해 있었다. 1970년 마르크스 레닌주의 도시 게릴라인 투파마로(Tupamaro)에 합류했지만, 스탈린을 비판했다는 이유로 이 조직에서 추방된다. 곧이어 1971년부터 인민 참여 운동을 설립해 본격적인 정치 활동을 시작하던 중 1972년 군사 쿠데타로 들어선 군사 정부에 의해 체포돼 무려 14년간을 독방에서 갇혀 생활한다. 석방된 후 1994년에는 하원의원, 1999년에는 상원의원에 선출되고, 2009년에 치러진 대통령 선거에서 승리해 마침내 우루과이 대통령에 오르게 된다. 그의 인생 역정은 남아공의 민주 투사인 넬슨 만델라와 매우 유사하다. 이때 무히카가 신고한 자신의 전 재산은 폭스바겐의 1987년식 비틀 자동차 딱 한 대였다고 한다.

2010년 3월 1일 우루과이 제40대 대통령에 당선된 무히카의 득표율은 전제 과반을 살짝 넘긴 52%였다. 하지만 2015년 3월, 5년간의 임기를 마치고 퇴임할 때 그의 지지율은 무려 65%를 기록했다.

'절대적인 지지'라는 표현에는 부족하지만, 임기 말 레임덕에 걸려 지지율이 급락하는 일반적인 현상과는 달리 나름 국민의 사랑과 존경 속에 퇴장한 흔치 않은 사례임에는 분명하다.

무히카는 퇴임사에서 "저는 떠나는 게 아닙니다. 여러분에게 돌아가는 것입니다. 제 숨이 붙어 있는 날까지 저는 언제나 여러분과 함께 할 것입니다"라고 말했다. 무히카의 퇴임식 날에 우루과이 국민들은 수도 몬테비데오에 설치된 대형 무대에서 'My General'을 연호하며 사랑하는 자신들의 지도자를 정중하게 환송했다.

아무리 서민적인 대통령이라 해도 그가 무능한 대통령이었다면 국민들이 이렇게까지 따르지는 않았을 것이다. 전반적으로 그의 재임 기간 중 경제 관련 성적표도 나쁘지 않은 것으로 평가받고 있다. 게릴라 출신의 좌파 정치인이기 때문에, 경제도 지나치게 좌클릭하지 않을까 하는 우려도 나왔지만, 실제로 경제정책만큼은 중도에 가까웠다고 할 수 있다.

하지만 다른 정책에서는 상당히 실험적이고 진보적인 정책들로 세상을 깜짝 놀라게 하기도 했다. 대표적으로 2014년 8월, 무히카 정부는 대마초 합법화 법안을 세계 최초로 통과시켰다. 이 밖에도 그동안 사회적 금기로 여겨졌었던 마리화나와 낙태, 동성결혼 등이 무히카 재임 기간 중 합법화됐다. 외교 정책 면에서 보면, 좌파 성향상 반미를 주장하지 않을까 전망됐지만 실제로 미국과는 '전략적 친미 관계'라 할 정도로 가깝게 잘 지낸 편에 속한다.

국민적 사랑을 받은 '페페 할아버지'

무히카는 대통령 재임 중에도 특별한 경호원 없이 거리를 거닐고 국민과 스스럼없이 지냈으며 어린이들은 그를 '페페 할아버지'라고 불렀다. 베트남의 국민적 영웅 호치민 주석의 별명이 '호 할아버지'였던 것처럼 말이다. 무히카의 수많은 사진을 보면 그가 한 나라의 대통령이란 사실이 믿기 어려울 정도로 소박하고 검소하다는 사실을 어렵지 않게 확인할 수 있다.

청바지에 낡은 트레이닝복을 걸친 그의 모습은 검소를 지나 초라해 보이기까지 한데, 우리네 시골 마을에서 흔하게 마주칠 수 있는 동네 할아버지 모습 그대로다. 실제로 무히카는 대통령이 된 이후에도 몬테비데오 외곽의 허름한 농장에서 자신이 심은 농작물을 직접 재배하며 무거운 짐도 스스로 지고 날랐다.

무히카가 유일하게 애착을 보인 물건 가운데 1987년식 낡은 폭스바겐이 한 대 있지만, 이 또한 28년이 된 고물 자동차로 대통령 재임 중에도 운전기사 없이 자신이 직접 몰고 다녀 화제가 되기도 했다.

농사로 버는 수익 말고 대통령 세비를 포함해 매달 1만 2천 달러의 소득은 모두 가난한 이들이나 영세 기업에 기부했다. 아예 대통령 관저까지 노숙인들에게 개방하려 했다가 의회의 반대로 무산되기도 했다. 아무도 못 말리는 대통령. 하지만 한 번도 경험해 본 적 없는 소박한 서민 대통령의 모습에 국민들은 환호했다.

이렇게 대중적인 사랑을 받았다면 재선에 도전해 볼만하지 않았을까?

실제로 주변에 재선 도전에 대한 강력한 요구가 있었다고 한다. 하지만 무히카는 이런 요청에 대해 "민주주의 국가의 지도자는 물러날 만할 때 물러나야 한다"라며 재선 출마를 단호히 거절했다. 우루과이 헌법상 대통령직 연임은 불가능하지만, 재선이나 삼선 자체가 불법은 아니다. 다시 말해 한 번 쉬었다 출마하면 얼마든지 대통령에 당선될 수도 있었지만 거절한 것이다. 실제로 무히카의 뒤를 이은 타바레 바스케스 대통령은 지난 2004년 당선한 후 한 번 쉬었다 이어서 두 번째로 당선이 된 경우에 해당한다.

여러 가지로 존경받을 만한 훌륭한 정치인은 분명하지만, 의외로 이런저런 구설수에도 자주 오르내리기도 했다. 호세 무히카는 장관 재임 시절부터 특유의 욕설과 거친 언변으로 유명했는데, 그러다 보니 이런저런 말실수도 있었던 것으로 보인다.

예를 들어, 2014년 아르헨티나의 크리스티나 페르난데스 대통령을 '성질 더러운 할망구'라 공개 비난했고, 2016년에는 베네수엘라의 우고 차베스 대통령과 니콜라스 마두로 대통령을 '미친 염소'에 비유해 화제가 되기도 했다. 나중에 이런 욕설과 관련해 베네수엘라에 공식으로 사과하며, 두 대통령에게 용서를 구하기도 했다고 한다.

무히카는 퇴임 직후 곧바로 그의 오래된 농장으로 돌아갔다. 스페인의 후안 카를로스 전 국왕이 그의 농장을 방문했을 때 무히카는 그를 맞으며 "당신은 어렸을 때부터 왕이라는 불행을 겪었군요"라는 뼈 있는 농담을 던지기도 했다. 사실 무히카의 이 농담 같지 않은 농담은 권력의 한가운데서 권력의 잔혹함과 무상함을 온몸으로 겪어 본 사람, 더 나아가 그 권력에 집착하지 않고 홀연히 떠날 수 있는 자만이 내뱉을 수 있는 화두에 가깝다.

　권력자가 된다는 것은 천우신조의 행운일까. 아니면 무히카의 말처럼 숙명 같은 짐이자 피할 수 없는 불행일까.

　이 물음에 대한 해답은 권력의 정점에서는 결코 얻을 수도, 내놓을 수도 없을지 모른다. 특히 피와 눈물로 얼룩진 수많은 권력자의 마지막은 그것이 언제나 해피엔딩이 아닐 수도 있다는 역사적 가르침을 되새기게 만든다. 무히카는 지난 2024년 4월 기자회견을 통해서 자신의 식도암 투병 사실을 공개했다. 그리고 이듬해 2025년 5월 13일 향년 89세의 나이로 세상을 떠났다.

　"세상은 언제나 혁명을 필요로 한다. 하지만 그것이 언제나 총과 폭력을 의미하지는 않는다. 혁명이란 사고의 전환이다. 유교나 기독교도 당시에는 혁명이었다."

　무히카가 남긴 수많은 명언 가운데 하나로, 그가 생각하는 진정한 혁명이란 무엇인지 잘 나타내는 말이다. 아울러 권력을 둘러싼 수많은 변절과 관련된 그의 촌철살인의 말을 하나 더 소개한다.

　"일부 동료들이 변절한 이유는 간단하다. 거울을 통해서 자신의 내면을 봤기 때문이다. 거울 속의 자신을 바라보며 스스로에게 이렇게 말했던 것이다. '내 얼굴이 이렇게 초췌해졌군. 난 더 이상 견딜 수가 없어.' 이렇듯 솔직함이란 아주 무서운 것이다."

　호세 무히카. 자신의 이상을 삶에서 실천하며 마지막 순간까지 권력에 오염되지 않은, 그야말로 흔치 않은 정치인 중 한 명임에는 분명하다.

18

니카라과

República de Nicaragua

'공동 대통령제'를 운영하는 나라

니카라과는 현재 세계에서 유례를 찾기 힘든 이른바 '공동 대통령제'(co-presidency)를 운영하고 있다. 더 특이한 점은 공동 운영의 파트너가 바로 권력자의 아내라는 점이다. 1970년대 산디니스타 해방 전선을 이끌고 현재는 니카라과의 대통령을 맡고 있는 다니엘 오르테가(Daniel Ortega)와 그의 혁명동지이자 아내인 로사리오 무리요(Rosario Murillo)가 그 주인공이다.

하지만 실제 권력은 오르테가가 아닌 로사리오 무리요의 머리와 손에서 나온다는 것이 전문가들의 공통된 의견이다. 벌써 80의 나이에 이른 오르테가는 최근 건강상의 이유로 공식 석상에서도 모습을 드러내지 않고 있고, 대부분 중요한 결정은 무리요가 내리고 있기 때문이다.

문제는 권력 승계를 둘러싸고 잔혹한 숙청 작업이 니카라과에서 진행되고 있다는 점이다. 1970~1980년대 산디니스타 해방 전선 활동을 함께하던 동지들 가운데 상당수가 오르테가의 손에 의해 권력에서 쫓겨나거나 투옥됐다. 그 뒤의 보이지 않는 손의 주인공이 그의 아내이자 공동 대통령인 무리요라는 사실은 이미 잘 알려져 있다.

한때 혁명 영웅이었던 오르테가 정권이 새로운 독재의 길로 접어든 것은 부인할 수 없는 현실이다. 니카라과의 수도 마나과 도심 곳곳에는 V자를 그리며 활짝 웃고 있는 오르테가 부부의 사진을 누구나 쉽게 볼 수 있다. "승리의 시대!"(Tiempos de Victorias!)라는 문구와 함께 말이다. 니카라과는 정말 '승리의 시대'를 살고 있는 걸까.

★★★

니카라과는 중미에서 면적이 가장 넓고, 다른 중미 국가들과는 달리 대서양과 태평양을 모두 면하고 있는 나라다. 다른 중미 국가들과 마찬가지로 식민시대에는 스페인 식민제국으로부터 별다른 관심을 받지 못했지만, 근대 들어와 영국과 팽창주의 전략을 앞세운 미국의 관심과 개입의 대상이 됐다.

독립 이후 니카라과 정치사의 불행은 레온(Leon)을 중심으로 한 자유주의자들과 그라나다(Granada)를 중심으로 한 보수주의자 사이의 갈등에서 시작됐다. 오늘날 마나과(Managua)가 니카라과의 수도가 된 것은 마나과가 갈등을 겪는 두 도시 사이 정확히 중간 지점에 있었기 때문이다. 두 도시의 갈등은 1855년 레온의 자유주의자들이 그라나다의 보수주의자를 몰아내기 위해 윌리엄 워커(William Walker)라는 미국인 용병을 고용하면서 극대화된다.

수적으로는 절대적인 열세였지만 월등히 우수한 장비로 무장한 워커의 용병 부대는 손쉽게 그라나다를 점령했다. 워커는 여기서 멈추지 않고, 니카라과의 군사령관 직에 올라 1856년에는 그 자신이 니카라과의 대통령임을 국내외에 선포했다.

오만방자함이 도를 넘은 윌리엄 워커의 행보에 분노한 니카라과인들은 1856년 9월 대규모 무장봉기를 일으킨다. 결국 윌리엄 워커는 물러나지만, 이로 인해 권력은 다시 보수주의자들의 손으로 넘어간다. 외세를 끌어들여 한번 혼쭐이 난 경험을 했지만, 니카라과의 보수정권은 다시 미국으로부터 군사고문단과 재정적인 지원을 받아들임으로써 미국의 손길에서 벗어날 기회를 놓치게 되고 향후 니카라과의 정치는 사실상 미국의 완전한 간섭 아래 놓이게 된다. 미국의 입장에서 볼 때, 중미의 중심부에 위치한 니카라과는 반드시 친미적이어야만 했다. 하지만 미국의 간섭이 심해지면서 니카라과 전역에서 반미주의적 활동이 본격화되기 시작했다. 이들 가운데 대표적인 인물이 바로 자유주의적 성향의 민족주의자인 세사르 산디노(Augustino Cesar Sandino)다. 그는 니카라과에 주둔하는 미

해병대를 상대로 게릴라전을 펼치며 활약했지만, 결국 1934년 니카라과 국방군에 체포돼 처형당한다.

당시 산디노에 대한 체포와 처형을 주도했던 인물이 1979년까지 세습 족벌 체제를 수립하고 권력을 휘두른 악명 높은 독재자 소모사 가르시아(Anastasia Somoza Garcia)다.

소모사 일가의 독재

중남미에 등장한 수많은 독재자 가운데 반드시 기억해야 할 독재자 가문이 있다면 니카라과의 소모사 일가를 빼놓을 수 없다. 소모사는 초대 니카라과 국가방위군 책임자로 커피농장의 대지주인 부모와 함께 일찍부터 미국 생활을 하면서 미국식 교육까지 받은 전형적인 친미 성향의 인물이다. 영어에 능통했기 때문에 미 점령군과 자유주의 반군 사이에 통역관 역할을 하면서 미 정부 고위 관리에 일찍부터 눈도장을 찍은 것으로 전해진다.

소모사 가르시아는 1937년 대통령이 된 후 1956년 9월 암살당할 때까지 20여 년간 니카라과를 통치했다. 그러나 소모사 가문의 통치는 여기서 끝나지 않았다. 소모사의 장남인 루이스 소모사 데바일레(Luis Somoza Debayle)가 1957년부터 1967년까지, 그리고 둘째 아들인 아나스타시아 소모사 데바일레(Anastasia Somoza

Debayle)가 1967년부터 1979년까지 각각 통치함으로써 사실상 3대에 걸친 기괴한 지배 구도를 완성했다. 루이스 소모사의 통치가 상대적으로 온건하기는 했지만, 기본적으로 이들의 장기 통치는 전형적인 중남미형 개발독재의 하나라 할 수 있다.

일찍이 소모사 일가의 통치 방식은 교회와 대농장주 그리고 군부 등 보수주의자들의 협조는 물론, 이들의 부정부패를 묵인해 줌으로써 소모사 일가에게 더욱 충성할 수 있도록 유도하는 것이었다. 특히 1972년 수도 마나과에서 발생한 지진 사태로 피해 복구와 이재민 구호를 위해 각국에서 보내 준 대규모의 원조 자금을 소모사 일가와 일부 특권층이 착복하는 사건은 많은 국민을 분노케 했다.

소모사 정권은 미국의 중미 진출의 중심 중 하나인 유나이티드 후르츠(United Fruits)에게 토지 제공을 비롯한 모든 편의시설을 제공함으로써 반사 이익을 얻었으며, 그의 일족들은 니카라과 전체 경지 면적의 절반을 소유하면서 10억 달러가 넘는 사유재산을 소유하기도 했다.

산디니스타 민족해방전선의 등장

1960년대의 중남미는 게릴라 운동이 난무하던 시기였고, 니카라과에도 소모사 일가의 장기 독재에 대항하는 반소모사 연대가 형성됐다. 당시 니카라과에는 3개의 게릴라 단체가 부상했는데, 이들 집단은 1962년에 이르러 소모사의 축출을 위해 산디니스타 민족해방전선(Frente Sandinista de Liberacion Nacional: FSLN)으로 통합되었다. 니카라과는 지형상 쿠바와 같은 산악지대 중심의 게릴라 투쟁이 유리한 곳이었다.

산디노의 사망 후 산디니스타 민족해방전선을 이끈 대표적 인물이 바로 다니엘 오르테가(Daniel Ortega)다. 그는 감옥에서 석방된 후 쿠바로 망명해 카스트로의 보호를 받는다. 오르테가는 쿠바 망명 기간 중 쿠바 혁명군으로부터 도시 게릴라 전술과 산악 전투 전술 등을 집중적으로 습득한 후 1975년 비밀리에 니카라과로 돌아와 대학생과 교수 등 지식인들을 중심으로 '제3의 길'이라는 무장 투쟁 운동 세력을 창설한다.

정부군의 압박이 거세지면서 오르테가는 여러 개로 흩어져 있는 반 소모사 세력의 통합이 절실하다는 사실을 깨닫게 된다. 1979년 5월 29일, 오르테가는 전국의 반소모사 세력을 집결시켜 소모사 정부를 향한 전면전을 선포하고 같은 해 6월 4일, 이에 호응한 노동자들의 전국적인 파업을 시작으로 동시다발적인 총공격을 시작한다. 마침내 6월 16일, 소모사 일가가 미국의 마이애미로 망명을 떠남으로써 무려 42년간 대를 이어 가던 소모사 일가의 족벌정치가 막을 내리게 된다.

혁명 이후 니카라과의 정국은 9명으로 구성된 산디니스타 국가

재건위원회와 3명으로 구성된 군사평의회에 의해 주도됐다. 그리고 그 중심에 다니엘 오르테가(Daniel Ortega Saavedra)가 있었다. 이들은 초기에는 다원주의와 혼합경제의 범주 안에서 개혁을 추진하는 듯했으나, 점차 마르크스 레닌주의를 표방한 사회주의 체제로 전환하여 중남미 지역에서 쿠바에 이어 혁명 수출기지 역할을 자임하기에 이르렀다.

이런 니카라과의 급진주의적 노선 변화는 코스타리카와 온두라스 등 이웃 나라의 반발을 불러왔고, 이를 가장 심각하고 우려 섞인 눈으로 지켜본 나라는 바로 미국이었다.

이란 콘트라 스캔들

1979년 니카라과에서 산디니스타 혁명이 일어난 후 1981년 미국에서는 로널드 레이건 행정부가 들어선다. 보수적 성향의 레이건 행정부는 CIA를 동원해 눈엣가시 같은 산디니스타 정권을 무너뜨릴 계획을 세운다. CIA가 가장 먼저 한 일은 소모사 가문의 잔당 세력인 우익 반군 콘트라를 지원하는 것이었다.

레이건 대통령은 콘트라 반군을 '자유의 전사들'이라고 불렀지만, 산디니스타는 이들을 '용병' 혹은 '갱'이라고 부른다. 사실 콘트라 반군의 주력은 산디니스타의 마르크스적 이념을 두려워하는 자본가들이나 부르주아지 세력들이 아니다. 이들 또한 대부분 가난한 농민 출신들이며 반군이란 표현도 어울리지 않을 정도로 어중이떠중이 모아 놓은 불법 무장 조직 혹은 카르텔에 불과했다. 심지어 이들 대부분은 무엇을 위해서 싸우는지조차 몰랐다.

물론 콘트라 반군이 뿌린 선전용 전단지에 의하면 이들은 공산주의라는 '악의 무리'와 싸우는 십자군으로 자신을 묘사하고 있다. 이런 오합지졸 콘트라를 지원하기 위해서는 당장 막대한 돈이 필요했다. 공교롭게도 이때 CIA가 찾은 숨은 돈줄이 바로 이란이었다.

1981년 당시, 이란은 이라크와 전쟁을 벌이고 있었다. 잘 알고 있는 바와 같이 이란은 1979년(공교롭게도 산디니스타 혁명과 같은 해이다) 호메이니의 이란 혁명을 통해 미국과는 철천지 원수지간이 돼 있었다. 이런 '적성 국가'로부터 돈줄을 구했다고?

혁명 전 이란의 팔라비 왕조는 대표적인 친미 국가였다. 이란의 군대는 대부분 미국으로부터 사들인 무기들로 채워져 있었다. 이런 상태에서 혁명을 맞았고, 이란 군대는 여전히 미군의 무기 시스템 영향 아래 있었다. 당연히 이라크와의 전쟁에서 이란군의 무기 시스템은 사소한 부품 하나라도 미국의 도움 없이는 제대로 작동할 수 없는 상황이었다. CIA는 숨은 돈이 필요했고, 이란은 미국의 무기가 절실했다. 적이었지만 서로의 이해관계가 맞아떨어진 것이다.

한편 같은 시기에 미국 정부는 이란의 지원을 받은 시아파 무장 조직 헤즈볼라에 의해 레바논 미 대사관에 인질로 잡힌 민간인 문제로 곤란에 처해 있었다. 이러한 상황에 맞물려 미국은 탄약과 미사일 및 부품 판매와 인질 석방을 맞바꾸는 협상을 진행 중이었다. 이때 NSC에서 근무하던 올리버 노스(Oliver North)라는 해병대 장교가 "이란에서 받은 돈으로 콘트라를 지원하면 어떨까요?"라는 제안을 내놓았다. 놀랍게도 이 제안은 별다른 이의 없이 그대로 실행됐다. 불법적으로 벌어들인 돈이 불법적인 용도로 사용된 것이다.

이 문제는 1986년 의회 조사 과정에서 드러났고, 윌리엄 케이시(William J. Casey) CIA 국장을 비롯해, 포인덱스터(John. M.Poindexter) 국가안보보좌관 등 당시 레이건 행정부의 안보 관련 핵심 참모 대부분이 연루된 것으로 밝혀져 충격을 줬다.

결국 이란 콘트라 스캔들은 레이건 대통령을 탄핵 직전까지 몰고 갈 정도로 커다란 파장을 일으켰다. 하지만 이란 콘트라 스캔들을 최초 기획하고 제언한 것으로 알려진 노스 대령은 나중에 청문회에 참석해 증언하면서 레이건 대통령과 당시 부시 부통령의 관여 여부에 대해서는 부인했다.

이 밖에도 1987년 미 의회 청문회 과정에서 드러난 바에 따르면, CIA가 불법적으로 이란에 제공한 무기 대금은 무려 4천 7백만 달러에 이른다. CIA는 이 돈을 니카라과의 콘트라 반군에 지원해 산디니스타 혁명 정부의 전복에 사용했다.

물론 이 돈 전부가 콘트라 반군의 손에 온전히 들어간 것은 아니다. 상당 액수의 돈이 중간에 사라진 것이다. 당시 콘트라 스캔들을 조사하던 로렌스 월시(Lawrence F. Walsh) 특검은 무기 대금의 일부가 이 사건에 관여한 인물들에게 흘러 들어간 것으로 판단해 조사했지만, 최종적으로 확인하는 데는 실패했다. 아직도 이 돈의 일부는 스위스 계좌에 동결돼 있는 것으로 전해진다.

문제는 이것만이 아니었다. 이 과정에 CIA 중남미 지부가 마약 밀거래에 관여해 어마어마한 액수의 불법적인 수익을 챙겼다는 주장이 제기돼 충격을 주기도 한 것이다. 실제로 이란 콘트라 사건 당시 미국과 중남미에 유통된 마약의 양은 전례 없이 증가했다.

레이건 집권기 동안 CIA가 중남미 마약 카르텔과 손잡고 마약을 미국으로 밀수해서 그 판매 수익으로 비자금을 만들어서 중남미의 우익 반군들에게 지원한 것은 공공연한 사실이다. 결국 이란 콘트라 사건이 폭로되면서 레이건은 대통령으로서 사과 기자회견을 하고 의회 특별조사 위원회에서 백악관의 묵인하에 CIA 벌인 '더티한' 비밀공작이 드러나면서 심각한 레임덕에 빠지게 된다.

이 사건의 핵심 인물인 올리버 노스는 1990년 기소됐지만 같은 해 항소심에서 최종 무죄판결을 받아 석방됐다. 1994년에는 버지니아주 연방 상원의원 선거에도 출마했지만 낙선했다. 이후 보수적 시각의 폭스 뉴스에서 정치 평론가로 활약하다가 2018년부터 2019년까지 전미총기협회 회장에 취임했다.

니카라과는 제2의 쿠바?

"니카라과는 또 다른 마르크스 레닌주의 국가가 될 것인가?"

1985년 4월 28일 자 뉴욕 타임스 기사의 제목이다. 기사를 쓴 주인공은 2010년 노벨문학상 수상자인 페루의 작가 마리오 바르가스 요사(Mario Vargas Llosa)다. 그는 산디니스타 해방 전선에 의해 장악된 니카라과가 중남미에서 제2의 쿠바가 될 것인지를 직접 눈으로 확인하기 위해 니카라과를 직접 방문해 이 기사를 작성했다.

당시 그가 내린 결론은 '니카라과는 쿠바와는 완전히 다르다'라는 것이었다. 특히 그는 니카라과가 소련과 밀착해 사실상의 위성 국가로 전락하지는 않을 것이라고 예측했다. 그 이유는 니카라과가 모스크바와 거리 두기를 원했기 때문이 아니라, 반대로 모스크바가 니카라과라는 별다른 영양가 없는 과실을 떠맡기를 거부했기 때문이다.

1990년 2월 25일에 치러진 대통령 선거 결과는 산디니스타 해방 전선의 오르테가 후보가 압승할 것이라는 일반적인 예상과는 달리 14개 좌우익 정당 연합체인 니카라과 야당 연합의 차모로(Violeta Barrios de Chamorro) 후보의 승리로 끝이 났다. 1996년과 2001년 대선에서도 그는 연이어 패배의 쓴잔을 들이켜야 했다. 하지만 2006년 11월 치러진 선거에서 마침내 니카라과 국민은 오르테가를 다시 대통령으로 호출함으로써 그에게 또 한 번의 기회를 주게 된다.

천신만고 끝에, 재집권에 성공한 오르테가는 과거와는 달리 과격한 개혁정치를 유보하고 일부 우파 진영까지를 아우르는 일종의 대타협을 시도한다. 베네수엘라의 차베스를 필두로 중남미에서 정치적 승리를 거둔 좌파 지도자들은 한결같이 반제국주의와 신자유주의에 대한 반대를 공공연하게 외쳐 왔다.

하지만 1980년대의 오르테가와 2006년 재선될 당시의 오르테가는 분명 같은 오르테가가 아니다. 오르테가도 중남미 좌파 지도자군의 한 명임에는 분명하지만, 이때부터 일정 부분 우클릭했다고 보는 것이 객관적인 평가이다.

콘트라 스캔들을 모티프로 만든 영화
〈아메리칸 메이드〉(American Made)

뉴욕에서 워싱턴, 워싱턴에서 시카고로 다소 무미건조한 비행을 반복하는 민항기 1급 파일럿 '배리 씰'(톰 크루즈)에게 어느 날 CIA 요원 '몬티 쉐이퍼'(도널 글리슨)가 찾아온다. 그리고 이 만남으로 베리 씰의 인생은 180도 바뀌게 된다. CIA가 비밀리에 베리에게 요구한 것은 중남미 지역의 정보 수집을 도와 달라는 것이었다. 주로 항공 촬영을 통해 당시 미국의 감시국가였던 니카라과의 주요 정보가 베리의 손을 거쳐 CIA로 흘러 들어갔다.

베리의 비밀스러운 작업은 여기서 멈추지 않는다. CIA와 손을 잡고 무기 밀반출을 돕기 시작한 베리는 이러한 불법 행위로 거액의 돈다발을 거머쥐게 된다. 점점 더 큰 범죄 세계에 발을 들여놓게 된 베리는 결국 FBI, CIA, 백악관 그리고 세계 최대 마약 조직인 콜롬비아의 메데인 카르텔에까지 손을 뻗치게 된다.

여기서 잠깐. 베리가 불법적으로 실어 나른 무기는 누구에게 또 어떤 용도로 사용된 것일까? CIA가 제공하고 베리가 실어 나른 무기는 니카라과 콘트라 반군에 전달될 예정이었고 그 목적은 니카라과 좌파 산디니스타 정부의 전복에 있었다.

하지만 이렇게 전달된 무기 대부분은 산디니스타 정부의 전복이 아니라 마약 공급을 대가로 메데인 카르텔의 손에 넘겨져 또 다른 불법 활동에 사용됐다. 콘트라 반군이 전쟁이 아니라 마약 사업에 관심을 가지기 시작한 것이다.

이것이 훗날 미국 정계를 떠들썩하게 했던 이른바 '이란 콘트라 스캔들'의 주요 내용이다. 이 영화는 〈본 아이덴티티〉(The Bourne Identity), 〈엣지 오브 투모로우〉(Edge of Tomorrow)로 유명한 더그 라이먼(Doug Liman) 감독의 2017년 작품으로 1980년대 메데인 카르텔의 마약 운반책으로 활동했던 실존 인물 베리 씰(Barry Seal) 의 이야기를 다룬 영화다. 어느 날 잘나가던 파일럿을 때려치우고 마약 밀매에 뛰어들었다는 설정이 다소 이해하기 어렵지만, 어쨌거나 이 영화는 실제 사건을 기반으로 영화적 설정이라는 살을 붙여 각색한 것이다.

예를 들어 주인공 베리 씰 역은 날렵한 톰 크루즈가 맡았지만, 실제 주인공 베리 씰은 130kg이 넘는 거구였고, 씰이 민간 항공사 TWA를 그만두게 된 진짜 이유는 쿠바에서 시가를 밀수하거나 멕시코에서 폭탄을 밀수하다 적발돼 해고됐기 때문이다.

빠르게 전개되는 영화에 복잡한 중남미 정치 상황이 겹치면서 당황할 수도 있지만, 당시 니카라과를 둘러싼 미국과 소련의 힘겨루기, 이란 콘트라 스캔들 등 굵직한 역사적 사건들을 압축 파일의 형식으로 감상할 수 있는 재미가 쏠쏠하다.

19

과테말라

**República de
Guatemala**

코미디보다 더 코미디 같은 정치 현실

마야문명의 발상지 과테말라 공화국(Republica de Guatemala)은 중앙아메리카에 위치한 나라다. 북쪽과 서쪽은 멕시코, 동쪽은 벨리즈와 카리브해, 남동쪽은 온두라스와 엘살바도르, 남쪽은 태평양과 접한다. 인구는 2024년 기준 약 1,841만 명으로 중앙아메리카 전체에서 제일 많으며 페루와 함께 원주민의 비중이 가장 높은 나라다. 하지만 여전히 중남미 최빈국 가운데 하나고 고질적인 경제난과 치안 불안, 부정부패로 몸살을 앓고 있다.

2015년 10월 25일 과테말라에서 치러진 대통령 선거에서 전직 코미디언 출신 정치인 지미 모랄레스(Jimmy Morales)가 당선됐을 때 사람들은 하나같이 '코미디 같은 정치보다는 진짜 코미디언이 더 진실하다'라고 생각했다.

정치 신인인 지미 모랄레스는 과테말라에서 20년간 코미디언으로 활동하면서 주로 정치 풍자로 국민을 웃겼다. 특히 2007년에는 풍자 영화 〈솜브레로(sombrero)를 쓴 대통령〉에 출연해 대선후보로 나섰다가 헛된 공약으로 비난받아 도중에 중도 하차하는 카우보이를 연기하기도 했다.

초반에는 당선 가능성이 제로에 가깝다고 여겨지던 지미 모랄레스의 대역전 승리(당시 그의 지지율은 0.5%였다)는 그래서 하나의 드라마이자 진짜 블랙 코미디에 가까웠다. 과테말라 언론들은 모랄레스의 당선 요인으로 전임 대통령이 연루된 부패 혐의와 기성 정치에 대한 지독한 혐오가 작동했기 때문이라고 분석했다. 실제로 과테말라 사람들은 과테말라의 가장 심각한 문제점으로 치안 불안이나 실업률보다 부정부패를 우선순위로 꼽는다.

정치인으로 변신한 모랄레스는 이런 국민 정서를 순발력 있게 반영했다. 기성 정치에 대한 불신과 부정부패에 대한 혐오를 반영하듯 대선 기간 중 그의 캐치프레이즈는 "나는 부패하지도 않았고, 도둑놈 또한 아닙니다"(Ni corrupto, ni ladron)였다.

당선 소감에서도 그는 "나는 20년 동안 국민을 웃겨 왔지만, 이젠 대통령으로서 국민을 울게 하지는 않을 것이다"라고 밝혔다. 이래저래 웃픈 과테말라의 정치 현실이다.

카브레라 암살 기도 사건

어떤 사람들은 생활필수품이 없어 빵 하나를 얻기 위해 일하러 나가야 하는 반면, 어떤 사람들은 생활 속에서 한가로이 여가를 즐기는 특권을 누리고 있었다. 이를테면 대통령 주변의 친구들이나 집을 40~50채 가진 자들, 매달 고율의 이자를 받는 사채업자들, 7~8개의 관직을 가진 관료들, 각종 허가나 자격 증명서를 발행하여 뜯어먹는 착취자들, 도박업자, 양조업자, 매춘 업자, 보조금을 받는 신문사 사장 등이 여기에 포함되었다.[36]

20세기 초 과테말라의 부패한 사회상과 포악한 독재정치를 고발한 미겔 앙헬 아스투리아스(Miguel Angel Asturias)의 소설 『대통령 각하』에 나오는 대목이다. 당연히 이런 배경을 가진 과테말라의 현대사도 참혹한 내전과 반복되는 군사 쿠데타로 얼룩져 있다.

과테말라에서 20세기 초반 군사독재와 맞서 싸웠던 그룹은 소위 '1907세대'라고 불리는 지식인 계층이었다. 이들은 주로 프랑스에서 교육받은 의사와 변호사들이 주축이 됐다. 유학을 마치고 고국 과테말라로 돌아온 이들은 독재의 실상을 깨닫고 보장된 안락한 삶을 포기하고 다양한 방식의 저항을 준비한다. 이들이 특히 공을 들인 것이 바로 대통령 암살이었다. 과테말라의 대표적인 군사독재자 중 한 명인 에스트라다 카브레라(Estrada Cabrera)의 암살 계획과 관련된 이야기는 마치 한 편의 드라마를 보는 느낌이다.

1919년 국가행사에 참여하고 대통령 궁으로 향하던 마차를 향해 폭탄이 투척된다. 하지만 정작 암살 목표였던 독재자 카브레라는 살아남았고 마부와 말들만 현장에서 폭사한다. 암살 가담자는 현장에서 체포됐다. 그리고 희생된 마부는 대통령을 지키다 순국한 것으로 인정돼 정부 차원의 성대한 장례식이 치러진다.

하지만 놀라운 반전이 발생한다. 카브레라의 아내가 우연히 발견한 문서를 통해 마부가 바로 이 암살 사건의 주요 가담자였다는 사실이 밝혀진 것이다.

카브레라에 의해 영웅으로 불리던 이 마부는 배신자로 격하됐고, 매장된 그의 시신은 다시 파헤쳐져 유기됐다.

이 암살 계획에 동참한 나머지 5명은 모두 프랑스에서 유학한 의사들이었다. 그중 한 명은 체포된 후 교도소에서 총살당했고, 멕시코로 탈출 계획을 세웠던 발데스 프랑코 형제는 숨어 지내던 자택에서 시신으로 발견됐다. 형이 아우를 죽인 후 자신도 자살한 것인지 아니면 다른 요인으로 동시에 사망한 것인지는 끝까지 밝혀지지 않았다.

그 후에도 사관생도들에 의한 암살 시도가 있었지만 모두 실패했다. 카브레라 암살을 계획한 생도들은 최고의 명사수들로 구성돼 있었다. 하지만 카브레라의 천운을 극복하지는 못했다. 카브레라를 향해 날아가던 총알이 그에게 경례하기 위해 내려진 깃발에 맞아 빗나가고 카브레라는 손에 약간의 부상만 입었기 때문이다.

1967년 노벨문학상 수상자이자 과테말라의 국민 작가라 불리는 미겔 아스투리아스(Miguel Angel Asturias)는 라틴아메리카의 독재자에 대해 언급하면서 이런 종류의 독재자가 존재하기 위해서는 일종의 신화가 필요한데, 카브레라 암살 사건은 카브레라에게 완벽한 신화를 제공했다고 말한다.

무너진 '10년의 봄'과 침묵의 기억들

1950년, 공산주의 세력의 절대적인 지지를 받은 하코보 아르벤스(Jacobo Arbenz)가 대통령에 당선된다. 그는 정치적 자유는 물론, 언론, 출판 결사의 자유를 보장하는 동시에 과테말라 민중의 숙원 중 하나인 토지개혁을 단행한다. 대토지 소유주의 농지를 유상 몰수하여 땅이 없는 농민들에게 나눠 주는 아르벤스의 토지개혁은 당시 과테말라의 경제권을 장악하고 있던 미국 회사 유나이티드 후르츠의 경제 이권과 정면으로 충돌하는 것이었다. 이처럼 미국인 소유의 많은 토지와 자본이 과테말라 정부에 의해 몰수당하고 공산주의 세력이 과테말라 민심을 장악하자 미국은 이에 본격적인 제동을 걸게 된다. 1953년 존 포스터 덜레스(John Foster Dulles) 국무장관은 당시 라틴아메리카의 상황이 공산주의 운동이 시작된 1930년대 중국의 상황과 비견할 만하다며 "만약 우리가 조심하지 않는다면, 어느 날 아침에 깨어 신문에서 1949년 중국에서 발생한 것과 똑같은 일이 라틴아메리카에서 발생했다는 사실을 알게 될 것이다. 그리고 그 시험대는 과테말라가 될 것이다"라고 우려했다.

1954년, 미국은 아르벤스 정부가 소련제 무기를 제공받고 있다는 정보를 입수하고, CIA와 미 해병대의 직접적인 지원을 받은 반군을 앞세워 과테말라를 침공한다. 그리고 같은 해 과테말라 시티를 전폭기로 공격해 아르벤스 정권을 붕괴시켰다.

쿠바혁명의 아이콘 체 게바라가 혁명운동에 본격 참여하기 전인 1953년 12월 과테말라를 방문한 시기가 바로 이 무렵이었다. 체 게바라는 아르벤스 혁명정부의 붕괴를 지켜보면서 "아홉 개를 가진 자가 하나를 가진 자를 공격하여 열 개를 채우는 모습을 좌시할 수 없다"라는 말로 본격적인 혁명의 의지를 다진다. 그는 결국 멕시코로 발길을 돌렸고 그곳에서 피델 카스트로와의 운명적인 만남을 갖게 된다.

과테말라 혁명이 성공한 1944년부터 CIA가 지원한 군부 쿠데타로 아르벤스 민간 정부가 무너지는 1954년까지 10년간을 과테말라 민주주의의 '10년의 봄'이라고 한다. 그리고 이어서 1954년부터 1986년까지 군사정권의 통치가 이어진다. 이 기간 과테말라는 군사정부와 반군 사이에 치열한 내전을 경험한다. 특히 1978년에 수립된 페르난도 로메오 루카스 가르시아 정권은 마야 원주민 공동체를 대상으로 한 무자비한 학살을 자행한다. 원주민을 상대로 한 학살과 초토화 작전은 주로 1981년과 1983년 사이에 집중적으로 발생하는데, 이때 대부분의 마야인 공동체가 파괴되고 50만 명 이상의 난민이 발생했다. 과테말라 정부가 지난 1999년 '역사진실규명위원회'(Comision para el Esclarecimiento Historico) 이름으로 발표한 「과테말라, 침묵의 기억들」(Guatemala: Memoria del Silencio)이라는 제목의 보고서에 따르면, 과테말라 내전 기간 중 발생한 사망자와 실종자는 최소 20만 명으로 추정되고 있다. 이 중 15만 명은 살해되고 5만 명이 실종됐으며 사망자의 93%가 정부군에 의해 살해됐다.

아울러 이 보고서는 학살과 잔혹 행위의 책임이 정부군과 반군 모두에 있지만, 대부분의 중요한 책임은 정부군과 친정부 민병대에 있음을 분명히 밝히고 있다. 특히 위원회는 정부군이 마야 원주민을 '내부의 적'으로 규정하고 잔인하고 지속적인 방식으로 학살한 사실을 강조해 눈길을 끌었다. 과테말라 내전 기간 중 정부군에 의해 강간 범죄를 당한 수많은 마야 원주민 여성들은 지금까지도 정부를 상대로 한 힘겨운 법적 싸움을 이어 가고 있다.

1992년 노벨상위원회는 마야 원주민 출신의 인권운동가 리고베르타 멘추(Rigoberta Menchu Tum)에게 노벨 평화상을 수여함으로써 불행한 시기 과테말라 정부의 인권 유린 실태를 전 세계에 알리는 계기가 됐다.

과테말라 키체에서 가난한 인디오 소작농의 딸로 태어난 멘추는 어릴 적부터 백인 농장주의 농장에서 옥수수를 따며 자랐다. 온갖 차별을 겪으며 인디오들의 아픔을 통감한 멘추는 16살의 나이에 마야족 족장이 됐고 이후에는 인권운동가로 변신해 자서전『나, 리고베르타 멘추』를 출간해 세계적인 찬사와 명성을 얻게 됐다.

과테말라에는 아직도 수많은 '멘추들'이 있다. 그들이 '침묵의 기억'을 깨고 또다시 비상하는 날은 언제일까.

90년대 대우자동차에서 출시한 씨에로(cielo)라는 이름의 자동차가 '하늘'(sky)을 의미하는 스페인어라는 사실을 아는 사람은 그리 많지 않았다. 이 밖에도 로스앤젤레스(Los Angeles)나 샌디에고(San Diego) 등의 도시 이름도 모두 스페인어에서 비롯됐다는 사실도 말이다.

K-pop을 필두로 한류가 세계적 문화 트렌드가 되면서 이제 세계 어딜 가도 한국에 대한 인지도는 현저하게 늘어났지만, 불과 20여 년 전만 해도 우리가 중남미에 무지한 것과 같이 우리도 그들에게 낯선 존재였을지 모른다.

서양인들이 한국과 중국, 그리고 일본의 복잡하게 얽힌 역사를 제대로 이해하지 못하는 것처럼, 우리도 중남미 국가들의 복잡한 정치문화에 대해 무지하다. 무지에서 그치면 그나마 다행이다. 잘

못된 정보는 문화 전체에 대한 오해를 낳을 수 있다는 점에서 그만큼 더 위험하다.

서구 중심적 사고에 충실한 분석가들은 라틴아메리카 또는 라틴아메리카 사람들은 도대체 "무엇이 잘못되었는가?"라는 질문에서 출발한다. 하지만 시각을 조금 바꾸어 "왜 그럴 수밖에 없었는가?"에서 다시 출발한다면 완전히 다른 해답을 얻을 수도 있을 것이다. 결국 라틴아메리카의 역사와 문화를 이해하려면 보다 유연하고 폭넓은 잣대의 접근법이 필요하다.

우리가 접하는 중남미 관련 정보의 대부분은 미국이라는 프리즘을 통해서다. 정확한 경우도 있지만 왜곡된 경우도 많다. 어찌 보면 당연하다. 미국의 시각과 국익적 관점이 반영되기 때문이다. 중남미에 관한 '우리만의' 시각이 필요한 이유이다.

1974년 미국의 라틴아메리카에 대한 투자액은 145억 달러에 달했고 이는 전체 개발도상국에 대한 총투자액의 51.2%에 해당하는 수치다. 동기간 미국의 다른 지역에 대한 지역별 투자 비율을 보면 아프리카 지역이 7.8%, 중동지역이 7.7%, 그리고 아시아 태평양 지역이 15.9%를 각각 차지해 라틴아메리카에 대한 미국의 관심 정도를 가늠할 수 있다.

제1차 세계대전 이후 채무국에서 채권국으로 전환한 미국은 투자 영역을 라틴아메리카 전역으로 확대하고 멕시코의 광산과 면화,

페루와 칠레의 광산, 중미 카리브 지역의 사탕수수와 과일, 그리고 베네수엘라의 석유를 장악하며 경제적으로는 물론 정치적인 지배권도 확립한다.

미국은 미국의 이권을 지켜 줄 인물들을 라틴아메리카 권력의 자리에 앉혔다. 1950년대 쿠바의 바티스타 정권, 60년대 도미니카의 트루히요 정권, 70년대 칠레의 피노체트 정권 등이 가장 대표적이다.

중남미에서 군사독재는 중남미 정치와 사실상 동의어에 해당한다. 오죽하면 중남미 문학에는 '독재자 소설'이라는 장르가 따로 있을 정도이다.

1967년 라틴아메리카 소설가로는 최초로 노벨문학상을 수상한 과테말라의 아스투리아스(Miguel Angel Asturias)를 세상에 알린 작품 『대통령 각하』도 독재자 에스트라다 카브레라(Estrada Cabrera)를 모델로 한 소설이다. 이 밖에도 아르헨티나의 사르미엔토가 쓴 『파꾼도』, 콜롬비아의 가브리엘 가르시아 마르케스가 쓴 『족장의 가을』, 페루의 바르가스 요사(Vargas Llosa)의 『염소의 축제』 등 모두가 독재자 소설의 장르에 포함되는 작품들이다.

1910년 멕시코 혁명 이후 라틴아메리카의 혁명과제는 크게 3가지로 구별된다.

첫째는 19세기까지 존재했던 노예제와 결부된 대토지 소유제의 해체이고, 둘째는 명목적인 독립에서 벗어나 선진열강의 지배로부터의 해방이며, 셋째는 이러한 경제구조 위에 존재하는 전근대적인 정치의 민주화였다.

불행하게도 지난 100여 년간 라틴아메리카 국가들의 지난한 노력과 희생에도 불구하고 이들 과제 대부분은 여전히 미완으로 남아 있다. 그러나 분명한 사실 하나는 그 지난한 과정에서도 민주주의를 향한 그들의 도전은 계속되고 있다는 점이다.

그래서 '왜 지금 라틴아메리카인가?'라는 질문에 대한 답은 두 가지로 요약할 수 있을 것 같다. 하나는 문화적 독점에 대한 위험성이고 다른 하나는 새로운 문화에 대한 가능성이다. 그리고 라틴아메리카 대중들에게 그 가능성과 도전은 여전히 열려 있다.

그들의 무한한 용기와 도전에 응원을 보내며 이 책이 중남미 재발견의 작은 밑거름이 되기를 바란다.

참고문헌

『라틴아메리카 변혁사』, 백산서당 펴냄

『현대 라틴아메리카』, 토머스 E 스키드모어 외, 그린비

『중남미사』, 민만식, 강석영, 최영수, 민음사

『콜럼버스에서 후지모리까지』, 송기도, 강준만 지음, 개마고원

『세상에서 가장 가난한 대통령 무히카』, 미겔 앙헬 캄포도니코 지음, 송병선, 김용호 옮김, 21세기북스

『라틴아메리카를 찾아서』, 곽재성, 우석균 지음, 민음사

『남미를 말하다』, 김영길 지음, 프레시안북

『백년의 고독 읽기』, 조구호 지음, 세창미디어

『백년의 고독』, 가브리엘 가르시아 마르케스 지음, 조구호 옮김, 민음사

『염소의 축제』, 마리오 바르가스 요사 지음, 송병선 옮김, 문학동네

『달콤 쌉싸름한 초콜릿』, 라우라 에스키벨 지음, 권미선 옮김, 민음사

『네루다의 우편배달부』, 안토니오 스카르메타 지음, 우석균 옮김, 민음사

『영혼의 집』, 이사벨 아옌데 지음, 권미선 옮김, 민음사

『대통령 각하』, 미겔 앙헬 아스투리아스 지음, 송상기 옮김, 을유문화사

『라티노 라티나』, 김현균, 이은아 엮음, 서울대학교라틴아메리카연구소 기획, 한울아카데미

『태양의 돌-라틴아메리카 현대대표시선』, 민용태 엮고 옮김, 창비

『잉카 최후의 날 』, 킴 매쿼리 지음, 최유나 옮김, 옥당

『라틴아메리카 역사 다이제스트 100 』, 이강혁 지음, 가람기획

『격동하는 라틴아메리카 』, 이은윤, 윤일현, 최재영 공저, 세진사

주

1 『그대 아직 갈망하는가』 pp. 269~171, 한상봉 지음, 이파르

2 1901년 2월 25일 당시 이 법안을 발의한 코네티컷주 공화당 상원 의원 오빌 플 랫(Orville Platt)의 이름에서 유래했다.

3 2025년 12월 1일, 트럼프 대통령은 후안 올란도 페르난데스에 대한 사면령을 발표했다. 사면령 발표 직후 에르난데스는 웨스트버지니아주 연방 구치소에서 석방됐다. 사면 이유는 바이든 행정부 시절, 정치적 마녀사냥을 당했다는 에르 난데스의 주장이 트럼프 대통령에 의해 받아들여졌기 때문이다. 하지만 사면 발 표 직후 이번에는 온두라스 검찰이 에르난데스에 대한 체포 영장을 다시 발부해 미국과 온두라스 양국의 외교 갈등으로 비화했다.

4 중앙일보 1990년 5월 7일 자 기사 중

5 1982년 4월 2일, 아르헨티나가 영국령 포클랜드 제도를 침공하면서 발발한 전 쟁이다. 포클랜드는 영국식 명칭이며 말비나스는 아르헨티나에서 부르는 명칭 이다.

6 스페인어 'Nunca Mas'는 영어로 'Never Again' 즉 '절대 다시는'이라는 뜻이다.

7 Donna Lee Van Cott 『Turning Crisis into Opportunity. Achievement of Extended Groups in Andes』, University of Pittsburgh Press, p.162

8 『잉카 최후의 날』 pp. 609~611, 킴 매쿼리 지음, 최유나 옮김, 옥당

9 『태양의 돌』 pp.211~214, 민용태 엮고 옮김, 창비

10 『The Duvaliers and their legacy』, Elizabeth Abbott, pp.91~92

11 『보물섬』 p.62, 로버트 루이스 스티븐슨 지음, 강성복 옮김, 펭귄 클래식 코리아

12 『보물섬』 p.308, 로버트 루이스 스티븐슨 지음, 강성복 옮김, 펭귄 클래식 코리아

13 스페인어 cientifico는 '과학적인'이라는 뜻으로 영어의 scientific에 해당한다.

14 『멕시코, 인종과 문화의 용광로』p.238, 이준명 지음, 푸른역사

15 2024. 6월 29일 자 세계일보 기사 중, 조성민 기자

16 『영혼의 집』p.182, 이사벨 아옌데 지음, 권미선 옮김, 민음사

17 『영혼의 집』p.216, 이사벨 아옌데 지음, 권미선 옮김, 민음사

18 『콜럼버스에서 후지모리까지』p.216, 송기도, 강준만 지음, 개마고원

19 『네루다의 우편배달부』p.51, 안토니오 스카르메타 지음, 우석균 옮김, 민음사

20 『영혼의 집』pp.120~121, 이사벨 아옌데 지음, 권미선 옮김, 민음사

21 『영혼의 집』p.124, 이사벨 아옌데 지음, 권미선 옮김, 민음사

22 『영혼의 집』pp.296~297, 이사벨 아옌데 지음, 권미선 옮김, 민음사

23 『영혼의 집2』p.111, 이사벨 아옌데 지음, 권미선 옮김, 민음사

24 『백년의 고독』pp.148~149, 가브리엘 가르시아 마르케스 지음, 조구호 옮김,
민음사

25 『가르시아 마르케스의 〈백년의 고독〉 읽기』p.14, 조구호 지음, 세창 미디어

26 『백년의 고독2』p.57, 가브리엘 가르시아 마르케스 지음, 조구호 옮김, 민음사

27 『염소들의 축제2』p.377, 바르가스 요사 지음, 송병선 옮김, 문학동네

28 『염소들의 축제』pp.272~273, 바르가스 요사 지음, 송병선 옮김, 문학동네

29 『염소들의 축제』p.138, 바르가스 요사 지음, 송병선 옮김, 문학동네

30 『염소들의 축제』p.168, 바르가스 요사 지음, 송병선 옮김, 문학동네

31 『염소들의 축제2』pp.138~139, 바르가스 요사 지음, 송병선 옮김, 문학동네

32 『염소들의 축제2』p.361, 바르가스 요사 지음, 송병선 옮김, 문학동네

33 『염소들의 축제』p.249, 바르가스 요사 지음, 송병선 옮김, 문학동네

34 『염소들의 축제』p.333, 바르가스 요사 지음, 송병선 옮김, 문학동네

35 『염소들의 축제2』pp.243~244, 바르가스 요사 지음, 송병선 옮김, 문학동네

36 『대통령 각하』p.26, 미겔 앙헬 아스투리아스 지음, 송상기 옮김, 을유문화사

사파타에서 마두로까지, 흥미로운 라틴아메리카 현대사

글 박천기, 박지오

발행일 2026년 1월 20일 초판 1쇄

발행처 다반
발행인 노승현
출판등록 제2011-08호(2011년 1월 20일)
주소 서울특별시 마포구 양화로81 H스퀘어 320호
전화 02-868-4979 팩스 : 02-868-4978

이메일 davanbook@naver.com
인스타그램 @davanbook

© 2026, 박천기, 박지오

ISBN 979-11-94267-57-7 03950